哀伤、挣扎与超越

失独者的丧子应对

何　丽　　王建平　著

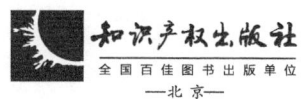

知识产权出版社

全国百佳图书出版单位

—北 京—

图书在版编目（CIP）数据

哀伤、挣扎与超越：失独者的丧子应对/何丽，王建平著. —北京：知识产权出版社，2021.1

ISBN 978-7-5130-7160-4

Ⅰ.①哀… Ⅱ.①何… ②王… Ⅲ.①家庭—社会心理学 Ⅳ.①C912.6-0

中国版本图书馆 CIP 数据核字（2020）第 171948 号

责任编辑：常玉轩　　　　　　　　　责任校对：王　岩
封面设计：陶建胜　　　　　　　　　责任印制：孙婷婷

哀伤、挣扎与超越——失独者的丧子应对

何　丽　王建平　著

出版发行：	知识产权出版社 有限责任公司	网　址：	http://www.ipph.cn
社　　址：	北京市海淀区气象路 50 号院	邮　编：	100081
责编电话：	010-82000860 转 8572	责编邮箱：	changyuxuan08@163.com
发行电话：	010-82000860 转 8101/8102	发行传真：	010-82000893/82005070/82000270
印　　刷：	北京九州迅驰传媒文化有限公司	经　销：	各大网上书店、新华书店及相关专业书店
开　　本：	720mm×1000mm　1/16	印　张：	15.5
版　　次：	2021 年 1 月第 1 版	印　次：	2021 年 1 月第 1 次印刷
字　　数：	244 千字	定　价：	78.00 元

ISBN 978-7-5130-7160-4

　　本书得到北京联合大学科研项目（JS10202002）和国家社科基金重大项目——基于全国调研数据的中国失独人群心理健康援助体系研究（16ZDA233）资助。

目　录

第一章

导　论

一、研究背景

在中国百姓的口里流传着这样的说法："人生有三大悲剧：少年丧父、中年丧偶、老年丧子。"然而，目前在中国就有这样一个群体，他们正经历着这样的悲剧，甚至可以说是"悲上加悲，痛上加痛"。他们有一个共同的名字——"失独者"。

"失独者"一词最早是在网络上出现的，顾名思义，就是失去独生子女的父母。国外也存在失去唯一孩子的父母，然而在中国，由于历史和政策的原因，失独具有特殊的含义。20世纪70年代末80年代初，中国发生了两件大事：一件是改变了千百万中国人命运的改革开放；另一件就是独生子女政策。70年代初，中国政府开始推行计划生育，并于1980年正式提出并实施"一对夫妻只生一个孩子"的独生子女政策，这个政策造就了中国第一代独生子女家庭，改变了千百万中国人的传统家庭结构（陈建强、陆林森，2006）。2014年5月14日，国家卫生和计划生育委员会发布首个《中国家庭发展报告2014》。该报告指出，我国约有4.3亿户家庭，计划生育家庭为3亿户左右，约占全国家庭户总数的70%（国家卫生和计划生育委员会，2014）。有学者指出，独生子女家庭本质上就是风险家庭（穆光宗，2004），由于种种原因（如车祸、疾病、灾难等），家庭中唯一子女死亡，造就了一批悲剧的"失独者"（彭善民，2013）。本书将失独父母界定为：独生子女因疾病、意外、自然灾害等原因死亡的父母，他们的年龄多在 49 岁以上，由于年龄或其他原因，不能或不愿再生育、收养子女，且他们的子女在离世前并未留下后代。

目前，我国没有对于失独家庭数量的普查性研究成果，宏观数量研究主要通过人口学方法和现有人口资料进行间接的测算（何丽，唐信峰，朱志勇，王建平，2014b）。根据卫生部发布的《2010 中国卫生统计年鉴》所显示的各年龄段人口疾病死亡率来推算，15—30 岁年龄段的死亡率至少为 40 人/10 万人，由此估计，目前我国每年 15—30 岁独生子女死亡人数至少 7.6 万人，由此带来的是每年约 7.6 万个家庭的分崩离析（柳志艳，2012）。中国科学院人口学者王广州在 2013 年 3 月 1 日北京大学举行的中国人口政策改革研讨会上指出，我国失独家庭在 2010 年已达百万户，而且在现行的计划生育政策不变的情况下，预计到 2050 年累计死亡 10 岁及以上独生子女总人数将过千万人（王广州，2013b）。人口学专家易富贤认为"即便不计算 2010 年后新增独生子女家庭和死亡孩子数量，到 2035 年也会有 1000 万'失独家庭'"（易富贤，2007）。2013 年，据北京市计划生育协会估算，北京市约有 3900 个失独家庭，失独父母近 8000 人（新京报，2013）。这庞大的数字背后，是一颗颗破碎的心。

近年来，失独群体受到了社会各界的关注。许多媒体对于失独群体进行了报道，2012 年 5 月 9 日广州日报《暮年丧独子，他们的余生该何去何从?》，《南都周刊》在 2012 年 7 月 17 日登出《失独者之痛》，《南方周末》在 2012 年 7 月 25 日刊登了《中国失独老人》，中央电视台《经济半小时》栏目在 2012 年 8 月 25 日播出了《明天我们如何养老：失独之痛》的节目。网络媒体如腾讯、搜狐、凤凰网等都报道了失独的现象，与此同时，失独父母集体上访要求政策扶助，关于失独的论坛和线下的支持团体也都在逐渐发展中。这样的发展态势，使得失独不单单是个人和家庭问题，已经上升为越来越突出的社会问题，成为一个亟待解决的重大民生问题（侯秀丽，王保庆，2014）。

过去对于失独者的研究主要是从人口学（易富贤，2007；穆光宗，2004）、社会学（刘青，李延龄，2012；王轲，2013）等角度切入，比如对独生子女死亡家庭数目的测算，对计划生育政策的评价，失独家庭养老及政策扶助等。而笔者的专业背景是临床与健康心理学，失独事件作为人生重大的失落事件，笔者更关心的是失独事件对失独者会产生怎样的影响，失独者会经历怎样的哀悼历程，如何为失独者提供哀伤辅导等问题。本书将聚焦于丧亲及哀伤的研究视角。哀伤指的是由亲人的去世带来的复杂的心理和身体的反应（Stroebe, Schut, & Stroebe, 2001）。许多研究表明，在所有的丧失类型当中，丧子是最痛苦的（Arnold & Gemma, 2008; Arnold, Gemma, & Cushman, 2005; Fujisawa et al., 2010; He et al., 2014）。中国的失独父母不仅丧子，而且是丧失了唯一的孩子。那种痛苦，非亲历者难以理解。孩子的早夭，极大地挑战了失独父母的常规思维。死亡在中国的文化中是一个禁忌，平日里，百姓是绝口不提死亡议题。人类为了克服死亡焦虑，不断发展医学技术，死亡率大大降低，有时候我们常常会产生一个幻想——死亡离我们似乎很远。中国自古以来推崇孝文化，所谓"不孝有三，无后为大"，因此中国人特别重视子嗣和传宗接代。这些文化及社会因素势必会对失独父母的丧子经验产生影响（Rando, 1985）。

中国的失独父母正在经历着"白发人送黑发人"的巨大伤痛。他们的身心、情感、信念、社会角色等都受到了巨大的挑战。本书正是聚焦于中国特殊政策、历史及文化背景下产生的这样一个特殊的群体，通过质性研究设计来探索中国失独父母的丧子经验，以期更加接近"他者"的真实经验，理解他们；并借由研究增加社会大众对失独者的理解，减少伤害和误解，去边缘化和标签化，让失独父母能够感受到社会的理解、尊重及温暖；更重要的是，让专业社会工作者及心理工作者能够理解失独父母的经验，为失独父母的专业心理服务提供理论指导。

二、研究问题

本书的研究问题是一个不断聚焦的过程，起初只是围绕"失独父母的丧子经验"这个主题，具体的研究问题并不清晰。研究者进入研究现场前制定一个研究框架，对每一个研究参与者，都围绕"他/她是谁、丧失如何发生、丧失之后他/她经历了什么"这样几个问题展开。研究者按照时间脉络，了解研究参与者在丧失前、丧失发生、丧失后的完整的生活故事，以期完整、立体地去了解每一个研究参与者，最后，将所有的研究参与者的经验放在一起，提炼出失独者丧子经验的本质。

随着深入研究现场，不断地收集资料与分析资料，同时进行文献回顾，不断思考提炼研究问题，研究问题逐渐清晰，故将研究问题表述为：

1. 失独事件对失独父母有哪些影响？
2. 失独父母如何应对失独事件所带来的影响？
3. 失独父母的丧子经验受到哪些因素的影响？

三、研究目的及意义

（一）研究目的

（1）本书采用解释现象学的质性研究取径，努力揭示失独父母丧子经验的本质，构建失独父母丧子经验模型，以期在本土文化背景下，帮助我们扩展性地理解失独父母丧失独子后的心路历程，并通过文本，邀请读者参与对话与讨论。

（2）探索失独父母丧子适应的更多可能性，尝试建立针对失独父母的哀伤辅导及社会服务的框架，旨在为今后有效开展失独父母哀伤辅导及心理健康咨询服务提供科学依据。

（二）研究意义

（1）理论意义。经过文献综述，我们看到，近几十年来，国外哀伤与丧亲研究领域涌现了大量的研究成果；而国内哀伤领域的实证研究还处于初级阶段；国外已经有一些丧子相关研究，但是并没有针对中国失独父母的研究。此外，国外大部分的丧亲理论的建立基于丧偶者的居多，其适用范围有待进一步考察。本书希望构建中国文化背景下失独父母的丧子经验模型，提出基于失独父母的丧亲理论，进而与国外已有的丧亲及哀伤理论进行对话，深化丧亲领域的理论研究。

（2）实践意义。中国已有百万失独群体，失独问题已然成为重大的社会问题。失独群体需要不同层面的关怀。探究失独父母的丧子经验有助于我们更好地理解这个群体，帮助这个群体。本书的研究成果对心理咨询师、社会工作者以及政策制定者具有一定的借鉴意义。

第二章

文献探讨

一、失独父母的研究背景及概况

2007 年 8 月，国家计生委发布了《全国独生子女伤残死亡家庭特别扶助制度》，独生子女死亡才逐步引起学术界的关注。由于失独这一问题出现得较晚且发展尚不成熟，其所带来的一系列社会问题仍没得到充分认识和解决。国家政策将独生子女死亡家庭和独生子女伤残家庭统称为"特别扶助家庭"。2012 年 5 月 9 日，在《广州日报》一篇题为《全国失去独生子女家庭超百万，失独群体日益庞大》报道中，"失独家庭"这一概念首次被提出，并引发了社会各界的广泛关注（广州日报，2012）。全国老龄办发布的《中国老龄事业发展报告（2013）》显示，2012 年，中国失独家庭已超百万，且每年新增 7.6 万个失独家庭（吴玉韶，2013）。"失独"问题是中国特定历史条件下产生的一个问题，笔者于 2015 年 3 月 3 日 21：03 进入中国知网，以标题含有"失独"为搜索条件，共搜索出 734 条结果，所有文献的发表时间都在 2012—2015 年，其中 2015 年有 13 条，2014 年有 341 条，2013 年有 275 条，2012 年有 105 条，可见对失独问题的井喷式关注是从 2012 年开始的。

（一）失独父母的定义

面对这一规模巨大的特殊群体，相关研究刚刚起步，对于"失独者"

的概念，目前尚无统一表述和明确定义。以往相关研究中，学者会有许多表述方式，如失独者、失独父母、失独家庭、失独老人（蔡方华，2012；方曙光，2013）；其中，失独者和失独父母表达同样的含义；失独家庭是以家庭为研究对象，失独老人则指既是失独父母同时又满足老年人的年龄标准的人（一般来说，将60岁以上作为"失独老人"）。

有学者根据计划生育政策将无后家庭（"失独家庭"）定义为："年龄在49岁以上且只生育过一个子女、现无存活子女的家庭"（王广州，郭志刚，郭震威，2008）。另有研究将失独家庭界定为："父母40周岁以上，只生育过一个子女且现无存活子女的家庭"（范宇君，2013）。这两个定义的差别在于年龄的分歧；颜能等认为，家庭中的独生子女因疾病、车祸、犯罪、工作、自杀、灾害等而死亡的家庭称为失独家庭（颜能，牟艳娟，2013）。廖妮娜等将"失独家庭"界定为"独生子女因疾病、意外或自杀等原因死亡，其父母不再生育和收养子女的家庭"（廖妮娜，马丽，2014）。这两个定义的差别在于后者不仅仅指出独生子女死亡，且进一步提到了其父母不再生育和收养。政府文件中也有对"失独"的描述。国家卫生计生委在《全国独生子女伤残死亡家庭扶助制度试点方案》中将扶助对象界定为：我国城镇和农村独生子女死亡或伤、病残后未再生育或收养子女家庭的夫妻。扶助对象应同时符合以下条件：1933年1月1日以后出生；女方年满49周岁；只生育一个子女或合法收养一个子女；现无存活子女或独生子女被依法鉴定为残疾（伤病残达到三级以上）（周美林，张玉枝，2011）。政府的文件针对的是计划生育特殊扶助家庭，不仅仅包括失独家庭，还包括唯一子女伤残的家庭，而且规定了男女双方要符合的年龄条件。此外，失独的父母中存在两种情况，一种是独生子女死亡，但其在死亡之前已有子女，即失独的父母并不是完全失去了后代。第二种情况则是独生子女死亡的时候，并未生育儿女，这种情况下失独父母完全失去后代。

在文献查阅的基础上，结合政府文件及研究报告，本书将研究对象限定为：独生子女因疾病、意外、自然灾害等原因死亡的父母，他们的子女出生在70—80年代，他们的年龄在49岁以上，由于年龄或其他等原因他们不能或不愿再生育、收养子女，且他们的子女在离世前并未留下后代。

（二）失独父母的数量及政策扶助情况

目前，我国没有对于失独家庭数量的普查性研究成果，宏观数量研究主要通过人口学方法和现有人口资料进行间接的测算（何丽，唐信峰，朱志勇，王建平，2014b）。中国科学院人口学者王广州在 2013 年 3 月 1 日北京大学举行的中国人口政策改革研讨会上指出，我国失独家庭在 2010 年已达百万户，而且在现行的计划生育政策不变的情况下，预计到 2050 年累计死亡的 10 岁及以上独生子女总人数将过千万人（王广州，2013a，2013b；侯秀丽，王保庆，2014）。人口学专家易富贤认为"即便不计算 2010 年后新增独生子女家庭和死亡孩子数量，到 2035 年也会有 1000 万失独家庭"（易富贤，2007；侯秀丽，王保庆，2014）。主流观点认为"我国至少有 100 万个失独家庭，每年新增失独家庭 7.6 万个"（柳志艳，2012；侯秀丽，王保庆，2014）。2013 年，据北京市计划生育协会估算，北京市目前约有 3900 个失独家庭，失独父母近 8000 人（新京报，2013）。

2008 年，北京市开始实施失独家庭特扶政策。仅以昌平区为例，独生子女家庭共计 12.3 万户，约占全区户籍人口家庭总数的 66%。其中符合特扶政策的失独者为 175 人。2009—2013 年，全区新增符合特扶政策的失独者 234 人，年均增长 47 人，年均增长率 18.4%（石彩红，2013）。北京市民政局发布的《北京市 2011 年老年人口信息和老龄事业发展状况报告》显示，截至 2011 年年底，本市享受特扶政策的失独者共计 6962 人，扶助金标准每人每月 200 元（北京市老龄工作委员会办公室，2012）。2013 年 12 月 18 日，国家卫生计生委等五部委发出《关于进一步做好计划生育特殊困难家庭扶助工作的通知》中提出，自 2014 年 1 月 1 日起，北京市将失独家庭特别扶助金自现行的每人每月 200 元提高至每人每月 500 元（中研网，2014）。

（三）失独群体研究

近年来，失独群体受到了社会各界的关注。许多媒体对于失独群体进行了报道，学者也对此展开了研究。学者采用问卷调查、访谈及田野调查等方式对失独者及家庭进行研究。研究关注失独者的心理状况、养老、医疗及精神慰藉，以及失独者的网络群聚现象（安民兵，2014；刘中一，2014；魏凌波，2013；魏银，2013）。研究发现：独生子女死亡家庭的生活状态与精神状态极其恶劣。由于丧失唯一的子女，他们每天都忍受着极大的精神痛苦，并且拒绝与生活在正常家庭中的人交往（陈雯，2012）。大部分独生子女伤残或死亡的家庭面临着较为严重的心理问题（陈雯，2012）。失独者大部分50岁以上，城市人口居多，失独后家庭生活受到严重影响，其中一半左右的失独者在失独后经历过自杀和迁居（梁明辉，张黎，巩新鹏，张梦，2013）。半数夫妻失独后家庭关系不和，不再共同生活在一起，一些人选择独居，一定比例的人失独后选择离异，极少数人居无定所甚至流浪或在寺庙等地方居住，而且这一群体可能的确不愿意进入现有的养老院或者敬老院生活（梁明辉，张黎，巩新鹏，张梦，2013）。他们当中有很多人的健康状况堪忧。很多人几乎不主动进行任何社交和娱乐活动，这反映出失独者的自我包裹与封闭（梁明辉，张黎，巩新鹏，张梦，2013）。这些结果与新闻报道的诸多情况基本一致，可见失独事件确实对这一群体造成了重大伤害（梁明辉，张黎，巩新鹏，张梦，2013）。独生子女死亡家庭具有社会脆弱性、家庭脆弱性以及身心脆弱性。社会脆弱性分为父母身份认同的危机、家庭遭受社会排斥及自我排斥、组织诉求；家庭脆弱性体现在夫妻冲突、经济压力以及养老压力上；身心脆弱性可分为身体脆弱性和心理脆弱性（孙静，2012）。

目前基本都是采用自上而下的政府意识重建来分析独生子女死亡问题。这种分析方式是以"家长"或"救世主"的姿态将失独家庭置于绝对弱势的地位，忽略了个体的主体能动性（陈雯，2012）。而失独父母并不是简单等待着国家或者社会救助的弱势群体（陈雯，2012）。实际上，他们中的大部分是通过自己的努力来改变生活境遇，从而适应环境的变化（陈雯，2012）。首先，独生子女伤亡家庭会利用社会支持，独生子女伤亡家庭的社会支持情况有两种：一种是来自政府、社区和非政府组织的正式支持；另一种来自亲戚、朋友、邻居和同事非正式社会支持（谈海峰，2012）。政府需包容、支持和培育包括失独QQ群在内的各种弱组织和自组织（刘中一，2014）。同时，独生子女父母也有许多适应策略，如认知策略、行为策略、人际关系策略、改变环境策略（孙静，2012）。

2012—2015年，对于失独问题及失独现象，学术界有了井喷式的关注，在笔者进行该研究期间，也涌现出了大量的研究，从最初研究失独人口推算，到生育政策调整和扶助政策的制定，到慢慢关注失独父母的心理健康状况、生活及养老需求，研究的面越来越广泛。然而专门从丧亲及哀伤的心理视角来做的研究还不多见。目前的研究大部分缘起于对政策风险的关注，其研究立足点也以宏观层面居多，较少关注微观层面（陈雯，2012），而本书正是聚焦于微观层面——失独父母的丧子经验。

二、丧亲研究

国内关于丧亲的相关研究起步较晚。通过文献检索可以发现，中国大陆对丧亲问题公开发表的文献在 1993 年之前非常罕见。最近 5 年，丧亲研究出现了一个爆发的高潮就是在汶川地震后（黄玉纤，2014）。国内外专门针对中国失独者哀伤的研究较少，但是国外近 30 年来，有许多丧亲及哀伤的相关研究，也不乏以丧子父母为对象的研究，这些研究的结论对本书是极具启示性的。本书的研究结果理应回应以往丧亲的研究成果，尤其是丧子的研究，并且与以往的国内外研究结果进行对话。

（一）核心概念界定

目前在英文文献中，表达丧亲和哀伤意思的词汇有以下几个：bereavement，grief，mourning。在已有的文献中，有的将 bereavement 译为"哀伤"（陈维樑，钟莠筠，2006），有的译为"丧亲"（何丽，王建平，唐苏勤，尉玮，谢秋媛，2013a）。有的将 grief 译为"悲伤"（Worden，2011），有的又将 grief 译为"哀伤"（唐苏勤，何丽，刘博，王建平，2014）。中英文翻译的混乱不利于科学的研究。在这里，本书的作者试图厘清 grief、bereavement 和 mourning 对应的中文翻译。

根据 Stroebe，Hansson，Stroebe 和 Schut 的定义，bereavement 指的是失去重要他人（死亡）的客观的事实，grief 指的是由亲人的去世带来的复杂的心理和身体的反应，mourning 是指哀伤的公开表达，这些社会和行为的表达受到了所处的社会和文化群体的塑造（Stroebe et al.，2001）。同样，Wolfelt 也曾指出，grief 是挚爱的亲人去世后个体体验到的感受和想法，他将 grief 和 mourning 区别开来，后者指的是将内在的 grief 向外表达（Wolfelt，1989）。在《韦氏词典》中，bereavement 的解释为 the state or fact of being bereaved especially：the loss of a loved one by death，它指的是亲人去世的这一事实或情境。grief 的解释为 deep and poignant distress caused by or as if by bereavement，它指的是由丧亲带来的深刻的、强烈的痛苦。mourning 的翻译是 the act of sorrowing 或 an outward sign（as black clothes or an armband）of grief for a person's death，它指的是哀伤的行为，或哀伤的外在表现形式。

综合这些词的本义以及外文文献中对这些词的运用，本书认为，bereavement 应译为"丧亲"，指的是亲人去世这一事件。那么丧子事实就应该用 bereavement 来表述。grief 应译作"哀伤"，指的是丧亲带来的复杂的身心反应。而 mourning 译为"哀悼"，指的是哀悼的行为，哀伤的公开表达，受到社会习俗的影响，更侧重行为层面。"悲伤"则应该是"sadness"或"sorrow"，它是一种情绪，是哀伤反应之一，哀伤的反应是非常复杂的，悲伤只是其中之一。

本书的标题采用的是丧子经验，丧子强调客观事实，经验对应的英文是 experience。"经验"在汉语中存在许多意思，比如使用比较多的含义是"由实践得来的知识或技能"（中国社会科学院语言研究所词典编辑室，2012）。但是本书并不是采用这一汉语解释，而是指经历的主观感受，即失独父母对丧子这个客观事件的主观感受，丧子经验要了解丧子者在丧子事件发生之后的整个心路历程。笔者曾经思考到底用哪个词作为核心词，是经历、体验还是经验？经历更加强调客观性，体验给人的感觉比较浅薄，都不适合，最终还是决定使用"经验"一词。

（二）丧亲经验

1. 一般丧亲经验

亲人的死亡会让一个人经历强烈的身心反应。在过去，许多学者对于丧亲者的哀伤反应进行研究（陈维樑，钟莠筠，2006）。表 2-1 总结了过去学者们的研究结果（Stroebe，Schut，& Stroebe，2007；Worden，2009）。

表 2-1 丧亲者的哀伤反应

情感	抑郁、绝望、沮丧、痛苦、焦虑、恐惧、忧虑、内疚、自责、愤怒、易激惹、缺乏快感、孤独、渴念、思念、悲痛、震惊、麻木
认知	闯入性观念、反刍、感觉逝者存在、低自尊、自我谴责、无助感、无望感、自杀意念、不真实感、记忆以及注意力集中困难
行为	躁动、紧张、好动、过度反应、寻找、哭泣、社交退缩
生理-身体	食欲减退、睡眠不佳、疲倦、精力减退、易精疲力尽、躯体主诉、和逝者类似的躯体症状

2. 丧子经验

有学者专门对丧子者的哀伤反应和经验进行了研究。研究发现，母亲在婴儿去世 3 周后，有很高强度的侵入性思想，在 3 个月之后虽然减少，但是还保持了相当的比例（Lepore，Silver，Wortman，& Wayment，1996）。失去孩子对一个人而言是不可思议的、是毁灭性的，失去孩子这件事情将成为父母生命中最重要的事件。哀伤会重新塑造父母的自我认同，孩子的离世意味着父母进入一个全新的、彻底变化的现实中。有学者对 74 个父母进行研究，调查问题既有量化条目，也有开放性问题。丧子父母形容自己的经验，有的人说像是"喷发的火山"（a volcano that could erupt）一样，有的人说像是"坠落深井"（descending into a well）一样，有的人说像是"失去枝干的大树"（trees of life has lost limb）一样，更多人说孩子的离去让父母感到自己的一部分也跟着孩子走了，自己的内心中留下了一个永远空白的位置，形成了一个凹陷（hollow or empty space）。63.5% 的父母报告，哀悼将会持续，不会有终点。研究支持失去孩子的哀伤将会在父母的生活中持续。无论孩子离世多久、什么原因离世，父母的哀伤经验都是非常深刻的人生经验。父母哀伤是复杂的、个体化的、非线性的、持续的（Arnold & Gemma，2008；Arnold et al.，2005）。他们对开放性的问题进行主题分析得出了以下主题：孩子离世后，父母会经历非常复杂的情绪和感受；父母总是会通过各种各样的方式和孩子保持联结，比如通过感知觉、通过想象或者通过仪式；父母会经历后悔、内疚、羞愧、悲伤以及愤怒的情绪；对于孩子的生命和死亡的记忆，直到多年之后仍然非常鲜活；父母很愿意诉说他们的哀伤，但是很少有人问起或者愿意倾听；诉说也许对于父母来说是痛苦的，但是，交流能够提供给他们力量；在孩子离世之后，生活会发生很多预期或者非预期的变化，比如婚姻的变化、家庭的变化、工作的变化，有的是积极的变化，有的则是消极的；宗教和灵性的部分可能在孩子离世之后增强，也可能被放弃；因为孩子的离世，父母与还在世的孩子的联结会增强（Arnold et al.，2005）。

对于子女死亡的父母来说，他们的基本意义被摧毁得极为严重。通常父母会认为孩子应该比父母活得更久才是合理的，否则就违反自然、不公平（张淑芬，1996），因此当子女过世时，父母会经历一种无可弥补的失落，感觉身上的一部分永久残缺，如同被截肢一样。失去子女的父母会更脆弱，他们的世界观被粉碎（shattered world assumptions），他们会觉得无助，失去控制感（Janoff - Bulman，1992）。

丧亲经验在不同的丧亲群体或者不同的文化背景下可能存在着差异，在过去国内外对于丧亲群体哀伤反应的研究中，并没有专门针对失独者丧子经验和哀伤反应的研究，因此，本书想试图了解失独者的丧子经验和哀伤反应。

（三）丧亲影响及后果

Chow 对以往研究中关于丧亲带来的身体、心理和死亡率影响进行了梳理（Chow，2006）。在身体层面，丧亲者会有更高的躯体主诉（somatic complaints）的发生率，在一项对比丧偶（丈夫）者和一般人群的研究中，前者的躯体症状，如头疼、眩晕、昏厥、皮疹、出汗、消化不良、吞咽困难和胸痛等，都明显高于控制；丧亲还会带来生理功能（physiological functioning）的改变，引起个体的睡眠损伤，内分泌系统和免疫功能降低；丧亲者会使用更多的医疗设施，医疗会诊的比率上升，住院的时间变长，使用更多的药品，如镇静剂和安眠药。在心理层面，丧亲者会有更高发的抑郁症状（symptoms of depression），失去丈夫的人比对照组体验到更多的抑郁症状；丧亲者会有更高的重度抑郁症的发生率。丧亲的事实也会使个体的生命受到威胁，研究者回顾了 15 个关于丧亲和死亡率的跟踪研究，发现其中 10 个研究支持了亲人死亡的 6 个月至 10 年内丧亲者有很高的死亡率（Chow，2006；Stroebe et al.，2007）。

对丧子父母的研究发现，子女死亡事件增加了父母的死亡率（Cohen - Mansfield, Shmotkin, Malkinson, Bartur, & Hazan, 2013；Espinosa & Evans, 2013；Li et al.，2004），以及癌症、多发性硬化、糖尿病、精神障碍的发病率（Li, Precht, Mortensen, & Olsen, 2003）。丧子之后，夫妻关系变得紧张了，夫妻之间的交流减少，许多夫妻离婚。还有一些父母报告感到自己能力下降了，缺乏掌控感（Arnold & Gemma, 2008）。失去孩子是最深重的、最无法承受的丧失，常常伴随失去孩子而来的是身心障碍、疾病的威胁、婚姻和夫妻关系的问题以及死亡率增加（Davies, 2004；Kreicbergs, Lannen, Onelov, & Wolfe, 2007）。

丧失唯一的孩子，对父母的冲击应该更大，造成的后果可能会更加严重，丧失独子对于失独父母来说究竟意味着什么，会产生哪些影响及后果，这是本书所要关注的。

（四）丧亲研究的病理取向和积极取向

自从 20 世纪末期，马丁·塞利格曼教授提出积极心理学以来，研究视角不断拓展和转换，研究者不再仅仅关注"个体出现了什么问题"（Briere & Scott，2009），而是如何才能使其达到积极适应的最佳状态，并且寻找培养和开发资源和潜能的途经。在心理学的研究中，总是存在着两种不同的视角：病理取向和积极取向，在丧亲研究领域也同样存在。

1. 丧亲研究的病理视角

许多病理心理学研究者和临床心理学家会关注病理性哀伤的表现、形成机制及干预方案。他们的研究发现，尽管亲友的离世被视为最痛苦的生活事件之一，但是经过一段时间之后，大多数人依然能够在没有专业帮助之下从丧亲的痛苦中走出来。然而，也有一些人迟迟无法平复哀伤，忍受着持续的痛苦（Bonanno & Kaltman，2001）。许多研究表明，一部分丧亲者已经符合了抑郁症、创伤后应激障碍以及其他的焦虑障碍的诊断（谢秋媛等，2014）。另外，还有一些哀伤反应无法被以上诊断的症状所解释，主要表现为持续的分离痛苦和创伤痛苦，研究者曾使用过许多术语来描述这类异常的哀伤反应，如"病理性哀伤"（Pathologic Grief）、"创伤性哀伤"（Traumatic Grief，TG）和"复杂性哀伤"（Complicated Grief，CG）（何丽等，2013a）。最近，这类心理障碍又被命名为"延长哀伤障碍"（prolonged grief disorder，PGD）。在 2013 年 5 月问世的《美国精神障碍诊断与统计手册》（第五版）（DSM－V）将"持续复杂的丧失相关障碍"（Persistent Complex Bereavement－Related Disorder，PCBRD）纳入附录当中，作为需要进一步研究的情况。PCRBD 和 PGD 的诊断标准有大量重叠（Boelen & Prigerson，2012）。关于病理性哀伤的名称、诊断标准尤其是病程标准在国际上还存在许多的争论，成为丧亲领域研究的一个热点。关于病程，PGD 诊断标准的提出者 Holly Prigerson 认为是 6 个月，但是 PCBRD 的诊断标准是 1 年，病程标准如何定，还需要进一步研究验证（何丽，尉玮，胡泊，徐慰，王建平，2014a；唐苏勤等，2014；尉玮，王建平，何丽，谢秋媛，唐苏勤，2014）。2013 年，DSM－5 美国精神疾病协会发行了《精神疾病诊断与统计手册》，虽然没有把哀伤障碍作为一个独立的疾病分类，但把哀伤障碍从抑郁症中分解出来。而且附录里做了详尽解释。2018 年 6 月，联合国世卫组织在《国际疾病分类 - 第 11 版，ICD - 11》中，明确地把病理性哀伤命名为"延长哀伤障碍"，这是一个很大的成果（Maercker et al.，2013）。根据 ICD - 11，延长哀伤障碍的定义可以简述如下。（1）其特征是对逝者的渴望或对死者的长期关注。（2）此外还会伴随着强烈的痛苦。情感上的痛苦（如悲伤，内疚，愤怒，否认，责备，难以接受死亡，感到自己失去了生命的一部分，无法体验积极的情绪，情感上的麻木，难以参与社交或其他活动）。（3）丧亲后，哀伤反应持续了很长一段时间（至少 6 个月），并且行为明显有悖于当地文化背景下的社会预期、文化或宗教规范。如果行为并没有明显有悖于当地文化背景下的社会预期、文化或宗教规范，哀伤的反应持续了较长的时间（在正常的悲伤时期内）则被视为正常的丧亲反应，不需给予专门诊断。（4）以上因素严重影响了个人、家庭、社会、教育、职业或其他重要功能。

2. 丧亲研究的积极视角

在积极视角下，有一个被广泛研究的主题就是"创伤后成长"（posttraumatic growth）（Tedeschi & Calhoun，1996），以往研究多从病理心理学视角出发，探讨个体经历创伤后可能的负向感受，试图通过降低痛苦、控制症状等方式来提升患者的生活质量（徐慊，郑日昌，2007），然而许多人即便是经历了非常痛苦的生活事件之后，仍然常常能够看到出现很多积极的变化（Tedeschi & Calhoun，1996）。积极的研究取向认为，研究者往往容易看到丧亲事件给丧亲者带来的负面影响，然而忽视了他们的积极变化。许多研究显示，丧亲及哀伤是个人成长的动力（Edmonds & Hooker，1992；Kessler，1987；Schwartzberg & Janoff - Bulman，1991；Ulmer，Range，& Smith，1991）。在一些以丧子父母为研究对象的研究中发现，丧子父母会报告经历丧失后的积极变化，比如自我认同会出现积极改变，人际关系也有改善。还有一些研究表明，经历丧失后，对他人变得更加有同理心，重新调整了自己生活目标的优先级，感到个人能力有增长（Hogan & Schmidt，2002；Polatinsky & Esprey，2000）。研究者对 6 位失去子女的父母进行了深入访谈，结果表明，失去子女的父母的人生观会因此发生变化，比如会认为人生无常、生命无法掌控，会更加随缘，会更加珍惜生命。他们的生活目标也会发生变化，从以工作赚钱为目的的生活目标转向利他服务，会看淡金钱，会更加充实自己（何贤文，许莺珠，2006）。虽然许多人报告了丧子后的生活负向的变化，但是也有人报告了自己感到更加坚强、勇敢、敏感，获得了许多新的信念。74 人中，有 13 个人提到哀伤让他们的生活、工作发生许多变化，他们对其他家人产生了影响，他们表现出许多志愿行为，他们渴望与其他哀悼家庭交流，有更多的慈悲心（Arnold & Gemma，2008）。Wheeler 针对 203 位丧子（女）父母所做的研究发现，大部分父母从孩子的死亡中能学到宝贵的课程，对生命有新的体验，更坚定的宗教信仰及自己从未有过的力量，因此也更加珍惜生命，接受有些事是无法改变的事实，并通过帮助有相同遭遇的父母或担任义工来使自己恢复正常的生活，不但变为一个更关心他人的人，也从中发觉自己的不足进而追求个人的成长。因此，丧子（女）父母若能从死亡事件中发掘失去的意义以及生命的意义，就能发现孩子的生命与死亡是有某种意义的（Wheeler，2001）。

此外，复原力（resilience）也是近二三十年来西方积极心理学研究的重要领域（席居哲，桑标，2002；于肖楠，张建新，2005），这个概念在引入我国时翻译不统一，有的翻译成"抗逆力""心理弹性""心理韧性""压弹"等，美国心理健康协会定义心理弹性为"个体在重大创伤后或者是生活压力下积极适应过程，是保护因子与环境间相互作用的结果"。Bonanno 做了许多关于人类复原力的研究，他区分了 recovery 和 resilience。他把 recovery 叫作"哀伤平复"，就是丧亲者会经历一段低谷期，然后慢慢恢复到正常的社会功能，他认为 resilience 才是真正的弹性，这种人是在丧亲前后心理状况基本保持稳定的正常状态。他认为人们低估了人类的复原力，他根据不同的哀悼过程轨迹，将丧亲者分为四组，第一组是慢性哀伤组，占 16%；第二组是慢性抑郁组，占 8%；第三组是抑郁改善组，占 11%；第四组是复原组，所占的比例最大，为 46%（Bonanno，2004，2005；Bonanno，Papa，& O'Neill，2001；Bonanno et al.，2002）。还有研究者将父母的哀伤作为心理社会的过渡过程，他们对 35 名丧子妈妈进行研究，考察个性特质与哀伤反应及个人成长的关系，结果发现，乐观特质高的妈妈报告较少的强烈哀伤反应和心理痛苦；采取积极应对方式的妈妈报告较少的强烈哀伤和复杂哀伤症状。丧子妈妈的个人成长与积极应对、寻求支持及积极再定义都呈正相关关系（Riley，LaMontagne，Hepworth，& Murphy，2007）。

过去的研究对本书有许多启发，我们的研究应该以一个更加全面和整体的角度来看待失独者的丧子经验。

（五）丧亲经验的影响因素

丧亲经验会受到许多因素的影响，如人口学的因素——丧亲者的性别特别是男性哀悼的方式——近年来引起了相当的兴趣。男和女的社会化确实有所不同，男性和女性处理哀伤任务的诸多差异是社会化的一部分（Stroebe，2001）。那么，在本书中，失独父亲与失独母亲是否存在差异呢？如果有差异，是何种差异？原因是什么？

另外，与丧亲相关的一些因素也得到研究的重视，如丧亲的对象，有研究表明丧子的哀伤反应最重，其次是配偶，再次是父母（He et al.，2014）；丧亲者与已故者的关系，丧亲者与已故者的关系越亲密，哀伤反应越严重；已故者死亡时的年龄，一般年轻的人早逝引发的哀伤反应更严重；死亡的原因，暴力及创伤性的死亡比疾病、自然死亡带来的冲击会更大。此外，突然或者不预期的死亡，多重丧失，不明确的死亡，被污名化的死亡，既往的心理疾病史等都对哀伤及哀悼过程产生影响（He et al.，2014；Prigerson et al.，2009；Worden，2009；何丽，王建平，尉玮，谢秋媛，唐苏勤，2013b）。上文也提到了丧亲适应的一些保护性因子，比如乐观的个人特质、积极的应对方式（Riley et al.，2007）。

本书打算通过个案内部的分析及跨个案的比较来讨论本书参与者丧子经验差异的影响因素。

三、哀伤应对理论

丧子事件是个体遭遇的重大生活应激事件，而且很有可能是父母一生之中最大的创伤性经验，所以失独父母丧子经验不仅仅可以放在哀伤与丧亲的视域下来看，也可以放在对应激事件的应对以及创伤心理的框架下来看。Stroebe 和 Schut 等人（2001）总结，应对丧亲的理论包括四类：一是应激与创伤理论，如认知应激模型；二是哀伤的一般性理论，如精神分析的哀伤理论、依恋理论、双轨模型、持续性联结的理论；三是特定的哀伤理论，如哀伤阶段论、任务模型、意义重建理论；四是整合的理论，如哀伤的双程模型（Stroebe，Schut，& Stroebe，2001b）。

（一）应对理论

1. 认知应激模型

Lazarus 提出的认知应激模型（congnitive stress model），是应对研究中最有影响的理论模型。根据 Lazarus 的观点，应对（coping）是"当一个人判断在与环境的交互作用时，可能会给自己带来沉重负担，甚至超出自己拥有的资源，为此，他所采取的认知、行为等方面的努力，从而能够减低、最小化，或者忍耐这样的交互作用"（Folkman，Lazarus，& Gruen，1986）。简单地说，应对是在个体面对应激事件时，做出认知的、行为的努力以改变事件情境或者调节个体的情绪。

应对可以分为两个过程：第一个过程是认知评估；第二个过程是应对行为。认知评估过程包括初级评估和次级评估两个阶段。在初级评估中，个体评价环境对自身具有怎样的潜在影响，如果有重要影响的话，在次级评估中，个体会评价自身是否有足够的资源去阻止、克服伤害或者促进自己的利益。个体对情境做出评估后，根据自身的资源选择应对策略，即具体的应对行为。应对行为分为两种：问题中心的应对和情绪中心的应对。其中，问题中心的应对（problem - focused coping）包括调动心理资源以应对应激情境的各种活动，旨在解决压力问题本身，或者提高自身的能力以便更加有效解决问题；而情绪中心的应对（emotional - focused coping）则旨在调节情绪，包括缓解因应激而引起的消极情绪的各种努力，包括忍耐、逃避、情绪发泄、幻想/否认等（张怡玲，甘怡群，2004）。

Lazarus 的理论最重要的特点有两个：一是它非常强调应对随着情境的变化而变化；二是不同的应激事件会引发个体不同的应对行为，甚至在同一个应激事件发展的不同阶段，个体的应对反应也会有所不同。

2. 意义中心应对

Park 和 Folkman 继问题中心的应对和情绪中心的应对之后，又提出了一类应对方式：意义中心的应对（meaning - focused coping）。同时，他们提出了一个整合的意义重建模型（见图 2 - 1）（Park，2010；Park & Folkman，1997）。该模型有以下几个要点。（a）人们有一个定向系统（orienting systems），在这里被称为"全局意义"（global meaning），它给人们提供一个认知框架，来帮助人们解释他们的经验；Park（2010）将人们持有的持久的信念、有价值的目标和主观意义感称为"全局意义"。个人持有的信念包括了很多内容，包括正义、控制、可预测性、一致性等，以及对自己的看法（Janoff–Bulman，1992；Leary & Tangney，2003）。这些形成了人们解释他们的体验的核心图式。目标是人们渴望达到的状态或已经达到但需要维持的状态，比如健康或者和与爱人的关系。主观意义感（a subjective sense of meaning）指的是对"有意义"的感觉，一种有目标、有方向的感觉，是向着一个既定的目标前进的感觉。（b）当遇到了可能会挑战他们全局意义的情境时，个体会评价这个情境，并给它赋予意义，这个叫作"情境意义"（situational meaning）。（c）情境意义和全局意义之间的差异程度，决定了人们体验到的痛苦（distress）的程度。（d）由差异产生的痛苦会引发意义建构（meaning making）；意义建构指的是当全局意义受到干扰或者冲击时，个体试图将其恢复所做的努力。意义建构过程包括理解当下的情况以及重新评价并修正信念和目标以保持全局意义和情境意义两者的一致性。（e）个体为了减少全局意义和情境意义之间的差异，以保持意义感和价值感，可以调整对情境的评估意义，即同化，也可以改变整体信念或者目标以适应情境（顺应），或者两者同时进行调整，以达到整合，意义建构过程的最后要达到的目标就是实现意义达成（meaning made），如图2－1所示，意义达成中蕴含许多个人成长。（f）如果成功的话，这个过程最终会让个体对应激事件有良好的适应（Park，2010）。差异减少的幅度大小往往和适应的结果相关，两者差异越小适应得越好。

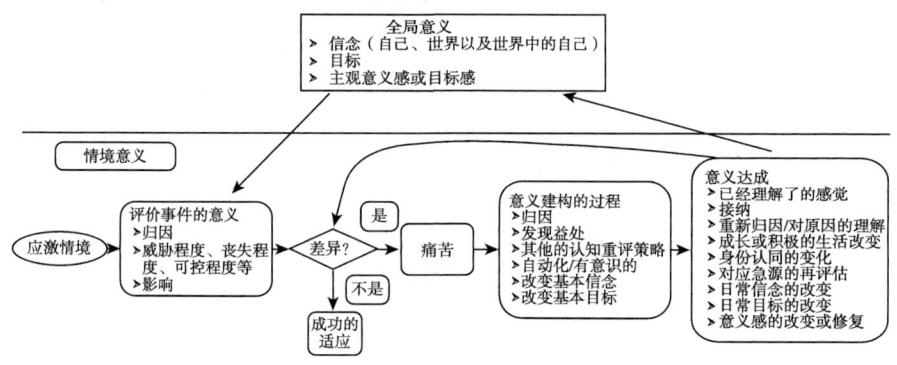

图2－1　意义重建模型（Park，2010）

3. 应对灵活性理论

应对的研究中，常常要回答几个关键的问题：什么样的应对方式是有效的？什么样的应对方式又是无效的呢？什么应对方式对身心健康有利，什么应对方式对其不利呢？以往的研究往往认为，问题导向应对多数情况下比较有效，而情绪导向的应对与心理适应呈负相关。然而，有些研究得出了与此相反的结论（宗纪刚，陈楚侨，曹筱燕，甘怡群，2010）。这些问题的回答并不简单，回答这些问题需要考虑以下两点。第一，应对的情境具有复杂性，同一种应对方式在一种情境中可能有效，但是在另一种情境中也许就无效了。第二，在对情境的认知和对自身的评价上具有个体的差异性。对有些人来说是简单的应对，对另一些人来说也许根本做不到（宗纪刚，陈楚侨，曹筱燕，甘怡群，2010）。

Cheng 提出的应对灵活性（coping flexibility）理论，应对的灵活性指人们根据情境需求灵活选择与之相适应的应对策略的能力。相对于那种无论情境如何其应对方式都缺乏变化的应对，灵活性应对在不同情境下会采用不同应对，以与情境需求相适应。Cheng 的研究发现，面临的压力是不可控的问题时，使用情绪聚焦应对是更好的应对方式（Cheng，2001，2003；Cheng & Cheung，2005）。以往的研究显示，可控的情境采用问题中心的应对，不可控的情境采用情绪导向的应对，都是适应的。所以，由此推论，对于死亡这一类不可改变的事件，丧亲者可能会更多地使用情绪中心的应对。也有学者认为，当遭遇创伤性的事件尤其是重大的不可逆的创伤时，如亲人的死亡，个体的基本信念便会受到挑战，产生动摇（Park，2010；Park & Folkman，1997），更加适合采用意义应对的策略（Gan，Guo，& Tong，2013；Guo，Gan，& Tong，2013）。

4. 灵性与宗教应对

宗教在心理学领域一直没有得到过多的关注（Dein，Lewis，& Loewenthal，2011），用宗教心理学的领军人物 Wulff 的话来说，它的地位始终是"不稳固"的（Wulff，2010）。宗教应对是近 20 年来西方宗教心理学的重要研究方向之一，也是应对研究中出现的新的研究领域（陈绿平，刘学兰，2009）。在检索相关文献时，发现了宗教（religion）和灵性（spirituality）这两个概念使用的混乱现象，有时候使用宗教应对（religious coping），有时候使用灵性应对（spiritual coping）（Thuné-

Boyle, Stygall, Keshtgar, Davidson, & Newman, 2013；Thune - Boyle, Stygall, Keshtgar, & Newman, 2006）。之所以会出现这个情况，主要是因为过去的研究主要是在西方基督教体系下，绝大部分研究对象都是基督徒。但是在中国情况就会非常不一样，许多中国人并没有皈依于某一种具体的宗教形式。

（1）宗教的含义。

宗教一词源于拉丁词汇 religio，有"绑在一起"和"彼此相连"之意，代表了人性和超越人之上的力量的联结（Hill et al.，2000）。在当代社会，宗教的含义日益具体化，宗教往往由一个抽象的过程转变成可定义体系下的客观实体（如教派、神学传统、主要世界宗教等）（Beyer，2003）。根据 Glock 的宗教模型（转引自 Clayton & Gladden，1974），宗教包括 5 个维度：1）意识形态维度（个人的信念）；2）智力维度（与信仰、经文相关的信息或知识）；3）仪式维度（外显的、组织内的行为）；4）体验维度（宗教情感或体验）；5）结果维度（由上述 4 个维度产生的对日常生活的影响）。这一模型可以能够帮助我们理解各个学者对宗教的定义，各个定义之间的差异正是由于关注的维度不同而造成的。Wulff（1997）的定义包含了意识形态、体验和仪式维度，认为宗教至少有三个要素：1）一种超自然的力量，个体愿意对此力量委身；2）一种感觉，相信此种力量的个体能够体验到；3）各种与该力量相关的仪式。

（2）灵性的含义。

灵性，也被称为"精神性"，源于拉丁词根 Spiritus，意思是呼吸或者生命。灵性的含义目前众说纷纭。有人将"灵性"定义为"人类超越自身的过程。对于信仰上帝的人，灵性是他们与上帝的关系的体验"（潘朝东，2007）。对于其他人，它可能是与自然或宇宙的和谐或同一的体验。它引导我们进入一个王国，在那儿我们可以体验到与某种大于自身的事物的联合，并由此找到自己最大的安宁（潘朝东，2007）。卡洛尔（Carroll）从两个角度来理解灵性：一是作为本质的灵性；二是作为维度的灵性。作为本质的灵性是指灵性作为人的核心本质，能够为个体的自我实现和自我转换提供持续性的能量；而作为维度的灵性存在于一种关系中，尤其强调个体与最高实体（如上帝）的关系，通常是指个体的超越层面（Carroll，1998）。作为本质的灵性属于内在的超越，假设心灵是有层次的，有感性知觉之心，也有自我超越之心，个体有能力在这种分层中实现超越。作为维度的灵性属于外在的超越，它的基本出发点是西方传统哲学的实体说，假设人的心灵是不完美的，不能在心灵自身中解决所有问题，必须在心灵之外找到一个对象或原型；因此，上帝常被人格化为外在的最高神，而人被要求服从于天志（Carroll，1998）。郑晓江认为，我们每个人都有精神意识，在我们精神观念的核心部分，有着一种超越肉体约束、超越世俗生活局限的纯粹精神性的追求，这个东西我们便可称之为"灵性"（郑晓江，2006）。Ho（2007）认为灵性是一个非常难以测量的构念，如果要让灵性的测评有着跨文化的适应性，则是难上加难。他对灵性及灵性的测量做了许多研究和讨论，他这样界定灵性：1）灵性强调存在性的或者超越性的问题，比如，生命的意义及人生的目的。坚信生活是有意义和有目的的对灵性至关重要。2）灵性属于高级领域或蕴藏在生活各个方面的主要价值观。3）灵性是自我反思性的，因此是自然属于元认知的范畴。总体来说，这些主张很清楚地表明灵性仍然是心理现象的子集（D. Y. Ho & Ho，2007）。

（3）灵性与宗教的关系。

灵性一词最初多用于宗教语境，但是现在灵性的非宗教含义越来越为大众所接受。大部分学者认为宗教与灵性不是一个概念。他们将灵性与宗教加以区分，认为"灵性"与"人类追寻意义、目的和价值的体验"有关，它可能包括也可能不包括上帝或超越性力量的概念，而宗教则是对灵性信念和体验的组织化、机构化的阐释和实践（Carlson，Kirkpatrick，Hecker，& Killmer，2002）；宗教是宏观的、文化水平的现象，灵性是微观的、个体水平的现象。宗教总是需要某些精神性的，而精神性却完全可以是非宗教的。所以，对精神性或者灵性的强调是对宗教概念的扩展，而不是替代（陈绿平，刘学兰，2009）。关于灵性和宗教的关系，Ho（2007）认为：1）灵性和宗教是两个不同但是又重叠的概念：有的人有宗教性，但是没有灵性；有的人有灵性但是没有宗教性；有的人两个都有；有的人两个都没有。2）通往灵性的道路有许多条，他们扎根于不同的哲学和宗教的价值和信念。他们的共同点是它们都是高度概括和抽象的。无论是有神论和无神论，都可以拥有灵性。是否有神灵，对于灵性而言，既不是充分条件，也不是必要条件。3）灵性的空虚，来自对于存在追问的失败，感到生命没有了意义，没有了目的，没有了方向。

灵性的空虚时的主要症状是隔离、疏远。灵性实现和灵性的空虚是可以并存的，在人生的不同时刻，相互交替。灵性的达成是一个动态的过程。在其中经常有挣扎、改变、自我转化（D. Y. Ho & Ho, 2007）。

（4）宗教应对。

宗教应对是指个体在面临压力事件或者情境时，对源自个体所信宗教的认知和行为技术的使用，如祈祷、在信仰中寻求支持以及从教会成员获得支持（Tix & Frazier, 1998）。宗教应对总体上具有积极意义（Pargament & Brant, 1998）。但是 Pargament 也指出，有的宗教应对对于心理健康是不利的，如感到被上帝抛弃，认为消极的事情是上帝的惩罚等。Pargament 等人后来又分析了 130 个相关的研究，34% 的研究发现，宗教应对对沮丧、焦虑等情绪有明显的积极影响，4% 的研究显示出消极的影响，其他研究则显示出没有明显的影响。他和他的同事还一起开发了宗教应对量表，这个量表评估了宗教应对的五个重要的功能：1）帮助人们在痛苦的生命经验中找寻意义；2）提供一种掌控感和控制感；3）感受到安慰，并且通过和个体之外力量的联结而减少恐惧感；4）促进社会融合及认同感；5）协助人们放弃旧的价值观，寻找新的意义资源。他还把宗教应对区分为积极宗教应对和消极宗教应对。积极宗教应对是将上帝看作慈爱的、支持性的，人与神之间是一种安全、合作的关系，个体积极寻求灵性上的支持，表达灵性上的满足、获得公众支持、对压力事件的积极再定义；而消极宗教应对则是将上帝看作惩罚性的、远离个人生活的，个体在寻求苦难的意义过程中经历宗教信仰上的挣扎，表现为灵性上的不满，人际间的宗教冲突，对压力事件的消极定义、自我导向的应对风格等。

过去许多研究显示，丧亲者和丧子者会采用宗教应对，丧子父母认为教会是他们生活的中心，是他们最重要的社会支持。有些丧子父母提到灵性提供给他们承受丧子之痛的力量。信仰能够给他们支持，让他们相信孩子没有在受苦，他们将会重聚，死去的孩子还会保护其他的孩子（Arnold & Gemma, 2008）。因此，本书也希望了解失独父母是否会采用宗教应对，宗教在失独丧亲适应中起着怎样的作用。

（二）哀伤的一般理论

1. 精神分析的哀伤工作理论

（1）弗洛伊德的哀伤工作理论。

最早对于哀伤的研究要追溯到弗洛伊德。1917 年弗洛伊德发表的《哀悼与抑郁》（*Mourning and Melancholia*）一书，可以看作心理学领域第一篇对哀伤的研究（Frued，1917；刘建鸿，李晓文，2007）。他认为哀悼通常是对一个所爱者丧亡的反应，哀伤和忧郁都有着深深的痛苦与沮丧，对外界失去兴趣，失去爱的能力，不想做任何活动。而两者不同的是，忧郁除了这些之外，还有自怨自责甚至希望自己受到惩罚。而当爱的客体不在时，人本能的需要是把所有的力比多从他依附的对象身上收回。然而，人们不会自愿放弃业已习惯在依附对象的力比多，因而产生了非常大的挣扎。这种挣扎是非常普遍的现象，而且有可能会扩张到令人脱离现实，比如透过精神疾病的幻觉来满足。弗洛伊德提出哀悼者必须将力比多从逝者身上撤离，并升华到其他的生活领域中。弗洛伊德的理论被称为"哀伤工作"（grief work）理论。丧亲者需要觉察对逝者的联结，并切断此联结（severing ties），把过去投放于逝者的心理能量释放（detaching energy），转向新的对象。如果生者的心理能量难以转移，就会形成延迟，夸大或者病态的复杂哀伤（陈维樑，钟莠菊，2006；刘建鸿，李晓文，2007）。

（2）Lindemann 的研究。

在弗洛伊德之后，丧亲领域的研究经历了一段真空期。1942 年，美国波士顿 Coconut Grove 夜总会发生了一场极为严重的火灾，随后 Lindemann 在 1944 年针对当时生还者与受难者家属进行有系统的追踪研究。他在研究中发现，这些受难者家属大多数过得很好，至于那些过得不好或者发展出精神疾病症状的人，之所以会这样，是因为他们没有经历过一个完整的哀悼历程，因此，他主张将个体对丧亲的反应视为一个历程，而非疾病。当个人遭遇严重的危机时，如果能够有专业的介入，将能够帮助他们，否则他们可能发展出偏差行为，成为精神病人。

Lindemann 同意弗洛伊德的经典的哀伤工作理论，认为应该放弃与逝者的联结。Lindemann 强调，哀伤反应的持续时间取决于一个人能否成功地做好哀伤工作。这个过程涉及摆脱逝者的束缚、适应没有逝者的新环境以及形成新的环境。Lindemann（1944）认为，如果个体无法进行哀伤工作（grief work），就会形成异常的哀伤反应。他认为异常的哀伤反应包括两类：一是延迟反应，即个体的哀伤反应并不是在丧失发生后立即出现，而是时隔几周或更长时间才出现；二是反常反应，包括生病、过度活跃、出现逝者临终前的疾病症状、强烈敌意、类精神分裂状态、与亲朋好友关系的变化、社交功能受损、激越性抑郁等（Lindemann，1944）。

精神分析的哀伤工作理论认为，只有切断与逝者的联结，才能够适应哀伤，否则就会形成病理性哀伤反应。因此，与精神分析的哀伤工作理论对话的关键在于：失独父母是否能够切断与逝者的联结，切断与保持联结与丧亲后适应的关系。

2. 依恋理论

依恋理论最早是由 Bowlby 提出来的。Bowlby 的依恋理论使得哀伤工作理论首次受到了挑战（Bowlby，1971，1984）。Bowlby 是心理动力学派中以研究亲子依恋关系为重点的学者，他对依恋的研究是从分离现象开始的。他对住院儿童、养育中心以及托儿所的这些特殊儿童与父母分离的现象进行观察和研究后，认为依恋是从出生婴儿及其母亲身上本能地产生，而这种亲密的联结稍后会扩展至其他重要他人。任何联结关系的瓦解均会引起焦虑、愤怒，对抗，寻找，而后绝望，最后不得不抽离（detachment），这些反应表明了儿童应对分离痛苦的挣扎和努力。他认为，依恋行为是为了维持情感的联结，当依恋关系受到威胁时，个体会产生特定的反应（陈维樑，钟莠菊，2006）。

Bowlby 发现这些理论也可以用来解释丧失后的哀伤反应，他认为哀伤反应本质上是一种分离焦虑，因此，丧亲之后，出现愤怒、失望、大哭、绝望等情绪是非常正常的。这些反应代表着健康的哀伤能力。哀伤反应应该被接纳及鼓励。Bowlby 认为哀伤会经历四个阶段：麻木期（numbing）、抗议、渴念与寻找期（protest，yearning and searching）、瓦解与绝望期（disorganization and despair）和重整期（reorganization）（陈维樑，钟莠菊，2006）。

20 世纪 60 年代，Bowlby 与另外一位从事依恋理论研究的学者 Mary Ainsworth 通过实验和观察性研究，归纳出三种亲子依恋类型（attachment types）。后来，Martha Welch、Main 和 Solomon（1990）又加上了第四类。

虽然他们描述的是孩童期的表现，但是他们相信一个人早年与重要他人的依恋模式有相当的稳定性，并能影响一个人成年以后的人际关系，包括面对丧亡、分离、陌生环境时的反应。这四种依恋类型是：安全型（secure type），母亲在的时候，孩子可以自由地对环境进行探索，母亲离开时，孩子表现出焦虑寻找的行为，母亲回来后可以很快被安抚；回避型（avoidant type），母亲离开时，孩子没有明显的焦虑反应；矛盾焦虑型（ambivalent type），母亲走后，孩子非常不安，母亲回来后也不易安抚；混乱型（disorganized type），孩子对母亲的离开和进入都表现出难以理解的行为（陈维樑，钟莠莒，2006）。

Bartholomew 和 Horowitz 提出内部工作模型（internal working model），将成人依恋关系分为以下四类。1）安全型（secure），认为自己是值得爱的，他人也是值得爱的。2）专注型（preoccupied），认为自己是不值得爱的、没有价值的，但是他人是可接受的。他们往往依赖于别人的接纳来支持自我形象。3）恐惧型（fearful），对自己和他人的态度都是消极的。4）冷漠型（dismissing），认为自己是有价值的，但认为他人会拒绝自己。后三种类型属于不安全依恋类型。安全型的个人能毫无困难地接近与依恋相关的记忆，叙述也前后一致。他们对亲人的去世感到悲伤，但不会因此被完全压垮（刘建鸿，李晓文，2007）。不安全—冷漠型的个人对他人缺乏信任感，有某种强迫性的独立（compulsive independence），这一类型的个人往往在亲人丧亡后压抑或逃避和依恋关系有关的情绪。不安全－专注型的个人表现得比较情绪化，他们沉溺于丧失亲人的悲痛中，不能建设性地应对与依恋相关的情绪。而不安全—恐惧型的个人对他人和自身都缺乏信任感，以往的创伤损害了他们，以致他们不能正常地思考和谈论丧失依恋，前后的叙述也不一致（Stroebe，Schut，& Stroebe，2005；刘建鸿，李晓文，2007）。

Bowlby 的理论给本书很多启示：第一，正常化丧亲者的哀伤反应；第二，将哀伤反应放在依恋的框架下去考虑，思考依恋类型与哀伤反应的关系。

3. 双轨模型

Rubin 提出了丧亲的双轨模型（Two－Track Model of Bereavement，TT-MB）（Rubin，1999），双轨模型关注丧亲者对哀伤的反应，一方面，丧亲者需要继续自己的生活；另一方面，丧亲着需要继续与死去的亲人建立联结。在双轨模型中，轨道Ⅰ强调生物心理社会功能，轨道Ⅱ关注丧亲者与逝者从过去到之后关系的发展（见表2-2）。一种适应性的对丧失的反应将使得丧亲者与逝者建立灵活的联结，并使得丧亲者的生活恢复平衡。当丧亲者应对丧失时遇到了困难，就表明两条轨道产生了互相依赖，这种情况经常在刚经历丧失的时候发生，而对于有复杂性哀伤的个体来说，这种情况更为明显。或者，有可能个体只在其中一条轨道上遇到了困难，但相关的评估和干预要考虑两条轨道。这就表明，如果个体并不存在生物心理社会功能的困难，这并不意味着个体的哀伤反应是具有适应性的，因为我们并没有考察丧失前后个体与逝者之间的关系的特点。如果个体的生物心理社会功能正常，而丧亲者极力回避对逝者的回忆，那我们只能说轨道Ⅰ是正常的。而如果丧亲者与逝者的持续性连接是相对平衡的，但个体出现了生物心理社会方面的困难，我们只能说轨道Ⅱ是正常的，而丧亲者在轨道Ⅰ上面临着困难，此时似乎丧亲者与逝者的关系没有起到作用，实质上丧亲者可能并没有很好地重组和逝者的关系。

表2-2 双轨模型

轨道Ⅰ：生物心理社会功能	轨道Ⅱ：与逝者的关系
* 痛苦的情感和认知（如焦虑、抑郁）	* 对丧失事件或逝者的关注程度
* 身体上的症状（如进食、睡眠或性功能方面的失调）	* 回避对逝者的回忆或者对逝者病态的回忆
	* 对逝者的情感反应或亲密性程度过高或过低
* 创伤症状（如创伤后应激障碍）	* 对与逝者有关的冲突或消极反应
* 人际问题（与家人和其他人际圈的关系）	* 当描述与逝者关系时的强烈的震惊、思索、崩溃以及/或理性的弱化
* 自尊、自我系统和自我同情受损	* 当想起逝者时，自我意识减少或瓦解
* 意义建构面临挑战，工作、学习和生活任务目标上的困难	* 在纪念和转化与逝者的关系上存在困难

4. 持续性联结

死亡是否会切断生者和逝者的联系呢？从客观现实来说，死亡事件是不可逆转的，生与死似乎是无法逾越的，逝者再也不可能死而复活；然而，从心理现实来说，生者与逝者的联系却不会因为死亡而被中断，生者常常会与逝者保持着持续的联结。在前面的理论介绍中，其实已经为介绍持续性联结（Continuing Bonds，CB）做了很多铺垫，从最初精神分析的哀伤工作理论提出的切断联结，到 Bowlby 理论中提倡生者与逝者保持联结，到 Rubin 的双轨理论的过程 Ⅱ 是转变对逝者的依恋，形成一种新的联结。持续性联结是目前在哀伤及丧亲领域讨论的最为热烈的一个议题。

（1）持续性联结的含义。

Klass、Silverman 和 Nickman 写的《持续性联结：对哀伤的新的理解》（*Continuing Bonds：New understanding of Grief*）中，正式提出了 CB 这一概念，他们认为生者与逝者要保持联结，而非切断联系（Klass，Silverman，& Nickman，1996）。然而，这个概念在引入时并没有统一的翻译，总体来说内地的研究很少，相关的研究更多来自港台的学者，有人将其翻译成"相连感"（谢文婵，2008），有人翻译成"持续性连结"（苏完女，林秀珍，2012），有一篇内地的研究将其翻译成"持续的联结"（唐信峰，贾晓明，侯力琪，2013）；有人翻译为"持续性的联结"（Worden，2011）。因为英文单词当中并没有 Sense 的意思，所以不考虑翻译成"相连感"，为了与其他研究保持一致性，还是打算直译 continuing bonds，那么思考的问题是将 continuing 翻译成持续还是延续？Bond 在中文中可翻译成连接或联结，但是在中文中，连接和联结是近义词，究竟使用哪个词才能最准确地反映 bond 的含义呢？为此，笔者查阅了《现代汉语词典》，在《现代汉语词典》中，"持续"解释为无间断，连续不断；"延续"解释为照着原来的样子继续下去，延长下去，笔者认为 continuing bond 其实是包括了持续和延续的含义，所以不管是用持续还是延续都是可以的。"联结"也作"连结"，表示，结合（在一起）；"连接"也作"联接"，表示（事物）互相衔接。可见，联结与连结相同，连接和联接相同，但是前者更强调心理与情感层面的联结；后者更强调物理实物的连接（中国社会科学院语言研究所词典编辑室，2012）。因此，笔者认为采用持续性联（连）结或者延续性联（连）结意思上都是可以的，但是为了全文的统一，也为了更多地与过去的研究保持一致性，避免研究者的混乱，我统一采用中文翻译"持续性联结"。

持续性联结被界定为生者与逝者持续的（ongoing）、内在的（inner）联结（Field，Gal - Oz, & Bonanno，2003；Shuchter & Zisook，1993），持续性联结是生者与已故者继续保持情感联结的方式，尽管生者已经无法在身体上再接近已故者，但是可以通过持续性联结继续与已故者保持情感联结。从依恋的视角来看，持续性联结是基于依恋关系的内部心理表征（Boerner & Heck-hausen，2003；Field，Gao，& Paderna，2005），生前的联结我们将其视为依恋（attachment）；死后与逝者的联结就是持续性联结。有研究者将保持联结作为一种哀伤的应对方式，称为"continuing bonds coping"，因为保持与逝者的联结可以缓解生者与逝者的分离痛苦（Asai et al.，2010；Chow，2006）。

（2）持续性联结的表现及分类。

持续性联结有许多表现形式：如感到逝者与自己同在，与逝者对话，梦见已故者，整理和保留逝者遗物，与逝者对话，保持着与逝者有关的记忆，回忆逝者生平，按照逝者的期待生活，把逝者作为自己内心中的道德模范，内在化逝者的价值观，感到逝者在影响着自己的生活，做一些逝者生前感兴趣的事情，在做重大决定的时候寻求逝者的指导，纪念逝者等（Boelen，Stroebe，Schut，& Zijerveld，2006；Field & Filanosky，2009；Field et al.，2003；Klass et al.，1996；Stroebe et al.，2010；何丽等，2014b）。

有研究者进一步对持续性联结进行分类，Chan 等人基于香港人的丧亲经验，采用质性研究方法，将持续性联结分为两类，一类是由丧亲者引发的 CB（initiated by the bereaved），如"我同已故者对话""我要寻求已故者的指导"等；一类是由已故者引发的 CB（initiated by the deceased），如"已故者常常出现在我的梦中""我看到已故者突然出现在我面前"等（Chan et al.，2005）。Field 和 Filanosky 将持续性联结分为两类：外在化的联结（externalized CB）和内在化的联结（internalized CB）。外在化的联结是指产生与逝者有关的幻觉或错觉等，他们认为外在化的联结是一种基于依恋的寻找行为，说明生者拒绝接受逝者离世的事实。而内在化的联结是指使用逝者的心理表征（mental representation）作为安全庇护所，如将逝者作为道德模范来指引自己的人生道路（Field & Filanosky，2009）。他们据此编制了问卷，该分类隐含了研究者关于持续性联结与丧亲后适应的假设（下文详述）。

越来越多的研究证实，与逝者保持持续性联结是哀悼历程中的重要内容和现象，它在不同地域、不同文化中均普遍存在，如中国香港（Ho，Chan，Ma，& Field，2013）、中国台湾（苏完女，林秀珍，2012），中国大陆（唐信峰等，2013；何丽等，2014），日本（Klass，2001），美国（Worden，2009），南美洲的厄尔多瓦（Foster et al.，2011），英国（Hussein & Oyebode，2009），巴基斯坦穆斯林等（Suhail，Jamil，Oyebode，& Ajmal，2011）；同时，持续性联结在不同的丧亲群体中也都普遍存在，如失去伴侣和配偶者（Field & Friedrichs，2004）、失去宠物者（Brown，Richards，& Wilson，1996）、失去父母者（Worden，2009）、失去孩子者等（Arnold & Gemma，2008；何丽等，2014）。然而，不同文化和宗教背景下的持续性联结还是存在独特的方面，如采用特定的仪式表达特定的联结的意义。例如，在中国，就有"头七"之说，一般来说，在逝者死去的头七天，会重新返回家中和亲人告别，因此，民间会有"烧七"的仪式（Chan et al.，2005）。在中国的农村，家庭在"作七"结束之后进行"背鬼"。背鬼是由某个声称具有特殊能力的人来执行，迷信的说法是其能够将逝者的灵魂从地府中召唤回来，并且附着在自己身上，借此与丧亲者进行交流。背鬼通常是全家前往，只进行一次。背鬼对丧亲者的帮助体现在两个方面：第一，向逝者询问死因，背鬼的人会回答说死亡是命中注定，逃脱不了或者回答说他/她的突然去世是菩萨安排，免去他/她死亡过程中的痛苦；第二，问逝者在阴间的生活，背鬼的人则会回答他/她在阴间一切都好（唐信峰等，2013）。

（3）持续性联结对丧亲后适应的影响。

过去很长的一段时间，持续性联结被视为功能不良的哀伤反应，会影响生者的积极适应（Freud，1917）。现在，研究者对持续性联结的看法发生了很大的转变（Klass et al.，1996）。保持与逝者的联结或切断与逝者的联结能否促进丧亲后的适应，这是目前在哀伤及丧亲领域讨论的最为热烈的一个议题，然而，研究出现了许多复杂且不一致的结果。持续性联结对丧亲是否有适应作用，不是一个可以简单回答的问题。

有研究者使用空椅独白范式来测量70个中年丧偶被试者与哀伤有关的痛苦（如内疚感、愤怒、回避等），发现对逝者的回忆能给生者带来安慰，他们在哀伤症状和无助感上的得分更低。持续性联结能作为安全庇护所和安全基地，从而促进丧亲后的应对和情绪调节（Field & Friedrichs，2004）。然而，同样是在Field等人的研究中，他们也发现保存逝者的遗物与逝者在空椅独白中的哀伤反应呈正相关。一项对39个丧亲者适应的纵向研究发现，即使在5年后，大多数的持续性联结与严重的哀伤症状呈正相关（Field et al.，2003）。

最初研究者认为，这样不一致的结果可能是由于持续性联结的表现具有异质性，不同类型的持续性联结对丧亲后适应有着不同的影响。于是，Field 和 Filanosky 对持续性联结进行了区分，将其分为内在化联结和外在化联结。他们假设外在化联结会加重丧亲者的哀伤；而内在化的联结能够帮助生者平复哀伤（Field & Filanosky，2009）。然而，分析的结果却显示，在控制了外在化的联结后，内在化的联结与哀伤症状呈现正相关（Ho et al.，2013；Stroebe et al.，2010）。与此同时，一些研究者开始考虑丧亲后适应的不同的结果变量，受到积极研究取向的影响，除了研究 CB 对于负性的结果变量，如哀伤、抑郁的影响之外，研究者发现持续性联结会引起丧亲后的积极变化（Epstein，Kalus，& Berger，2006）。例如，研究持续性联结与积极情绪的关系（Field & Friedrichs，2004），持续性联结与个人成长的关系（Field et al.，2013）。然而研究结果还是不一致。

面对如此复杂的研究结果，研究者开始思考：也许在持续性联结与适应之间的关系会受到第三类变量的影响。因此，研究者开始思考影响持续性联结和丧亲后适应关系的调节因素，目前研究已经发现，距离丧亲时间（Field & Friedrichs，2004）、文化因素（Lalande & Bonanno，2006）、意义重建（Neimeyer，Baldwin，& Gillies，2006）、与逝者的关系（Field et al.，2003）、对死亡的预期（M. S. Stroebe，Abakoumkin，Stroebe，& Schut，2012）、丧亲者对持续性联结的评价及认可度（Packman，Field，Carmack，& Ronen，2011）等均对两者的关系有调节作用。距离丧亲时间较短，持续性联结不利于丧亲后的适应；距离丧亲时间较长，持续性联结有利于丧亲后的适应（Field & Friedrichs，2004）。中国的丧亲者使用持续性联结与丧亲后的适应呈正相关，而美国相反（Lalande & Bonanno，2006）。当意义重建程度较低的时候，越强烈的持续性联结会引发越强烈的分离痛苦；而当意义重建程度较高的时候，越多的持续性联结会预测较少的分离痛苦（Neimeyer et al.，2006）。Root 和 Exline 提出以下三个因素可能会影响持续性联结的适应性。第一，丧亲者如何看待持续性联结的经验：有的持续性联结的经验是受到欢迎和期待的，那么它将对适应有正向的影响？有些经验则是令人不安并且感到威胁的，那么它对适应则有不良的影响？第二，丧亲前的关系质量。如果生者与逝者之间的关系是积极的，持续性联结则是适应的；反之，如果生者与逝者的关系是冲突的，持续性联结则是不适应的。第三，对于死后世界的信念，如果丧亲者认为死后是不存在灵魂的，那么出现了丧亲者的幻觉和错觉将难以整合到已有的认知系统当中，因而是不利的。然而，如果丧亲者相信死后人有灵魂，当他们看到已故者的时候，他们不会认为已故者还活着，而是他们的灵魂还在以某种形式存在着，他们会感受到，逝者即便已经死去，仍然以其他形式存在，并出现来安慰自己，这样能够极大地缓解他们的分离痛苦（Root & Exline，2014）。

　　除了研究影响持续性联结和适应关系的调节变量之外，学者希望进一步纳入特定的理论当中来解释这种关系的复杂性。目前被讨论最多的就是依恋理论。持续性联结对适应的作用必须在依恋理论的框架下才能得到很好的理解（Field, Gao, & Paderna, 2005；Stroebe & Schut, 2005；Stroebe, Schut, & Boerner, 2010）。在丧亲的初期，也就是 Bowlby 所说的"抗议期"，丧亲者体会到强烈的分离痛苦，它会驱使丧亲者寻找与逝者身体上的接近性，比如说，经常回到死者生前去的地方，或将他人误认为是死者，或听到死者的声音或足音。这些都反映了生者重建身体接近性的努力，这个阶段体现更多的是外在化联结。但是重建身体接近性是无效的，因为死亡是不可逆的。因此丧亲者会进入"绝望期"，丧亲者会变得抑郁和退缩。尽管不会抱有他们能回来的信念，但是他们也不会放弃重建身体接近性的目标。和在抗议期不同，该阶段的丧亲者更少有幻觉和错觉等持续性联结方式，回避提醒物会频繁被使用。在绝望期，丧亲者会面对"重获身体接近性"和"分离的永久性"之间的矛盾。在最后一个阶段——重整期，丧亲者会从身体接近性转变为心理接近性，他们将与逝者的关系内化，作为心理表征而不是身体上的存在。这些心理表征能作为安全港湾和庇护所（Field et al.，2005）。不同的依恋类型个体在持续性联结上会体现出不同的特征。安全型依恋的个体一方面能维持联结；另一方面能逐渐放手，重置逝者在自己内心的位置。他/她能用逝者作为生活的指引，在追忆中获得安慰。占有型的个体对逝者有强烈的依恋，表现出延续的、压倒性的想念和后悔，这类个体更可能使用高强度外在化联结，试图重获身体接近性。回避型的个体可能会否认保持联结的需要，试图保持独立，远离和逝者有关的想法及提醒物。回避型依恋的个体对依恋需要和联结有防御性的否认，他们不能保持有效的象征性的持续性联结。最复杂的就是恐惧—混乱型，他们一方面想用联结作为指引；另一方面想放弃联结继续前行，没有办法明确决定是维持联结还是放弃联结（Field et al.，2005；Stroebe & Schut，2005；Stroebe et al.，2010）。

尽管学者们纷纷在依恋的框架下解释持续性联结与适应的关系，然而相关的实证研究并不多。少数的实证研究结论并没能验证理论假设（Field & Filanosky，2009；Ho et al.，2013），这也许与测量工具和测量指标有关。由此看来，他们之间的关系还需要更多的实证研究的证据来验证和厘清。由此看来，CB 对丧亲是否有适应作用，不是一个可以简单回答的问题，需要进一步研究，什么人在什么阶段采用什么联结方式可能是适应的。

持续性联结也将是我在本书将会考察的，失独父母中是否存在与逝者的持续性联结？具体的表现有哪些？

（三）哀伤的特定理论

1. Kübler–Ross 阶段论

阶段理论被认为是对"哀伤过程"的描述。哀伤过程包括一系列的阶段，每个阶段包括一些可能的现象。Elisabeth Kübler–Ross 通过对临终病患的长期观察和研究，提出了阶段理论，如今，这个理论逐渐应用于描述一般人群丧亲的哀伤过程（Kübler–Ross & Kessler，2005），包括五个阶段。第一阶段：否认。丧亲个体在认知上理解他们所爱的人已经离世，但在心理上否认这一事实。第二阶段：愤怒。丧亲个体对已故者的离世感到愤怒，体验到被抛弃的感觉；或者是对自己感到愤怒，责备自己没能阻止已故者的离世。第三阶段：讨价还价。出现"如果……就好了"或"如果……将会怎么样"的念头，相信自己有能力可以阻止重要他人的离世。第四阶段：抑郁。当所有的心理挣扎都无法改变丧亲的事实时，个体会体验到很强的无助与抑郁。第五阶段：接纳。在这个阶段，丧亲者开始接纳现在的生活和已故者离世的现实，继续新的生活。这五个阶段可能需要很长的时间才能走完，而且每个人所需要的时间不一定相同，也没有所谓正确的方式，它们发生的次序可能不同，也可能同时发生。

目前，阶段理论受到了一些批评，批评者认为这个理论提供哀伤过程中不同时间点的现象，但没有说清楚从上一个阶段进入下一个阶段的机制，所以无法提供咨询上的建议。个体的哀伤过程并非严格遵照这五个阶段的顺序（Maciejewski，Zhang，Block，& Prigerson，2007），而且时间也并不是预测哀伤反应最好的指标（Holland & Neimeyer，2010）。那么，Kübler - Ross 的阶段论是否适合于失独者的哀伤经验，有待于本书去探究。

2. Worden 任务模型

Worden（2002）最初认为，成功地解决哀伤需要完成以下四个任务：（1）接纳死亡的现实；（2）体验丧亲带来的哀伤；（3）适应逝者已经离开了的世界；（4）将对逝者的情感重新投注在未来的生活上。后来 Worden 对第四项任务进行了修改，改成"开始新生活的同时能找到和逝者保持持久联结的方式"，之所以对这一条进行了修改是受到持续性联结研究的启发（Worden，2009）。

相比于 Kübler - Ross 的阶段论（否认、愤怒、讨价还价、抑郁、接纳），Worden 的四个任务模型更强调丧亲者的主动性：为了更好地应对哀伤，他们可以选择更好地完成这些任务。同时，这也为咨询师和治疗师进行哀伤辅导提供了指导方针（陈维樑、钟莠筠，2006）。

不过还是有研究者批评了这个模型，他们认为并不是所有的哀悼者都必须完成这些任务，而且也不一定按照这个顺利来完成。一些必须完成的任务也没有包含在这里面，比如说接纳一个变化的世界，不仅仅是接纳丧亲的现实。另外，丧亲者的确需要体验哀伤的痛苦，但同时他们也需要从哀伤中短暂的脱离（Stroebe & Schut，2001c）。本书探索失独父母丧子经验模型是否能够放在任务模型的解释框架中。

3. Neimeyer 意义重建理论

之前，我们在一般应对理论部分介绍了意义中心应对，最近十多年来，在哀伤研究的领域中，由 Robert Neimeyer 提出的概念"意义重建"（meaning reconstruction）受到了相当的重视。他从社会建构主义的角度，提出了哀伤的意义重建理论（Gillies，Neimeyer，2006）。他把意义重建视为丧亲者面临的中心历程（Neimeyer，2000）。死亡会挑战一个人的世界观以及自我认同。丧亲者必须面对如"我的人生究竟有什么意义？""逝者的人生有何意义？""我是谁？""世界安全吗？"等问题（Keesee，Currier，& Neimeyer，2008）。当非预期或者不和谐的事情发生——如心爱的人死去，当事者就需要重新定义自己，以及重新学习如何与没有逝者的世界接轨。虽然无法回到失落前的功能，但当事者可学习如何发展出一个没有逝者却仍有意义的生活。重建主要是运用叙事或者生活故事来完成。许多丧亲研究的专家提出，在丧亲经验中寻找意义（finding meaning）和恢复在世界中生活的目的感能够减少痛苦（Davis，Nolen-Hoeksema，& Larson，1998）。Neimeyer 提出意义重建过程的三个主要机制包括：意义理解（sense making）、益处寻求（benefit finding）以及身份认同变化（identity change）（Gillies，Neimeyer，2006）。

意义理解指的是个体质问、找到并理解他们丧失的意义，这是哀伤历程中的关键因素。经历丧亲的个体往往会问是什么导致了死亡，为什么这件事情会发生在自己的亲人身上，或者这件事情到底有什么意义。益处寻求也被称为积极重评（positive reappraisal），从社会建构主义的角度来看，益处寻求是在丧失经历中的一种建立新的意义结构、整合丧失的方式。个体一般很难在短期内看到丧失所带来的益处，往往是在丧失几个月甚至几年之后才逐渐看到。丧失后的个体在进行意义重构的同时，也进行了自我重构，由此带来身份的改变。

失去孩子很有可能会破坏一个人的意义结构，失去孩子后的生活常常被看成毫无意义（Davis et al.，1998），Klass（1995）主张，使丧子（女）父母重塑一种价值观，回答他们存在这世界的功能（没有了孩子，我还应该做什么？），协助他们找到现实世界的定位。这种新的价值观让这些父母活得更有意义，确信生命是有其意涵的，所以他们可以活在既定的法则内。对 156 名丧子（女）父母进行开放性问题的调查，要考察他们意义建构[寻找意义（finding meaning）和益处寻求（benefit finding）]的情况，并测量意义建构和正常及失功能的哀伤症状的关系。质性分析结果发现 45%的参与者不能理解丧失的意义，21%的父母不能识别出丧失相关的益处，而这些父母会有更高的哀伤症状；对于那些能够建构意义的参与者而言，最普遍意义寻求的方法是借助宗教和灵性；最多采取的益处寻求的方式是帮助别人，对其他处于痛苦中的人表达慈悲（Lichtenthal，Currier，Neimeyer，& Keesee，2010）。对 173 个子女去世的父母的意义重建研究中发现，宗教性应对（religious coping）和参与支持性的团体一样，都能帮助丧亲者找到意义（Murphy，Clark Johnson，& Lohan，2003）。

Milo 以半结构式访谈及 Grief Experience Inventory 评价 8 位母亲在子女死亡后的心理反应及处理策略，结果发现：母亲们认为子女死亡经验不是她们期待和希望的，且是所有生活事件中的鲜明经验；子女死亡的经验改变了她们的认同感、世界观、关系、心灵及优越感；母亲们觉得自己与所爱的孩子被拆散，失去与他人建立关系的能力；子女死亡后重新找到生命的意义和期待，通常她们就能再次恢复（对生命）知觉。但要重建生命意义，母亲们必须透过重新定位我是谁及接受孩子死亡的事实来修通（work through）（Milo，2001）。

Wheeler 针对 176 位处在意义危机中（crisis in meaning）的丧子父母做了研究，对他们在开放性问题上的回答进行主题分析发现，他们不断努力了解死亡事件是如何发生的，他们本应该为阻止死亡做什么，他们不断保留孩子生命的意义，并且努力寻找能够从丧失中获得什么。父母还在回答他们通过与别人接触、参加活动让自己的生命更加有意义，同时他们还试图和孩子建立联结，获得了许多个人成长（Wheeler，2001）。

（四）哀伤整合模型

1. 双程模型

Stroebe 和 Schut 提出了较有影响力的哀伤双程模型（Dual Process Model，DPM）（Stroebe & Schut，1999）。该模型区分了两种和丧亲有关的应激源，一种是丧失指向（loss – orientation）的，一种是恢复指向（restoration – orientation）的（Stroebe & Schut，1999）。丧失指向的应激源指的是丧亲经历本身的相关方面，丧失指向的应对包括想念逝者、切断或保持与逝者的联结、翻看逝者的旧照片、对丧亲有关的事件（如死亡原因、死亡的场景）等进行反刍（rumination）等。也包括各种情绪反应，如愉悦的回忆或痛苦的思念，从知道逝者不再受折磨而感到欣慰，到感知到逝者孤单一人而绝望（Stroebe & Schut，1999）。恢复指向的应激源指的是丧亲所带来的结果，它包括使自己专注于生活的转变，比如，逝者之前从事的任务需要自己来操作，如管理财政、做饭等；也包括身份的变化，从夫妻变成寡妇、鳏夫，从父母变成失去儿子的父母；还包括重新思考和计划生活（Stroebe & Schut，1999）。良好的适应不应该是固着于其中一个指向，而应该是在两种应激源之间有动态的摆动（oscillation）（Stroebe & Schut，1999；唐信峰，贾晓明，侯力琪，2013b）（见图 2 – 2）。

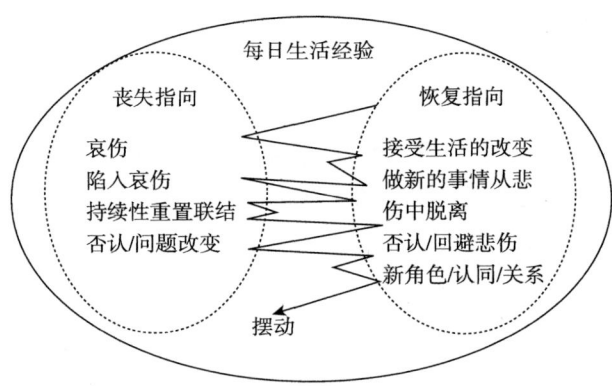

图 2 - 2 哀伤双程模型 (Stroebe & Schut, 1999)

四、中国传统文化、宗教及生死观

失独父母的丧子经验是在中国特殊政策历史背景下产生的一个问题，失独父母的丧子经验势必会受到中国特定文化的影响。如果要讲中国文化，主要是指中国的儒释道文化。从总体上看，中国文化是一个重生轻死的文化（郭于华，1992；路晓军，路小燕，田根胜，2004）。

（一）道教的求生避死

恐怕没有哪一种宗教体系比道教更能迎合人求生避死的欲望了，因而道教在中国文化中获得最强大的势力和广泛的传播。道教为中国人提供了最乐于接受的生命哲学。几乎所有的宗教都执着于"人死后如何"的问题，而道教执着追求"人如何不死"的问题（崔俊，2007）。谈道教脱离不了道家，尽管前者是宗教体系，后者为哲学思想。但是两者有着共同的原始本土文化之渊源。老子所创立的"道"是道家学说的核心概念，也是道家对于宇宙本体及其发展规律的哲学概括，老子哲学的出发点和归宿在于避害、保身、全生、追求生命存在的恒久。这套宇宙生命哲学成为后世道教追求长生不老的理论基础和信仰基础（葛兆光，1987）。庄子更多地关注了生死的问题，庄子说："生也，死之徒也；死也，生之始也"（《庄子·知北游》）；"生之来不能却，其去不能止"（《庄子·达生》）；"一生一死，一偾一起，所常无穷，而一不可待"（《庄子·天运》）。如果说老子的生命哲学是主张为生命长久而退回根底，那么庄子则要更彻底地回归混沌，以完全的相对主义消融生与死的区分。郭于华认为，庄子对待生命和死亡的态度并非真正的超越，而是一味地模糊，超越，她认为必须先有正视，分别，然后才能超越。混沌于生命与死亡，就是生与死界限的模糊。比如，庄子妻子死时，庄子却"鼓盆而歌"（《庄子·至乐》）（郭于华，1992；马宁，2009）。

（二）佛教的因果报应，轮回转世

佛教满足中国人的生存欲求最突出的是在生和死的信仰上。轮回转世的佛教教义与中国原始的生命循环观念相呼应。因果报应之说也与讲究忠孝仁义的儒学礼教相辅相成，因此在中国尤其是在民间获得了众多的信徒。事实上，轮回转世，生生延续并不是佛教的终极理想，佛教的轮回之说意指没有解脱的凡庸者由于业力所致的因果回报。在天、人、阿修罗（魔）、畜生、鬼、地狱六凡中轮回流转。只有皈依佛教，弃恶从善，才能跳出六道轮回，得到解脱，进入理想中的涅槃世界。"生"是佛教中的"八苦"（生苦、老苦、病苦、死苦、爱别离苦、怨憎会苦、求不得苦、五阴盛苦）之首，"空无"才是人生痛苦的解脱。这种指向死亡的人生痛苦的解脱和人生价值追求与中国传统的生命哲学相去甚远，所以，佛教理想中的涅槃境界难以得到大家的青睐，倒是并不理想的六道轮回被大家广为推崇。人们希望借助轮回的思想达到不灭的愿望，其实这并非佛教所提倡的。可见，佛教进入中国之后，与中国的文化相结合，发生了很多变化，苦行苦修成了立地成佛；空无、看破的菩萨成了送子送财的神祇；寂灭的涅槃为轮回转世、生生不绝所取代（陈必昌，2006；陈兵，1984；郑晓江，1992）。

（三）儒家的生命哲学

在中国传统文化中占有正宗地位的儒学，不仅在政治、伦理、道德等各个方面塑造着民族的性格，在关于生与死的意识和态度方面也有很大贡献，孔子对于生死问题是存而不论。它是利生乐生的生命哲学，它不像佛教把生命希望寄托于来世，也不像道教执着于肉体不朽的泡影。此外，儒家提倡的孝道观对民众影响深远。

1. 避讳言死与死亡禁忌

中国人避讳言死，从古代圣人就开始了，先秦思想家孔子已经奠定了注重人生现世的人生观基础（郭于华，1992）。他在回答弟子季路询问鬼神生死之事时说："未能事人，焉能事鬼""未知生，焉知死"（《论语·先进》）。他对生死之事采取避而不谈的态度（张英，2009）。在中国的文化传统中，死亡意识似乎总是受到抑制的。人们的日常交谈很难引起关于死亡的话题。我们不会与孩子谈死，甚至对幼小的儿童掩饰死亡的事实。与青年人和中年人交换这方面看法的机会也很少，因为生活的事情还多得想不过来，死的事情当然无暇顾及。对于上了年纪或者离死期不远的老人，就更少有人去和他们探讨死亡问题，如果那样做可能会被看成大逆不道，自讨没趣（郭于华，1992）。

对于死亡的避讳，不仅表现在缺乏对于死亡哲学和科学的探讨，日常生活中死亡从来都是一个不受欢迎的话题，还表现为对死和与死相关的事物多种语言避讳。人死不直接称其死，在古代，对不同等级的死有不同的称呼，天子死曰崩；诸侯死曰薨；大夫死曰卒；士死曰不禄；只有庶人死才曰死（《礼记·曲礼》）。此外，还有好多关于死亡的委婉说法，比如，气散、就木、星陨、仙逝等；在民间，也有许多讳称，比如，老了、走了、过去了等，直接言死，对于生者似乎很不吉利，对于死者也不尊重（郭于华，1992）。

在中国传统文化中，死亡似乎成了一种禁忌。古代哲人对其取存而不论的态度，现代人在谈及死亡时也宁可改变话题。人们宁愿尽早尽善尽美从物质上做准备，而在心理上却尽可能把它推得远一点甚至推出意识之外。对待死亡正面相向还是转过脸去，是不同民族精神气质的体现。

2. 祖先崇拜及孝文化

儒学的生命哲学是群体的，而不是个体的。在儒家看来，个体的生命只有加入群体，与家国族类的生命之流合而为一，才能得到不朽。儒学认为，个体的生命来自父母，来自祖先，是祖先和父母生命的延续（郑利霞，2010）。因而，人必须以功名做官来光耀祖宗，要孝敬父母，崇拜祖先（郭于华，1992）。祖先崇拜成为儒学对传统信仰最为重要的贡献（郭于华，1992）。

孝，从古至今，一直是中国的传统美德。孝，乃道德之根本，历来中国人把孝奉为最高尚的品行。对于孝，孟子认为："不孝有三，无后为大"，即做子女的为了自由而不娶妻生子，只图自己一人快乐是不可取的，因为没有妻子就没有子孙后代，这种断香火绝代之事是三不孝中的最高不孝，这是对祖宗不孝（鲍震培，2012）。子女到了一定年龄，为了家族的发展，为了宗族后继有人，就应该结婚生子，这便是孝。对于一个家庭来说，生儿育女是"万世之始"，"上以事宇宙"，继承对祖先的祭祀，"下以继后世"，只有娶妻，繁衍后代，才能祭祀祖先，才能使家族后继有人，才能使一个家族得以延续保存下去（鲍震培，2012）。孟子第一个把"孝"的重心放在祖先祖庙上。他把"后"作为祖先的存在和祖庙祭祀的前提条件。"无后"，就是"绝祖"，就是对不起列祖列宗（郑利霞，2010）。"无后"，也就无人来祭祖，祖庙也就自然"断香火"了（何兆雄，2009；郑利霞，2010）。子孙后代是自我生命的继续，也是祖先生命的延续，无后就是断子绝孙，也就是真正的死亡。让祖宗断了香火，是最大逆不道的行为（郑利霞，2010）。

（四）小结

儒释道三家在传统的生命意识中成为和谐互补的关系。三教在生与死的问题上各自有各自的道理，但是与民族的基本心理需求又并行不悖。就此点而言，中国人可以说是全无信仰，也可以说是什么都信。关键是有利于生和长久即可，总体来说，中国文化是一个重生轻死的文化（郭于华，1992）。

五、文献探讨小结

上文梳理了失独父母的研究背景及概况，界定了本书核心概念，同时，回顾了丧亲领域中的主要研究以及丧亲理论；此外，还回顾了中国文化中对于生死的看法，以及儒家的孝文化和祖先崇拜。

失独的概念就是来自中国本土，失独者的丧亲经验有着特定的文化和政策背景，看待失独问题不能脱离本土的文化；通过对文献的回顾我们发现，国外并无失独父母心理状况的相关研究，国外只有丧子的相关研究。国内有关失独父母的研究又很少从丧亲和哀伤心理的视角进行，因此，本书欲从丧亲及哀伤心理视角来探索中国本土文化和历史背景下的失独父母的丧子经验。对国外几十年来的丧亲研究和丧亲应对理论的总结发现，国外的研究相对丰富，已经有了许多丧亲理论，但是这些理论存在着很多争议和讨论，本书正是在这样的研究基础上，欲建构中国特定的文化和政策背景下产生的失独父母的丧子经验模型，从而和以往的丧亲理论进行对话，并探索本土失独父母的哀伤辅导方案。

第三章

研究方法论

这一章的标题叫作"研究方法论",而不是方法。这里面牵涉方法与方法论间的关系。方法指的是研究使用的工具和技术;而方法论指的是在研究过程中所涉及的哲学思维与基本假定(高淑清,2003)。两者之间的关系简言之就是,方法论是方法的逻辑学(杨深坑,1998)。Bogdan 和 Biklen 认为一个好的研究方法应该跟方法论的逻辑是一致的。也可以说方法论提供了方法与技术这样做的理由。面对质性研究多元且竞争的方法论,研究者得先厘清自己所持的哲学假设,以及不同方法背后的哲学根基,才能知其然而知其所以然,在实际研究中才不至于茫然无措(Bogdan & Biklen,1998)。

一、质性研究

本书采用质性研究设计,因此笔者要对质性研究的定义以及质性研究背后的哲学假设进行思考,同时面对目前质性研究领域内纷繁复杂的研究取径,我要对我的选择及选择的理由进行陈述。

(一)定义

我国台湾学者高敬文说,我不知道质性研究指什么,但是却隐约觉察到它不是什么(高敬文,1988)。要为质性研究做身份确认并非易事。由于质性研究背后的方法论基础多元且不同,质性研究也就变成了下列光景:"公婆有理、众生喧哗,戏法人人会变,巧妙各有不同。"

基德尔和法恩（Kidder & Fine，1987）区分了两种意义的质性研究：广义的质性研究和狭义的质性研究。广义的质性研究指的是开放的、归纳式的研究方法论，关注理论生成和探索；而狭义的质性研究指的是把非数字型的资料收集方法纳入假设—演绎的研究设计中。比如在问卷中设置一个开放式问题，然后使用内容分析（卡拉·威利格，2013）。本书采用的是广义的质性研究。

关于质性研究究竟是什么，不同的学者有着不同的界定，邓津和林肯（2007）认为，任何质性研究的定义都必须在复杂的历史领域中起作用。质性研究在不同的时期意味着不同的事情。他们给出了一个一般性的定义：质性研究是一种将观察者置于现实世界之中的情境性活动。它由一系列解释性的、使世界可被感知的身体实践活动所构成（邓津，林肯，2007）。这些实践活动转换和改造着世界。它们将世界转变成一系列的陈述，包括实地笔记、访谈、对话、照片、录音以及研究者的备忘录。在这种程度上，质性研究包含着对世界的解释性的、自然主义的研究方式（邓津，林肯，2007）。这意味着质性研究者是在事物的自然背景中来研究它们，并试图根据人们对现象所赋予的意义来理解或者解释现象。很明显，他们的定义非常强调质性研究对于世界的改造及影响（邓津，林肯，2007）。

而作为一个研究方法论应用的学者，Creswell 更加强调质性研究作为一种研究设计的一面，因此他对质性研究的定义是：质性研究来自对多个哲学假设、世界观及理论视角的运用；它关注的是与社会和人文有关的个人和团体的意义。要研究这些问题，质性研究者要采用生成性的质性探寻方式，在自然情景中去收集资料，也就是到研究参与者生存的地方去收集；数据的分析采用归纳方法、寻找主题；最后的报告和呈现包括了研究参与者自己的声音，以及研究者的自反性报告，以及对研究问题的描述和解释，同时拓展已有的文献并且呼吁进一步的行动（Creswell，2012）。

Carla Willig 认为，质性研究者倾向于关注意义，也就是说，质性研究的关注点是人们对世界的理解及对事件的体验。质性研究的目的是要理解个体经历特定事件时的感受是怎样的以及人们如何处理某些境况。因此质性研究者倾向于关于经验的质量与本质，而不是寻求因果关系。质性研究的目标是描述并对时间和经历给出可能的解释，而不是去预测（卡拉·威利格，2013）。

认识论立场完全不同的研究者可以使用并且正在使用不同的质性研究方法，承认这一点非常重要。严格来说，质性研究方法论表现为一种"群集形式"而不是"单一形式"。质性研究者内部的差异和分歧很大，然而它们有许多共同点，而正是这些共同点构成了"质性研究方法论"（卡拉·威利格，2013）。Creswell 总结了质性研究的共同点，自然主义情境（natural setting），研究者作为主要的研究工具（researcher as key instrucment）；多种资料收集的方法（如文本，图片等）（multiple data sources in words or images）；资料的分析是归纳的、递归的以及互动的（analysis of data inductively, recursively, interactively）；看重研究参与者的视角、主观观念及意义（participant's meaning）；浮现的设计（emergent design），即当研究者进入研究现场之后，会发生许多变化；理论视角（theoretical lens），解释性探究（interpretive inquiry），整体性的理解（holistic account）（Creswell，2012）。因此陈向明将质性研究的定义概括为：质的研究方法是以研究者本人作为研究工具，在自然情境下采用多种资料收集方法对社会现象进行整体性探究，使用归纳法分析资料和形成理论，通过与研究对象互动对其行为和意义建构获得解释性理解的一种活动（陈向明，2000）。我认同 Creswell 总结的质性研究共同点以及陈向明给出的定义。

（二）质性研究的哲学假设及范式

研究者总是带着自己特定的哲学观、范式（paradigms）及信念从事某项研究。当我们打算进行质性研究设计之时，我们就应该明确我们所持的哲学假设（philosophical assumption）。

好的研究应该明确其研究所持的哲学假设。所谓的哲学假设包括了本体论（ontology），也叫作"存在论"或者"实在论"，即世界的本质是什么；认识论（epistemology），即我们如何认识以及能够认识什么；价值论（axiology），即价值的作用和地位是什么；修辞学（rhetoric），即研究所采用的语言是怎样的；方法论（methodology），在认识过程中采用什么方法。当我们选择了不同的哲学立场，那么研究设计及实施也就随之而变了（Guba &Lincon，1988）。表 3-1 呈现了质性研究的实践所持有的哲学假设（Creswell，2012）。

表 3 - 1　质性研究的实践所持有的哲学假设（Creswell，2012）

假设	问题	特征	实践中的应用
本体论	世界的本质是什么？	实在是主观的且多重的，跟研究参与者如何看实在有关	研究者会使用引用研究参与者的话或者寻找文本中的主题，并且提供不同视角的证据
认识论	研究者与被研究者的关系是怎样的？	研究者努力减少他与被研究者的距离	研究者与被研究者合作，花时间和被研究者在一起，努力成为一个"局内人"
价值论	价值的作用和地位是什么？	研究者承认研究是价值涉入的	研究者非常开放地去讨论他本人的价值观如何影响他对研究参与者的理解和解释
修辞学	研究所采用的语言是怎样的？	使用质性研究的术语，采用文字的、非正式的语言呈现个人的声音	叙事的风格常常使用第一人称，运用质性研究的语言
方法论	在认识的过程采用什么方法	归纳的逻辑，在特定的情境中研究	在推广之前，努力专注在细节上，每个参与者的特殊性上，详细描述研究的情境，在实地研究过程中不断修改研究问题

　　尽管质性研究的哲学立场和范式还在不断演进，范式之间存在着争议和融合，但是有这样几种范式不得不提：如后实证主义（postpositivism）、建构主义（constructivisim）、参与行动（advocacy/participatory）、实用主义（pragmatism）等（Creswell，2012）。如果说质性研究的起源是归结于对量的反动，则在哲学上反击的就是实证主义。实证主义（positivism）认为，世界（事件、客体、现象）与我们对它的知觉存在一种直接的关系。他们认为描述外在的事物并且准确地理解它是有可能的。这意味着，研究的目标就是得到客观的知识，也就是说，在外界视角的基础上公正无偏地理解客观世界，而不涉及研究者个人参与或者既定利益。然而，观察和描述必定具有选择性，因为我们对世界的知觉和理解再客观也不免带有偏见。这已经是人们普遍接受的观点了。人们的分歧在于，我们对世界的理解能够

在多大程度上取径客观知识或者真理。不同哲学立场对这个问题的回答是不同的。从朴素的实在论延伸至极端的相对论。前者就类似于实证主义，后者则不承认有真实、真理的存在，而在两者之间，还存在着批判的实在论和不同形式的社会建构主义等立场。这些范式和视角之间的边界和界限正变得日益模糊。质性研究就像是一个竞技场，不同的认识论观点正在争取他人的认同（邓津、林肯，2007）。

基于质性研究的哲学假设和研究范式，在完成本书的过程中，我将践行这样的风格，我将会花费许多时间和失独父母在一起，努力走进他们的生活和内心世界，同时，我和我的研究参与者之间不是研究与被研究的关系，而是站在一起建构失独的意义，在我撰写本书的时候，我会采用第一人称，运用叙事风格，同时尽可能让研究参与者发出声音，采用他们的原始文本来支持研究结果和观点。

（三）质性研究的取径

质性研究的取径（approaches）非常丰富，Wolcott 把质性研究描述成一棵大树，大树的分支是不同的研究取径。每一种取径的理论基础、适合的研究问题、资料收集和分析方法、最后文本呈现和撰写的风格都不尽相同（Wolcott，1992）。Moustakas 列举了 6 种取径：民族志（ethnography）、扎根理论（grounded theory）、诠释学（hermeneutics）、实证现象研究（empirical phenomenology research）、发现研究法（heuristic research）、超验现象学（transcendental phenomenology）（Moustakas，1994）；Denzin 和 Lincon 提出了八种研究取径：表演、批判和公共民族志（performance，critical and public ethnography），解释性实践（interpertive practices），案例研究（case study）、扎根理论、生活史研究（life history），叙事权威（narrative authority），参与行动研究（participatory action research），临床研究（邓津，林肯，2007）。综合这么多过去对质性研究取径的分类，Willig 在《心理学质性研究方法导论》中也提到了六种取径：扎根理论、现象学方法、个案研究、话语心理学、福柯式话语分析、记忆研究（卡拉·威利格，2013）。Creswell 选择了五种进行详细介绍：叙事研究、现象学研究、扎根理论、民族志研究和案例研究，并对这五种研究取径进行了对比说明（Creswell，2012）（见表 3 – 2）。

表 3 - 2　五种研究取径特征的比较（Creswell，2012）

	叙事研究	现象学研究	扎根理论	民族志研究	案例研究
关注焦点	探究个体的生活	理解经验的本质	在实地中，在资料中发展理论	描述或者解释一个文化共同体	深入描述一个或者几个案例
最适合什么样的研究问题	讲述个体经验的故事	描述现象的本质	从参与者的观点中发展理论	描述和解释文化群体的模式	对某个个案或者某几个个案深刻的理解
学科背景	人文科学，比如人类学、历史、心理学和社会学	哲学、心理学、教育学	社会学	人类学和社会学	心理学、政治学、法律、医学
分析单元	研究一个或者多个个体	研究多个个体共享的经验	研究一个包括多个人的过程、行动和互动	研究共享一个文化的群体	研究一个事件、一个项目、一个活动，涉及一个或者多个人
数据收集	主要是访谈或者资料	主要是访谈资料，观察也可以	主要用访谈（20～60人）	主要是观察和访谈	多个方法，访谈、观察、资料
数据分析策略	分析故事——重述故事；按照时间顺序重述故事	找一些重要的表述、意义单元、结构性描述、描述本质	开放性编码、主轴编码、选择性编码	描述文化共同体，找这个团体的主题	描述个案及个案的主题，做跨个案间的比较
报告撰写	发展出个案生命故事	描述经验的本质	生成理论	描述文化共同体如何工作	对一个或者多个案例详细分析

（四）我为什么选择质性研究？

什么时候适合采用质性研究呢？Creswell（2012）在 *Qualitative inquiry and research design：Choosing among five approaches* 一书中提到："当我们需要听到一些沉默的声音时（hear silenced voices）；当我们需要对某一个议题有一个复杂的、详细的了解时（we need a complex, detailed understanding of the issue），而这样的理解只能通过直接与当事人对话，我们可以允许他们毫无阻力地讲述自己的故事；当我们想要通过质性研究给我们的研究参与者赋能（empower individuals to share their stories），让他们有勇气讲述自己的故事，让他们的声音被听到，然后最小化研究者和被研究者之间权威的、等级的关系时。"

我之所以采用质性研究，可以用 Creswell 的观点来解释：过去对失独父母的研究大多是基于调查，很少有研究深入失独父母的生活和内心世界，详细了解他们的经验，中国是一个避讳谈死的国度，丧亲的经验很少被人了解，因此失独者的丧子经验其实就是"沉默的声音"；要对失独者进行专业的哀伤辅导，应该对他们的经验有一个复杂的、详细的了解，这样的理解只能通过和失独父母直接对话，才能获知；我希望听到失独亲历者的声音，希望听到他们的个人叙事，对于失独经验，我不是专家，而是局外人，因此，在研究过程中，我是一个学习者，同时也和失独者一起来对失独经验建构意义。

陈向明在《质的研究方法与社会科学研究》一书中提到量化研究和质性研究各自的优势和弱点："量化研究比较适合在宏观层面对事物进行大规模的调查和预测；而质性研究比较适合在微观层面对个别事物进行细致、动态的描述和分析。量的研究证实的是有关社会现象的平均情况，因而对抽样总体具有代表性；而质性研究擅长于对特殊现象进行探讨，以求发现问题或提出新的看问题的视角。量的研究从事物的某一时刻凝固起来，然后进行数量化的计算，而质的研究使用语言和图像作为表述的手段，在时间的流动中追踪事件的变化过程。量的研究从研究者自己事先设定的假设出发，收集数据对其进行验证；而质的研究强调从当事人的角度了解他们的看法，注意他们的心理状态和意义建构。量的研究极力排除研究者本人对研究的影响，尽量做到价值中立；而质的研究十分重视研究者对研究过程和结果的影响，要求研究者对自己的行为进行不断的反思。"相应地，本书中，我所研究的失独问题是中国特殊文化和政策背景下产生的特殊现象，我关注的是微观层面问题，在研究过程中主要收集文本和图像数据，非常重视当事人对事情的意义建构，同时，我会不断反思我对研究的影响。

二、本书的质性研究取径：解释现象学

Creswell 建议新手质性研究者开始研究时最好选择一种取径去做研究，等到越来越熟练了，理解的深度增加了，再尝试做一些融合和整合。在对不同的研究取径进行了解之后，我选择了解释现象学作为本书的研究取径（Creswell，2012）。

解释现象学（Interpretative Phenomenological Analysis，IPA）是最近发展起来并且仍在变化的一种心理学的质性研究取径。它主要来自 Jonathan Smith 的心理学研究工作，也是在心理学的研究领域被熟知。而目前解释现象学分析已经作为应用得越来越多的一种质性方法，比如在人文社会学科领域特别是在健康心理学领域（Smith，Flowers，& Larkin，2009）。

（一）定义

解释现象学分析是现象学方法的一个版本，它希望了解个体如何对于他自己个人及社会世界赋予意义，并非企图找到外在事物的客观描述。解释现象学分析方法试图贴近当事人的个人世界，也就是 Smith 所说的找到"局内人视角"（insider's perspective），透过个人对于事件的主观陈述来了解个人经验。当然，完全直接了解个人的主观经验是不可能的，所以必须通过诠释的活动。因此，包含了两个阶段的诠释过程：①当事人对于自己的世界所理解到的意义；②研究者对于当事人对自己世界的理解的再理解。解释现象学结合了移情式诠释（empathic hermeneutics）和问题式诠释（questioning hermeneutics）的取向，试着站在当事人的角度，从当事人的观点来了解经验，同时又能够借由询问一些关键的问题来帮助了解和澄清（Smith，1996）。

解释现象学分析认为，人是一个认知、语言、情感及生理存在的个体，人们所说的话会与思想和情绪状态有关联，而研究者也必须从理解诠释人们说的话来了解他的心理及情绪状态（Smith，2007）。Jonathan Smith 把解释现象学描述成通过对文本和转录稿的接触过程企图阐明包含在其陈述中的意义（Smith，2007）。

（二）理论基础

1. 现象学

现象心理学最初来自胡塞尔（Edmund Husserl，1859—1938）的现象学（卡拉·威利格，2013）。现象学关注的不是客观事物本身而是呈现在人类意识中的世界。也就是人类在特定情境和特定时间下所体验到的世界，而非大千世界本质的抽象陈述。我们接触的周围世界是呈现在我们意识中的现象。他要求研究者对我们已经了解的间接知识保持悬置（epoche/bracketing）或者存而不论。他认为主客体是相互作用的，客体的显现是一种知觉现象，它会因为知觉者的位置和情境、知觉的角度，并且更会因为知觉者的心理定向，比如，欲望、情绪、判断、目标等的变化而变化。这个被称为"意向性"。意向性使得客体显现为现象。所以，自我和世界是意义不可分离的组成成分。知觉总是有意向性的（Smith，1996）。

2. 符号互动理论

符号互动理论（symbolic interactionism）是一种通过分析日常环境中人们的互动来研究人类群体生活的社会学理论派别，它主要研究的是人们相互作用发生的方式、机制和规律（卡拉·威利格，2013）。社会心理学家米德被认为是符号互动论的开创者（卡拉·威利格，2013）。美国社会心理学家米德认为，符号是社会生活的基础，人们通过各种符号进行互动，人们可以借助符号理解他人的行为，也可以借此评估自己的行为对他人的影响（卡拉·威利格，2013）。符号互动理论认为，人的行动是有社会意义的，人们之间的互动是以各种各样的符号为中介进行的，人们通过解释代表行动者行动的符号所包含的意义而做出反应，从而实现他们之间的互动（Smith，1996）。

三、研究者

质性研究当中，研究者本人是研究工具。因此研究者的专业背景、性别、年龄、个人能力、个性特质、过往的研究经验、态度及经验将影响研究的效度，研究者本人需要对自己的身份始终保持觉察与反思。

第一，专业背景。本书的研究者是临床心理学专业的一名博士生。接受了心理咨询和心理治疗的系统培训，长期接受督导，进行个人体验，并进行临床实习。具备基本的倾听、共情、提问能力。过往的这些训练，有利于我在访谈过程中与研究的参与者建立关系。为了准备研究的访谈，我参加了中澳叙事与创伤治疗高级研修班以及哀伤辅导相关的课程，访谈当中始终将"避免二次创伤"作为首要的原则。在读期间，我选修了北师大教育学部朱志勇教授的《质性研究方法与实践》45 学时的学习，并通过期末论文的答辩。

第二，研究经历。研究者在攻读博士学位期间，参与了多项研究项目，并发表学术论文多篇，曾经作为一名国外的社会学博士课题研究助理，共同访谈新生代农民工，历时一年多，因此我具备从事质性研究的能力。

第三，性别。我是一名女性，女性的特质可能有助于我在接触一些失独的阿姨时，更好地进行情感的表达，利用非言语技术，与此同时，因为我是一名女性，所以，我可能会带着女性的视角、女性的声音，因此，在研究过程中，对于这一点，我应该保持内省与理性，对于男性受访者保持开放。

第四，年龄。开始这项研究的时候，我 26 岁，在研究开始时，我尚未结婚，更没有生育，这可能会让受访者觉得我阅历不够。

第五，个性特点。我性格大方开朗，友好温暖，善良细腻，幽默风趣，有亲和力，我想，这对于与人建立关系是有好处的。

第六，研究者的角色定位。对于失独父母而言，我是一个"局外人"，局外人的身份有利有弊，最重要的是，研究者始终对于研究的参与者保持好奇，保持了解，怀着学习者的心态。在整个研究当中，研究者既是研究者、访谈者，也是资料分析者、论文撰写者，同时也应该是陪伴者。在互为主体的研究过程中，研究者与研究参与者之间始终是站在一起的，我们是共同为丧失独子后的心路历程建构意义的伙伴。为了获得更加丰富的资料，研究者始终以积极倾听的态度，鼓励被访者讲述其真实体验。

四、进入现场及研究参与者的选取

（一）研究参与者的选取方法

本书主要按照形成理论的需要来选取研究参与者。为了形成理论，研究者同时收集和分析资料，在理论形成的同时开始资料的收集过程，即根据发展理论的需要决定下一步要收集什么资料以及从哪里收集。在质性研究中，理论选取并不是在研究之前确定的，而是在研究过程中逐步形成的。目的是寻找那些最有可能显示出研究现象的事例。所以，我们会考虑饱和度问题。当类别和信息饱和时，即使增加一名访谈对象，也无法增加更多信息量时，没有显现出任何新的类别，就意味着饱和了（陈向明，2000）。

在刚开始寻访研究参与者的过程中，也采用了滚雪球式的选取方法（陈向明，2000），作为一个局外人寻找到失独父母作为研究对象是比较困难的，因此在寻访研究对象过程中，常常会通过一个研究对象推荐下一个研究对象。

质性研究中不强调随机性原则和代表性原则，但是会考虑被试的多样性能够提供多样化的类别信息，即通过增加分层来提高表征内容的丰富性。因此，本书在选取研究参与者时，会尽量辐射不同的类别，比如，研究参与者的性别，有失独父亲和失独母亲；丧失对象，有丧子的和丧女的；丧失原因，有疾病的、意外的、自杀的等；孩子丧失的年龄处在不同阶段，童年期、青少年期以及成年期；不同宗教信仰（佛教徒、基督徒），被试来源（网络、熟人推荐、民间团体、社区）等因素也不同，我们希望尽可能了解更多不同背景下的丧子经验。

（二）进入研究现场

寻访愿意参与研究的失独父母异常艰辛，在进入现场之前，我做了许多的准备尤其是心理准备，我动用了所有能想到的信息和社会关系。2013年年初，我就打算开始进行这个研究，但是迟迟不敢进入研究现场，我有许多顾虑和忐忑。直到2013年6月，一位打算做类似研究的师弟通过某失独QQ群联系到失独母亲海棠进行访谈，经过海棠的同意，我和师弟一起对她进行了一次访谈，我作为主要的访谈者，在访谈过程中，两人配合，师弟补充提问。这算是第一次与失独者的接触，这次接触让我的担心稍微减少了一些，我觉察到自己之前存在的"先见"，比如，"他们一定很难接触""他们很奇怪"等，而真正的接触，我才发现，比如海棠，她非常善良，只是命运的不幸让她遭遇了丧子的痛苦。我发现，只要我放下内心的顾虑，真诚与一个人、一个生命去接触就好了。我觉察到，在媒体报道和个人的认知加工过程中容易对人进行标签化和边缘化。于是，我增加了一些信心。我正式的独立研究从 2013 年 10 月至 2014 年 12 月间进行，历时一年多。起初，我在微博上搜索昵称含有"失独"二字的人，几天的地毯式搜寻，只有一位失独母亲桔梗（见表 3 - 3）答应了我的研究邀请。然后，我想起了，曾经跟我有过工作合作的风信子，风信子又给我引荐了百合和三叶草。后来，我在网络上查到了北京的一家失独活动室［根据 2009 年 11 月北京市政府颁发的《北京市居民居家养老（助残）服务"九养"办法》的文件精神，北京启动了一项"心灵家园"工程，北京市许多街道都成立了心灵家园，这个活动室就是其中的一家］，经过多次与负责的工作人员讨论，他们答应我进入活动室进行博士研究。自此之后，我的研究工作有了很大的进展，2013 年 10 月到 2014 年 1 月间，我一周几乎有 3 ~ 4 天的时间，都浸泡在这里，我跟这些叔叔阿姨一起参加活动，然后找到合适机会，预约做个别的访谈。关于我的身份，我采取的是逐步暴露的方式，最初，我只是介绍我是北京师范大学心理学院的博士生，我更多是以一名志愿者的身份，因为这里经常会有各个大学的大学生志愿者。直到约部分的叔叔阿姨做个别访谈的时候，我才暴露自己研究者的身份，让他们知情同意。兰花、向日葵、映山红、牵牛花、桃花、枫树、野蔷薇、松树、玫瑰、梅花都是这个活动室的成员（见表 3 - 4）。但是有的是约在家园里见面访谈，有的成员不常参加活动，我就利用工作人员入户家访的机会跟他们接触。起初的这段时间，研究范围只是北京地区的失独者。此时，我已经收集了 15 名失独父母的研究资料。

2014 年 4—5 月，我借着去上海开学术会议的机会，联系到上海星星港（一家由失独父母组织的民间互助组织）并与其创立者（失独母亲，已经离开星星港）和目前的负责人（失独母亲）约谈，同时也见到了另外两位成员（皆为失独母亲）。我本打算在上海邀请一些失独者参与研究，后来，考虑到地理位置、时间、精力及成本等原因，我最终放弃了在上海进行研究，把研究对象的选取就专注在北京地区的失独父母中。

2014 年 5—10 月，我暂停了收集资料的工作，进入分析资料、撰写论文的工作。2014 年 11 月至 2014 年 12 月底，我带着初步撰写的论文，第二次回到研究现场，这次，我首先是预约一些过去的研究参与者进行回访，表达对他们的感谢，澄清过去没有弄明白的问题，同时向他们介绍我的初步研究结果，邀请他们参与反馈和对话，参与到理论的构建中。除此之外，我根据理论性选取的原则，又联系了几名新的参与者，他们是丁香、杜鹃、玉兰、郁金香、樟树、蜡梅和梧桐（见表3-3）。

前前后后，我所接触和联络的失独父母有很多，但是，我并没有将所有接触的失独父母都纳入分析，比如，有一名受访者，我到了她家里面才得知，在孩子离世的那场意外事故当中，她本人也受了严重的脑部创伤，紧急抢救才捡回一条性命，直到现在她的智力水平及语言表达能力还是没有恢复，整个访谈都是这位失独母亲的母亲跟我聊天，所以我也放弃了对她呈现访谈材料；还有一些受访者，虽然同意跟我谈论这件事情，但是拒绝参与到研究当中；另外，在家园中我曾经访谈了一位老爷爷，但是他的孩子出生于60年代，丧失时间太久了，不符合本书对失独父母的定义，因此也放弃呈现他的资料。

在研究过程中，除了访谈亲历者，即失独父母之外，我还接触和访谈了街道接触失独者很多的社区工作人员，另外，我参加了一次失独者QQ群举办的座谈会。座谈会中，许多失独者表达了自己的观点，很有价值。但是因为事先没有经过他们的知情同意，所以，我也放弃研究。但是其中有一位失独父亲的话语击中了我，我事后联系他参与研究，他开始同意了，但是后来又拒绝了，但是他说可以呈现他的那句话。

（三）研究参与者

最终进入本书分析的研究参与者有23名。所有的姓名皆为化名，花代表女性，树代表男性（见表3-3），由此可见男性有4名，分别是松树、枫树、樟树和梧桐；其余19名都是女性。这样的化名方式是我在不断分析资料的过程中产生的想法，符合本书积极取向的研究视角，许多过去的研究都把他们称为××（孩子的昵称）爸爸、××（孩子的昵称）妈妈，同命人之间也喜欢这样称呼彼此，这是一个值得思考的问题。我希望将失独父母作为一个独立的生命个体来看待，去标签化，在这个研究中，他们是研究主体的一部分。所有的研究参与者年龄范围是50~84岁，他们的基本信息见表3-3，参与者的详细背景信息见表3-4。

表3-3　研究参与者的基本信息　　　　　　单位：岁

序号	姓名	年龄	婚姻状况	宗教信仰	丧失对象	丧亲时间[4]	逝者年龄	丧失原因
1	海棠	51	初婚	无	儿子	9（42）	14	肿瘤（白血病）
2	桔梗	61	初婚	无	儿子	13（48）	20	肿瘤（白血病）
3	风信子	58	分居	佛教	儿子	2（56）	28	自杀（抑郁症）
4	三叶草	53	再婚	基督教[1]	儿子	7（46）	16	肿瘤
5	百合	59	分居	无	女儿	7（52）	19	肿瘤
6	兰花	69	再婚	无	儿子	20（49）	20	肿瘤（脑瘤）
7	向日葵[2]	67	初婚	佛教	儿子	8（59）	29	自杀（疑似抑郁症）
8	映山红	57	离婚	无	女儿	22（35）	9	重大疾病（不详）
9	牵牛花	57	初婚	无	儿子	13（44）	16	肿瘤（白血病）
10	桃花	61	离婚	无	儿子	22（39）	9	孩子父亲杀害[3]
11	枫树	59	再婚	无	儿子	26（33）	6	煤气中毒
12	野蔷薇	66	离婚	无	儿子	13（53）	25	死刑
13	松树[2]	70	初婚	无	儿子	8（62）	29	自杀
14	玫瑰	57	丧偶	无	儿子	10（47）	23	疾病
15	梅花	65	丧偶	无	女儿	13（52）	30	车祸
16	丁香	63	初婚	无	儿子	16（47）	不详	不详
17	杜鹃	50	初婚	无	女儿	2（48）	不详	不详
18	玉兰	63	离婚	无	儿子	10（53）	20	心肌炎猝死
19	郁金香	67	离婚	无	女儿	15（52）	25	癌症（胃癌）
20	樟树	59	初婚	无	女儿	5（54）	25	病毒感染（不详）
21	蜡梅	55	初婚	佛教	儿子	3（52）	28	心肌梗死
22	梧桐	62	初婚	无	儿子	6（56）	29	肿瘤（脑瘤）
23	牡丹	56	初婚	基督教	儿子	10（46）	16	意外（坠楼）

注：[1] 三叶草是基督教的慕道友。

[2] 向日葵和松树是夫妻。

[3] 桃花孩子的父亲患有精神分裂症，在发作期失手杀害了自己的孩子。

[4] 括号里面是孩子离世时父母的年龄。

表3-4　研究参与者的背景

海棠	儿子14岁因患白血病离世，她是一个会计，现在还在工作中，兼职两份工作，偶尔去旅游。母亲住在养老院，由她负责照顾，丈夫近些年患上了抑郁症，病情反复。第一次见面时，她打扮得很精神，很注重个人形象。

桔梗	儿子20岁因患白血病离世。她是一名退休公务员，多次返聘，工作得到了领导、同事的好评，热心公益。"从疯狂购物到玩命工作再到热心公益"，这是她对自己的概括，她正在写一本纪念孩子的书，内容是每年祭日给孩子写的信，还有一些抒发哀伤心情的诗歌等，目前正在出版社排版中。
风信子	儿子是一名青年演员，事业正在上升期，28岁因抑郁症跳楼自杀。在孩子离世一周年，她以孩子的名义成立抑郁症认知宣传的公益基金会。与此同时，也关注失独者的精神健康问题。
三叶草	儿子是一名少年诗人，她本人是一名学者、自由撰稿人。孩子因患肿瘤去世。孩子患病期间，这对母子的故事就打动了很多人，因为孩子患病期间，她（单亲妈妈）寸步不离守在孩子身边，陪伴孩子，同时查阅大量关于疾病的中英文资料，甚至给医生提供疾病研究的最新进展，与此同时，他们做了很多有意义的事情，帮助其他癌症患者。孩子离世后，母亲将孩子的诗歌集结成册出版，此外，用旧居成立了一个民间公益活动室，她私下帮助了很多丧子妈妈。作为一名学者，她继续着自己的研究，除此之外，她跑步，练习瑜伽，尝试素食，参与许多社会公益活动。
百合	国家公职退休人员。女儿从小非常关注生态环境。女儿因患肿瘤去世。女儿走后，她加入一个种树的公益组织，常年参与干旱沙漠地区的植树造林工作，已经4年了。
兰花	退休的小学语文教师，经常参加街道的心灵家园活动室活动，是一个核心人物，为人谦和，乐于助人，参加了很多兴趣班，合唱、书法、钢琴等，能弹很多钢琴曲。她文学功底很好，经常帮助家园活动写主持词。儿子因患脑瘤去世。儿子离世前，她刚刚再婚。
向日葵	退休的事业单位职员。孩子因自杀（疑似抑郁症）离世后，她皈依佛教，经常参加街道的心灵家园活动室活动。她也是活动室的一位核心人物，非常热心，开朗，乐观，幽默。
映山红	女儿离世后，与老公离婚，辞职，开始自己报各种班学习，还做过一段时间的民俗记者，跑各种地方，看人情冷暖、世间百态，尝试过很多工作，最终因为一群流浪狗，在北京房山居住，最多的时候养了50只流浪狗，却常常因为房东无法接纳这么多狗的扰民，不断搬家迁徙。
牵牛花	儿子因白血病去世，性格大大咧咧，经常在心灵家园帮忙，热爱旅游。
桃花	孩子被丈夫精神分裂症发作时打死时只有9岁。她本人性格开朗温和，经常来家园活动，唱歌。儿子走了之后，她与丈夫离婚，但是离婚官司使她净身出户，回到娘家开始做生意，在这期间，有一位过去的男同事一直陪伴她。
枫树	一家人煤气中毒，妻、儿全部离世，他本人虽然幸存，但也患有煤气中毒后遗症。因为这件事情，心中内疚，独立承担照顾瘫痪的老母亲的责任，照顾了10多年，直到母亲去世。母亲去世后，开始来家园参加活动。然而，因为母亲的房子问题跟其兄弟姐妹产生了严重的纠纷，跟他见面的时候，他不断地跟我讲述这些事情。

野蔷薇	孩子离世原因最特殊，儿子因为犯罪被判处死刑。她无法原谅孩子，从未祭奠，但其实她内心很心痛。访谈时，每次想哭，都会躲到洗手间，整理好才出来。她非常注意个人形象，每次来家园都打扮得很精神，平日里主要的活动就是打麻将。脾气很火暴，在一次家园活动中，我看到她和家园的另一位阿姨起了冲突，她非常愤怒。
松树	向日葵的丈夫，他平日里主要就是炒股，常常来家园活动，是家园的主持人，幽默开朗。
玫瑰	孩子出生时就患了新生儿溶血症，当时不知情，后来导致智力损伤；后来与丈夫离婚，带着孩子离开家庭，在残联工作，结果孩子离世。她再婚，过了一段幸福的生活，结果丈夫患癌症去世，现在独自一人，跟母亲一起生活。经常来家园活动，热爱唱歌。
梅花	女儿因车祸离世，丈夫5年后因肺癌去世。现在独居，养狗，身体疾病挺多，老北京人，喜欢看书、看报。气质很优雅。不经常参加家园活动。
丁香	某失独QQ群群主，群成员经常结伴旅游，她为人热心，有领导力，非常乐于助人。在她儿子离世之后，她宅在家中10年，后来搬离市中心，到郊区去住，如今她市中心的房子提供给另一个外地的同命人免费居住。
杜鹃	某失独QQ群群成员，对她的访谈过程异常艰难，女儿离世时间很短，她的状态并不好。访谈无法深入，女儿丧失背景也不了解。
玉兰	儿子半夜心脏病突发离世。她每天在"天堂纪念馆"纪念孩子，喜欢旅游，经常出国旅游。会写很多旅行游记，游记已经出版成书。
郁金香	生意人，女儿离世，在家封闭数年，与丈夫离婚，每天写信给女儿，6年后汇集成书，出版。每天在"天堂纪念馆"纪念孩子。
樟树	某QQ群群成员，热心活跃，经常带着妻子和群成员一起旅游，也希望能够帮助新进群的失独者平复哀伤。
蜡梅	某QQ群群成员，佛教徒，儿子突发心脏病离世，她连续做了7个梦，借助佛教教义，慢慢走出伤痛。现在经常参加QQ群活动，与群成员一起旅游。
梧桐	作家，儿子因患肿瘤离世，后以此为背景，写下长篇小说。采用书信体（一封去信，一封回信）和孩子对话。
牡丹	儿子在国外留学期间，不幸从窗户口坠楼离世。夫妻二人反复往返中国和新加坡打官司数年，儿子离世后，信仰基督教。借助基督教信仰，慢慢平复哀伤。

五、资料收集方法及情况

（一）半结构式深度访谈

本书采用的主要资料收集方法是采用个体半结构式深度访谈，说是半结构式，是因为我们在研究开始之前，会制订一个访谈提纲，而访谈提纲只是作为参考。在研究初期，会根据每次访谈情况对访谈提纲进行调整和修改。

丧亲是中国文化中的敏感话题，用测量的方法很难深入了解个体的内心状态（徐洁，张日昇，2011a；徐洁，陈顺森，张日昇，张雯，2011b）。唯有采取深度访谈的方式，充分跟随受访者的情绪和意识流，适时地追问与互动，才能够更多地了解受访者的内心体验。从研究的伦理角度考虑，采用深度访谈的方式也是最适合的方式（何丽，唐信峰，朱志勇，王建平，2014b）。深度访谈本身具有治疗作用，说出哀伤的经历，有助于人们治愈和发现其中的内涵。在实施访谈的时候要注意一些问题。

第一，访谈前的准备。访谈的时间和地点，主要考虑被访者的时间和方便，尊重被访者的意愿。访谈的时候，要选择一个安静舒适、安全保密的空间进行。整个访谈过程要进行全程录音，因此访谈前要检查录音设备，准备备用电池、纸巾。另外，作为访谈者，要做好足够的心理准备，在访谈前，应该注意休息好，保持比较稳定的状态，因为丧亲作为一个敏感话题，访谈过程很容易引起受访者的悲伤情绪，在访谈之前，访谈者需要调整好自己的心理状态来用心聆听被访者，并具有充足的心理资源为被访者提供心理支持。另外，访谈者可能在此期间受到受访者的影响，要注意觉察自己的情绪，及时寻找自己的个体咨询师讨论自己的情绪状态。

第二，访谈过程的控制。研究者在访谈开始前，需要花一些时间通过自我介绍、承诺保密、说明研究目的，与受访者建立关系。访谈开始往往以事实性问题开场，询问一些比较轻松的不涉及丧亲的部分，建立关系，并在开始的聊天过程中，发掘受访者的积极资源。在访谈过程中，要预防"二次创伤"（在访谈过程中再次受到创伤），发现可能造成的危险，要及时做一些干预和处理或者中断访谈。这也是作为研究伦理应该考虑的。所有的访谈都由我一人完成。访谈过程类似于日常的对话，事先虽然有访谈提纲，但是问题可以根据访谈实际过程自然调整。访谈者具体提问结合了被访者的语境和意识流变化，也结合了研究问题，逐渐地深入、具体化。初级提问是根据访谈提纲的问题提出，次级问题是顺势引导，促使被访者自发主动地说出自己的所思所想。研究者对于被访者的回答不做价值判断，也不预先设定具体的反应，而是重复和澄清被访者所说的话，与被访者进行访谈的互动。

第三，访谈的结束。访谈结束时向被访者表达感谢，并且再次重申保密原则，以及我将如何使用他们提供给我的资料，并承诺研究结束后，可以将论文给他们阅读，邀请他们参与对话。当关闭录音设备之后，出于对研究伦理的考虑，我会对会谈过程做一些小小的总结和反馈，反馈的内容主要是积极反馈。

此外，在访谈结束后，要尽快做好访谈的备忘录，记录对于访谈的感受，访谈过程中自己提问的反思，访谈过程中的特殊事件进行回忆，以用于将来资料的分析与整理。最终访谈的情况记录（包括访谈次数，每次访谈的持续时间、地点）如表3-5所示。

表3-5 访谈情况记录

序号	姓名	次数（次）	时间1	地点1	文本（字）	时间2	地点2	文本
1	海棠	2	1h12min	咨询中心	18202	2h7min	我的研究室	30960
2	桔梗	2	1h9min	单位	10500	2h39min	单位	35702
3	风信子	2	5h20min	家	30693	1h29min	家	18600
4	三叶草	2	1h40min	单位	14437	3h28min	家	29646
5	百合	2	5h20min	家	25877	2h34min	家	34420
6	兰花	1	2h34min	家园	15109	—	—	—
7	向日葵	2	2h43min	家园	22445	3h7min	家	53721
8	映山红	1	4h23min	家园	23756	—	—	—
9	牵牛花	1	1h43min	家园	15120	—	—	—
10	桃花	1	2h48min	家园	13568	—	—	—
11	枫树	1	1h19min	家园	16936	—	—	—
12	野蔷薇	1	1h51min	家园	15916	—	—	—
13	松树	1	1h36min	家园	17950	—	—	—
14	玫瑰	2	1h52min	家	19253	1h20min	家	10798

续表

序号	姓名	次数（次）	时间1	地点1	文本（字）	时间2	地点2	文本
15	梅花	1	2h52min	家	20274	—	—	—
16	丁香	1	3h11min	家	43078	—	—	—
17	杜鹃	1	1h19min	麦当劳	14307	—	—	—
18	玉兰	1	5h13min	家	89414	—	—	—
19	郁金香	1	3h42min	家	38465	—	—	—
20	樟树	1	4h40min	我的研究室	34858	—	—	—
21	蜡梅	1	3h13min	肯德基	55077	—	—	—
22	梧桐	1	1h28min	某咖啡厅	14455	—	—	—
23	牡丹	1	1h38min	某咖啡厅	22428	—	—	—
总的访谈持续时间					80h			
转录文本总字数（万）					81			

注：凡地点为单位或者家都是指受访者的家中或者单位。

（二）实物搜集法

质的研究除了访谈与观察之外，还有一种收集资料的方法就是实物收集法（陈向明，2000）。"实物"包括所有与研究问题有关的文字、图片、音像、物品等，可以是人工制作的东西，也可以是自然物（陈向明，2000）。

将实物作为质的研究的资料来源是基于这样一个信念，即任何实物都是一定文化的产物，都是在一定情境下某些人对一定事物的看法的体现（陈向明，2000）。因此，这些实物可以被收集起来，作为特定文化中特定人群所持观念的物化形式进行分析（陈向明，2000）。

本书所收集的实物都是与研究问题相关的，比如研究参与者的QQ日志、新浪博文、照片以及在孩子离世之后父母给孩子写的书信（见表3-6）。郁金香和梧桐在孩子离世后，分别都为孩子写书。郁金香的书籍里收录了孩子离世后，母亲的100封信。梧桐的书以书信体的形式讲述了自己的心路历程。实物资料收集的情况见表3-6。由于以下两点原因：（1）有些实物资料容易暴露研究参与者的真实身份；（2）有些意义单元的理论已经达到了饱和，不需要实物资料来支撑观点，否则显得很冗余，收集到的实物资料并未全部使用。

表 3 - 6　实物资料收集情况

序号	姓名	实物资料
1	海棠	5 篇与主题相关的 QQ 日志
2	桔梗	1 篇书信，1 篇开会发言稿
3	风信子	13 篇博文
4	三叶草	博客博文，照片
5	百合	照片
6	兰花	照片
7	向日葵	照片
8	映山红	—
9	牵牛花	—
10	桃花	—
11	枫树	—
12	野蔷薇	—
13	松树	12 篇博文
14	玫瑰	—
15	梅花	—
16	丁香	博文
17	杜鹃	
18	玉兰	照片，天堂纪念馆书信
19	郁金香	书，天堂纪念馆图片
20	樟树	
21	蜡梅	—
22	梧桐	书
23	牡丹	博文

六、资料整理与分析

（一）资料的整理：录音—转录

对受访者的录音全部逐字逐句转录成了文本资料，1～15 个受访者的转录都是由研究者自己完成的。虽然前期转录的工作量非常大，但是我还是坚持自己完成转录工作，没有请其他人协助转录录音，因为听录音的过程可以让我更深刻地反思访谈过程，加深我对受访者的理解。亲自转录有很多好处。首先，访谈过程中受访者有许多非言语表达，可能只有在经历了访谈情景后，才能够标识出来。我在转录的过程中，会对其中一些非言语信息也进行标注。其次，在转录过程中，我会将自己产生的想法和感受写在备忘录上。听录音的过程，让我沉浸在文本中，是再一次和被访者互动的过程，也是初步分析的过程，在研究的初期，我需要不断调整访谈提纲，促进研究的深入，所以听录音和转录本身也是一个研究过程的一部分。

后期，由于时间精力限制，16 ~ 23 位的录音是我招募一些有过转录录音经验、对心理学感兴趣的大学生帮助我转录的，一万字付报酬 100元。转录前签署保密协定。每个转录员转录一份录音，当他们提交转录稿给我之后，我会再听一遍录音进行核对确认。访谈的时间及最终文本字数，如表 3 - 5 所示。

（二）备忘录

在进行资料收集、整理和分析的过程中，还有一个非常有利的工具就是备忘录。备忘录指的是除了真正的田野笔记、转录或者编码以外，研究者撰写的任何有关研究的材料（何丽，唐信峰，朱志勇，王建平，2014b），它不仅仅包括访谈时的感想、分析资料的方法和过程等，还包括研究者对于方法论问题、伦理问题、感受和行为反应或者其他任何问题的反思（何丽，唐信峰，朱志勇，王建平，2014b）。

有些重要的思想在需要的时候不一定能想起来（马克斯韦尔，朱光明，2007），备忘录可能是收集的资料，也可能是分析资料，同时还包括大量对于研究过程的反思、质疑、回顾等。撰写备忘录是一个自由书写的过程，追随那些不断出现的问题和观点，推动着理论性选取工作的不断发展。写的过程就是对写的酬劳。所以，在本书中，研究者坚持写备忘录，既是在分析资料，同时撰写备忘录也能为分析资料提供逻辑、思维上的支持。

（三）资料的分析：解释现象学分析

解释现象学分析方法通常用于处理复杂的、探索性的议题，它是由一系列步骤完成的，从而便于研究者确定主题并将它们整合成有意义的群集，它先在个案内部进行，然后在个案之间进行。IPA 的分析方式有点接近扎根理论但是又不同（Smith，2007；卡拉·威利格，2013），我将以海棠的一段原始的访谈文本为例（见表 3 - 7、表 3 - 8），介绍分析资料的过程和步骤。

第一步：反复阅读文本，此阶段研究者要记录广泛的、漫无目的的笔记，以此反映研究者在对文本做出反应时可能希望记录的最初的思想和观察结果。而这一阶段产生的笔记是最为开放的注释。史密斯建议将这些笔记记录在文本左边的空白处（见表 3 - 7 第 1 列）。

第二步：该阶段要求研究者找出并标定可以表示文本每一部分特征的主题。这个可以记录在文本右边的空白处。主题的标题是概念性的，并且应该充分表现文本内容的某些本质特征。这一阶段可以使用一些学术术语（见表 3 - 7 第 3 列）。

第三步：该阶段要将结构引入分析中。研究者在第二阶段列出了已找出的主题，并且思考它们彼此间的关系。某些主题可以形成天然的概念类群，因为它们具有共同的意义或者关系，而其他主题的特征表现为彼此间的层次关系。一定要确保本阶段找出的主题聚类与原始资料相比合乎情理。这意味着，研究者必须往返于试图使之结构化的主题列表与起初产生主题的文本之间，报告中确定的主题关系，必须反映在受访者陈述的细节中。

第四步：该阶段要制作出结构化主题一览表，并附上说明每个主题的引语。一览表中只应该列入那些可以充分体现参与者经验的某些品质的主题。这意味着，阶段二所产生的某些主题将不得不排除在外。这些舍弃的主题可能在文本中没有得到很好的表现或者它们对于所研究的现象而言处于边缘地位。研究者对主题取舍则不可避免地受到了自身兴趣和取向的影响（见表 3 - 8）。

第五步：最后要进行个案的整合，在为每个参与者制作了一览表之后，研究者可能试图将这些一览表整合成一张包容性的高级主题列表，以反映参与者整个群体的经验。以一种循环的模式来开展整个研究是非常重要的，借助这种模式，生成的任何较高级主题都可以与转录稿进行核对。

我对所有研究参与者的访谈资料和实物资料都进行解释现象学的分析，并且建立每个研究参与者的结构化一览表，然后对所有的结构化一览表进行整合，最终形成一个高级的结构化一览表。

表3-7　解释现象学分析的示例

开放性注释	原始资料（海棠的访谈文本）	主题
失独家庭多，关心其他失独家庭	Q：第一个问题我特别想了解，是什么样的一个原因让你愿意接受我们的访谈，我觉得这真的很不容易。现在毕竟失独的家庭越来越多，所以……	个人特质：善良助人的　1　3　6　7　8
我时间长点，还难受，但好一些		哀伤辅导的需求　4　5
配合你们，助人的		丧失时间影响哀伤　2
希望专业人员疏导失独者		性别不同，哀伤不同　5　6
我爱人抑郁症两年了		性格影响哀伤经验　22
希望专业人员帮助像我爱人这样的失独者走出来	因为我是时间比较长，可能……（好些）当然难受肯定是的，但是毕竟时间长一点，所以我愿意配合你们。	情绪痛苦：11　13　29　30　31
改善失独对社会造成的影响		认知痛苦：12　35　36
孩子走了，丈夫抑郁	其实我们群里还有几个失独的特别悲观，你们研究这个之后将来好对这些人怎么疏导，怎么让他们尽快走出。	生理痛苦：34
丈夫比我大8岁，岁数大		身心障碍：5　19　23　24　25　26　27　28
孩子没有的时候，丈夫想再要孩子	比如说我们要是早那个什么的话（有人疏导的话），我爱人也不至于到现在这样，抑郁症，已经两年了，也不至于这样。	夫妻差异：是否要孩子　10　14
我感到痛苦		年龄差异　9
付出太多了		男女应对差异　20　21
寒心	也就是说，你们的工作，将来对发生这些事情的家长，应该能给他们解决一下，让他们尽快走出来。	男女性格差异　16　17　22
我不想再要孩子		工作转移应对　32　33　20
夫妻在要孩子问题上有差异	对社会也好，有好多也造成社会影响，我觉得这块儿还是挺重要的。	
丈夫心理受了打击	Q：听你的意思是现在叔叔的状态不太好？	
丈夫不爱交流，闷	对，他是因为这么多年吧（孩子走了，心里不舒服）。	
丈夫没有嗜好	因为他的岁数大，比我大8岁呢。	
赶上那岁数		
丈夫抑郁状况，身体瘦	当时我们孩子没有的时候，那会儿还可以要孩子。他一直想要，但是我是属于比较痛苦，	
女性有家务和工作，可以分散		
男同志只有上班，所以压抑	因为带孩子付出这么多年，确实挺寒心的。	
跟性格有关		
丈夫明年退休		
病重，但意识清醒		
我害怕，担心丈夫过不去		
丈夫心衰		
现在好多了		
睡眠问题		
四五年没有过过正常人的生活		
喜怒无常		
恶性循环		

开放性注释	原始资料（海棠的访谈文本）	主题
工作忙，可以淡忘一些事情 加了份兼职，为了把时间排满 我的睡眠也不好 我也有心理问题 我们都有心理问题	我是不打算再要了，但是他是非常想那什么。 这么多年我也一直坚持不要，可能也是对他心理上有点什么。 再一个就是他本身就不爱交流，属于闷那种， 平常也没什么嗜好， 赶上那个岁数。 去年还特别厉害，但是今年好多了，就是人耗得特别瘦，精瘦精瘦的。 女同志们稍微好一点，因为她有些家务啊，有些工作啊，可以分散一下。 但是男同志不一样，他回来除了上班没有别的事情，所以他心里肯定比较压抑。 这每个人也不一样，有的人性格比较那什么（好一些，想得开一些）。 Q：叔叔现在还在上班是吗？ 退休得是明年退。 Q：那他现在这个状态还能坚持上班吗？ 他倒一直坚持上，他属于是虽然比较严重吧，但是意识还是比较那什么的，自知力还算可以。 但那时候我也挺害怕的，因为那时候也是经常觉得过不去了的感觉，最后都有点心衰了，反正挺厉害的。 那一段时间（比较严重），现在其他的基本上没什么了。 他在那会儿就睡眠不好，我觉得这种情况都是由睡眠引起的。	

开放性注释	原始资料（海棠的访谈文本）	主题
	你看我这四五年就基本上没过过正常人的生活。 真的是喜怒无常的，说高兴就高兴。有时候真是特高兴的时候，一下子就觉得高兴不起来了。 就这种心理老是这么恶性循环。 说实话我就是因为工作忙，好多东西我能够淡忘。 我除了这份工作我还兼着一个兼职会计，我就是为了把我的时间安排得满一点。没有时间去想这些，上一天班，再干点别的，就比较累了。可能就睡了，别的都不想了。 偶尔有时候，经常有睡眠不好的时候，我也有这种情况，但是没我爱人这么严重。 所以我觉得我的心理也有问题，但是没到看医生、吃药的程度。 现在就这种状况，所以大部分像我这种情况的，都是不同程度的，只不过反应不一样。	

表 3 - 8　解释现象学分析结果：结构化主题一览表

类群 1：影响哀伤经验的因素

- 丧失时间　2
- 性别　5　6
- 性格　22　1　3　6　7　8

类群 2：哀伤反应

- 情绪痛苦：11　13　29　30　31
- 认知痛苦：12　35　36
- 生理痛苦：34

类群 3：丧亲后果

- 身心障碍：5　19　23　24　25　26　27　28

类群4：男女差异

- 是否要孩子　10　14
- 年龄差异　9
- 男女应对差异　20　21
- 男女性格差异　16　17　22

类群5：哀伤应对

- 工作转移应对　32　33　20

类群6：哀伤辅导需求

- 哀伤辅导的需求　4　5

七、技术路线图

有关此项研究的技术路线，如图3-1所示。

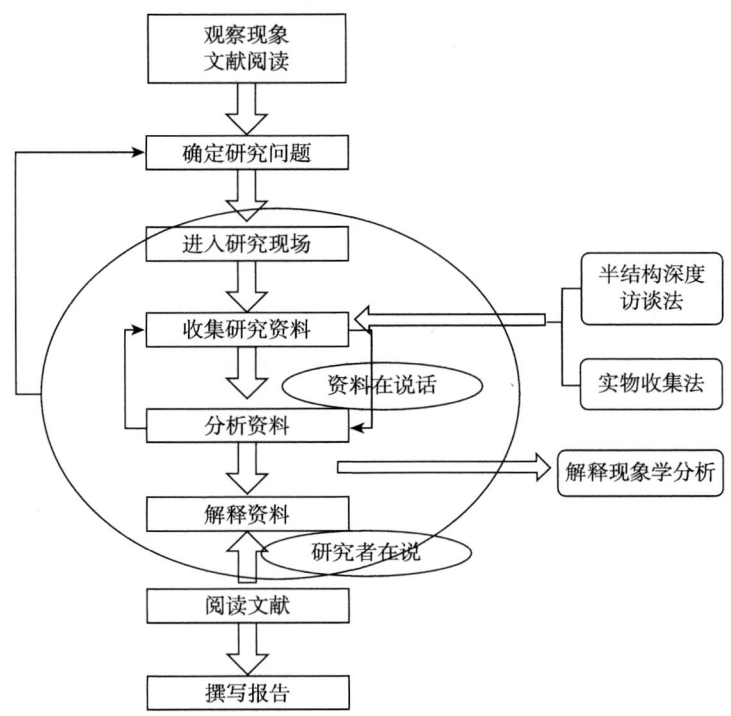

图3-1　研究技术路线图

八、研究的质量评估

量化研究用信效度来检测研究结果的可靠性。质性研究和量化研究是两种不同的范式，所以用于量化研究的检测方法并不适用于质性研究。有研究者认为：当你与他人或更多的研究者分别分析相同的资料时，若能够得到相似的结论就是对其内在一致性的证明（唐信峰，贾晓明，2013a）。陈向明教授认为这个是没有意义的，因为质性研究将研究者作为研究工具，强调研究者的独特性、唯一性。即使是在相同的时间、地点就同一问题及同一群人所做的研究，结果也可能因为研究者的不同而有所不同（陈向明，2000）。关于质性研究到底应该采用什么样的质量评估标准，不同学者有不同的观点。目前大概有三个阵营。有的学者主张质性研究也应该有信度、效度；有的研究者主张质性研究的评价标准就应该另起炉灶；而有的学者提出了一个我认为非常有建设性的想法，就是采用功能等价的标准，即虽然质性研究无法直接用量化研究的信度和效度来评估，但是我们可以分析这背后的逻辑，量化研究的信度实际上强调的就是研究的可信赖度（confidence）问题；而效度就是强调研究的关联性（relevance）问题。对于本书的质量我做如下阐释（Guba & Lincoln，1994）。

（1）长期参与（prolonged engagement）。要求研究者使用足够的时间来学习和了解被研究者的文化、社会环境等。研究自2013年6月开始到2015年3月，历时一年半的时间。在这期间，我走访了大量的失独家庭，社区失独活动室，与失独者的QQ群群主及群成员见面；参加各种与失独相关的社区活动、民间活动、学术研讨、科研项目。应该是属于长期参与，不断思考和充分浸泡的。

（2）收集资料，力求丰富深入。质的研究强调尽可能收集丰富的原始资料，通过这些资料的丰富性对研究结论的效度进行检验。不同类型的资料之间还可以进行三角校正（triangulation）。本书的研究参与者有24人，我对这24人进行了半结构式的访谈，其中大部分进行了深度访谈；访谈的总时间约84个小时，平均访谈超过3个小时，我和部分受访者进行了二次访谈，由于具体受访者的情况和访谈情境的差异，每个受访者资料的丰富程度有所不同。除此之外，我还收集了大量实物资料，比如与哀伤经验相关的博客博文、QQ 日志、书信以及照片等。

（3）呈现资料透明（Transparency and procedural clarity）。将评价质量的权力交给读者，邀请读者对话和讨论，我尽量详细呈现整个研究过程，包括如何进入研究现场，在研究现场我和受访者的互动，我个人的感受，资料分析过程等。让读者自己来判断研究者的视角是如何影响研究结果的。

（4）注重反馈，获得认同。2014 年 11 月，我对我的部分受访者进行了第二次访谈，这次访谈我除了根据第一次访谈情况，补充访谈之外，还跟他们讲述了我初步研究的结果，询问他们，我的研究结果是否符合他们的经验，我得到了许多积极反馈，同时，在我讲述的过程中，他们会帮助我完善理论。这让我真正体会到什么叫作对话式、互动式的研究，什么是研究者和研究对象互为主体性。

九、伦理问题

本书聚焦于失独父母的丧子经验，家中唯一的孩子先于自己离世，从常规来讲对于父母亲而言应该是巨大的创伤事件，同时丧亲经历也是个体比较私密的个人经历，所以在研究过程中应该时刻保持对研究伦理的反思。我在研究中做到了以下几点。

（1）所有研究参与者均自愿参与研究。

（2）访谈过程允许受访者不回答他们不想回答的问题。

（3）访谈录音及文本资料均严格保密，仅作为学术论文使用。

（4）访谈如录音事先征得受访者的同意。

（5）一律使用化名，对容易暴露其身份的信息不做撰写。

（6）在论文撰写完成后，让研究参与者阅读，提出反馈意见。

（7）访谈过程中，注意避免二次创伤。关于如何做到这一点我是这样考虑的：首先，在访谈提纲的制订上，受叙事心理治疗看待创伤的观点，我采用"叙事"的提问方式，例如，对我而言，这个研究挺难的，我怕让你伤心，是什么原因让你愿意接受我的访谈？你是怎么熬过来的？你从你的经历中学到了什么？其次，在访谈实施过程的一开始，我会注意先从丧失无关的事件切入，挖掘来访者的积极面，对其进行积极关注，尽量恢复其自我认同，这样给接下来对于丧失事件的探讨建立一个安全岛。再次，在访谈中，不断评估，如果发现讨论某些问题对于受访者十分困难，可能让他无法承受，我也会放弃继续进行生硬的探究。最后，在访谈结束之后，关闭录音机，我会简单对访谈过程做一个小结，这个小结的内容主要是做一些积极的反馈，同时也会寻求受访者对于整个访谈过程的反馈，有哪里不舒服，有没有特别痛苦的感受等。

（8）研究结束后的随访，在访谈结束之后，大部分在一年之后，我做了第二次访谈。第二次访谈中，除了在某些研究问题上进行深入的访谈之外，同时我也相当于做了一次回访，了解他们近期的状况，令我很欣慰的是，他们的生活发生了一些积极的变化，我也跟他们核对，我的研究和介入对他们的生活是否产生任何负面的影响，他们给我的反馈是比较积极的。有一些失独活动室的受访者，我没有来得及一对一回访，但是后续我参加了活动室组织的大型活动，在活动间隙，我对他们表达了感谢，也报告了我论文的进展，并询问他们的近况，他们并没有因为我研究的介入出现负面的影响。在研究过程中，有部分研究参与者表达了担忧："我们参加了你的博士论文研究，除了帮你完成博士论文，不知道这个研究对我们有什么用处。"我虽然会对参与者做一些解释，但是遇到这样的问题，我还是会感到一些压力。

第四章

失独之影响

通过解释现象学的分析过程，笔者建立了 23 个研究参与者关于失独之影响的高级结构化一览表（见表 4－1）。结果显示，失独事件对失独父母的影响主要表现在三个方面：第一，失独事件引发了个体强烈的哀伤反应；第二，失独事件使得失独父母原本所处的社会关系系统及生态发生了巨大变化；第三，失独事件衍生出了许多逝者的生前身后事务。笔者把这三个方面命名为个人哀伤、系统震荡、事务衍生。

表 4－1　失独之影响的高级结构化一览表

类群	主题	次主题
个人哀伤	情绪痛苦	震惊与麻木，悲痛，愤怒与怨恨，自责、愧疚与后悔，不舍与可惜，无奈与无助，焦虑与情绪不稳，空虚，特殊时间场合综合征，"孩子"敏感，恐惧，思念，孤独
	认知紊乱	反刍，讨价还价，幻觉与认错人，闯入性思维，自我贬低，自杀意念，注意力难以集中、记忆力减退
	行为反常	易哭，社交退缩、沉默寡言，回避提醒物，保存骨灰，多话、过度活动与冲动行为，自杀冲动与行为
	身体受损	失眠，食欲降低、体重减轻，多梦，身体疾患
	灵性冲击	原有信念体系崩塌，精神残疾
系统震荡	夫妻系统	夫妻一方患病，夫妻一方死亡，夫妻分居或离异
	家族系统	祖父母的哀伤，家族交流禁区，特殊丧亲背景
	家外系统	切断旧关系，小心翼翼地互动
	社会历史系统	与社会脱节，历史延续割断

类群	主题	次主题
事务衍生	殡葬事宜	殡葬
	户籍与财产	户籍，财产，保险
	法律纠纷	法律纠纷
	经济债务	经济债务

一、个人哀伤

失去独生子会引发父母强烈的哀伤。他们的哀伤表现在各个方面：情绪痛苦、认知紊乱、行为反常、身体受损以及灵性冲击。

（一）情绪痛苦

失独父母在孩子离世之后，承受着剧烈的情绪痛苦，除了孩子离世带来的分离痛苦（想念、孤独感）之外，年轻的孩子早逝也是一份巨大的创伤，失独父母会呈现出许多创伤痛苦的反应。

1. 震惊与麻木

刚刚接到孩子离世的消息，父母通常是非常震惊的，尤其当离世是突发没有预期的情况。即便有预期，真正听到这个消息的那一刻也是十分震惊的。当下可能会出现许多急性应激反应。比如，麻木、情绪隔离、晕厥。他们常常用"天塌地陷"来表达自己的震惊。

> 你知道我得知消息之后，我说的什么话吗？我就坐在那里，我说，天哪，天哪，老天爷，还是把我儿子夺走了。（风信子）
>
> 开始知道这些，哭完，就晕死过去了，正好是在医院嘛，倒了之后，就失去知觉了。（兰花）
>
> 刚开始一听到，地都塌了。（野蔷薇）
>
> 她（女儿）那屋子的电话响了，说出车祸了……我先到了，我一进去就看到了，一个大夫就在那里按，我一看，不会哭啊，脑子裹一下，什么叫作欲哭无泪，我明白了。我觉得完了，完了，也没有流血，肯定是受内伤了……（梅花）

这种急性应激反应，不会立刻消失，也许会持续一段时间，出现情感的麻木和隔离感。

> 那时候，我每天脑子是空的，就那么一群人（女儿的朋友），天天在你面前转，自己就跟一个木偶似的，就在前面被推着。一会儿这么的，一会儿那么的。（梅花）

> 刚开始那几年，可以说 5 年之内，最起码 3 年，我不会笑，孩子没有之后，也不哭。我这个人，虽然还是到处跑，但是说，喜怒哀乐就没有了：多么高兴的事情，笑不起来，这个事情可恨，也恨不起来，别人家孩子，我不愿意摸，跟我孩子一般大，我不愿看，特别不愿意接受别人的孩子，我当时觉得自己怎么这样啊。（映山红）

2. 悲痛

悲痛，包括悲伤和痛苦。失独之痛是极端剧烈的，非亲历者难以体会。他们常常用"撕心裂肺、挖心割肉、悲伤欲绝"来表达。

> 这一百八十三个日日夜夜的心路历程比前五十几年走得都要艰难漫长。只有亲历者才知道这种撕心裂肺的痛，切肤的痛。如从天堂堕入地狱，这大喜到大悲的人生经历，锥心的疼痛。（风信子博文）

> 悲伤欲绝，撕心裂肺，我可算是知道中国这个成语的感觉了，开始那 20 年，真是痛苦啊，心都成了碎片了。（兰花）

> 孩子，是自己身上，掉下来的肉，孩子走了，就是一种挖心割肉的痛苦。（向日葵）

3. 愤怒与怨恨

失落之后常常会感到愤怒，愤怒是丧失之后非常普遍的一种情绪。有些愤怒是合乎情理的愤怒。比如，直接指向导致孩子死亡的人。桃花的孩子很特殊，是被丈夫在精神分裂症发作时打死的，因此桃花非常恨自己的丈夫。还有一个很特殊，野蔷薇的儿子是因为犯罪，触犯了法律而被判处死刑，所以野蔷薇一直无法原谅孩子。野蔷薇的愤怒和不舍共存，是非常复杂的。

> 我挺恨我爱人的，你要是告诉我（他有精神分裂症），我不会这样，我也恨他们家，恨他们家隐瞒我。（桃花）

我没法原谅他啊，我怎么原谅他，他把人家家庭毁了，也破坏了自己的家庭，我不敢去问人家家庭，怎么问啊，我只知道大概的情况。我一点不知道，他叔处理的，他什么都没有跟我说。（野蔷薇）

但更多的时候，愤怒来自没有办法防止死亡发生而产生的挫折感。失去生命中重要的人，会使人感到一股愤怒的情绪，有时候生者会将这种愤怒转向他人，希望能够找到为孩子死亡负责的人，比如，给孩子治疗的医院和医生、做出重要治疗决策的家属等。

女儿走之后，我有一段时间，我对医院啊、对医生，内心的怨恨特别强，我就想告他们去。有一次，我特别激动，我心想，我不告倒你们，我就不活了……（百合）

当时我儿子是 A 医院给治的，那是顶级医院，没给我们治好，大夫为什么没有给我儿子治好啊，杀了他们的心都有了，当然自己还能控制，你医生抢救的时候还说最好的大夫，都是博士毕业，说得好听，但是也没有保住啊，一闪念，有这样思想，要是真的克制不了自己，就出大娄子了。（兰花）

此外，由于失独与我国的一胎化计划生育政策有关，所以许多失独父母对计生人员和计生机构存在很大的愤怒情绪。

计生干部，都非常担心跟这些人打交道，经常被骂出去。如果是前些年的话，我也会是这样的。因为我们和普通的哀伤服务，不一样，完全不一样。它不是一个哀伤的问题，为什么呢？这还是一个社会问题……一次计生委组织座谈会，我们都在等候，外地人（去计生委上访的一名失独者）走过来了，问我，你是计生委的，你孩子死了吗？……他们有时候就这么说话，计生委的人，想帮这个群体，又犯怵这个群体。（玉兰）

4. 自责、愧疚与后悔

孩子离世之后，父母的自责情绪是最普遍、痛苦程度最高的一种情绪。极少数时候，孩子的离世或许与父母有某些联系，父母自责，还有可能出现所谓的"幸存者内疚"。

我很自责啊，要不是我大意（屋子里面烧煤，那天烟囱堵了，那天阴天下雨，堵得很严实，我没有注意到，所以一家人煤气中毒。妻子和孩子都死了，自己抢救过来了），他们不会这样的。我跟我妈妈说，你干吗救我啊，我跟他们一块去了，得了。（枫树）

但是大多数时候，即便没有直接关系，父母也会觉得是自己做错了或自己没有做好。若孩子是生病离开的，父母可能自责自己没有照顾好孩子让孩子生病，或者为自己做的某个医疗决策而感到愧疚；如果孩子是抑郁症自杀离世，父母也会自责没有及时发现孩子的抑郁问题，及时帮助孩子疏导压力，及时阻止孩子自杀的行动；如果孩子去世是意外的，父母又会觉得自己应该有能力预期意外的发生，及时阻止。总而言之，父母总是认为自己应该保护好孩子，总是认为自己应该为孩子的死负责，认为自己应该有能力阻止孩子的离世，还有的父母会对自己过去对孩子的态度和行为自责。这些看法中的大多数和不合理的认知和信念有关。

后来我也后悔，还不如不让他上学，继续休学，把所有的治疗都做完了再那什么（复学）。但孩子又比较认真、比较要强，在重点中学又天天十一二点不睡觉。一下子复发了，复发了而且还转型了。一点办法都没有了。（海棠）

我们曾经非常自责：为什么不早点学习研究抑郁症的相关知识，从而能敏锐地捕捉到儿子病发的迹象，并二十四小时守护着儿子，不让他离去……（风信子博文）

她走了之后的很长一段时间，我心里就一直愧疚、自责，就觉得特别对不起孩子。我觉得，我太无能了，我没有办法救女儿，没有选择的方法，没有救女儿，所以，我就一直特别自责，一直特别愧疚，我怎么就不能救我女儿。（百合）

我那时候自责思想也是特别厉害，自责什么呢？我干什么坏事了，老天这样，我们对不起谁了？把灾难降临在我们头上？……我现在老责怪自己，老觉得对不起他。那会儿，给儿子看病，他非要打车，那会儿不讲究打车，我拒绝了，这个都得自责自己，干吗啊，他提什么要求我应该都答应，我怎么，过去对儿子，怎么……比如说吧，孩子学习不认真，斥责他两句，我怎么不对他温和一点，也自责。（兰花）

　　我们没有管好他，没有照顾好他。这个孩子，从小就有病，三四岁的时候，有肾炎。他走了跟这个病有很大的关系，孩子病没有弄好，心理压力大。你说小孩子没有照顾好，能跟大人没有关系吗？你想我们能抬得起头吗？我们自责啊，怎么没有想到呢？（松树）

　　我孩子性格好像不太好，受周围人影响。可能跟我离婚有关系，我孩子也是大学毕业，年轻啊，没有什么经验啊，再加上，我离婚，我的责任是不小了。肯定有影响啊，我们夫妻两个老打架啊。所以，他才会做出那样的事情啊（犯罪，判处死刑）。（野蔷薇）

　　我觉得我也有自责，我觉得我每一步的治疗都是正确的，好像人算不如天算，你以为你的每一步治疗都是对的，我当时就想我要把住，每一段都不做错，最后就好像能引向胜利似的。这个也是唯科学主义，虽然我这样每一段都把着，最后孩子还是死了，那我就会反过来想，我要不这样呢？我要那样呢？这是一个深深的自责。再有，孩子刚去世，我跟朋友们说孩子真的是什么好吃的都没吃过，就会觉得很遗憾，这样的感受，很折磨，你就想着哪块不对，无穷无尽的。本来你这么短暂的生命离去，本来就是遗憾的。至今我还会偶然冒出来某个具体的事，比如说有一次我们在国外，照相，拿着相机，他照，照完了递给我，接着这相机就砸了，就坏了，就等于我们这次在国外旅行就不能照相了，我当时就给了他一巴掌，我特生气，我现在想起来都后悔得不得了，要命，要命，要命的。诸如此类你都没办法数尽。（三叶草）

失独的巨大痛苦，让失独父母产生了许多后悔的情绪。尤其是牵扯到计划生育，许多人后悔当初没有多生几个孩子。

　　我后悔过，干吗不生两个，走一个还有一个，当时我要是生两个就好了，我们当时可以要呢，还可以要呢，隔三年可以要，当时没考虑，谁想那么多，真没有考虑，所以说，已经到了今天了。有些事情就是没有办法假设，不能够挽回。（兰花）

5. 不舍与可惜
　　子女是父母的心头肉，是父母的心肝宝贝，更何况是独生子女，孩子离世了，作为父母是非常不舍，心疼，惋惜。有的觉得，孩子这么小，这么年轻，本应在这个世界上多待一段时间；有的觉得孩子很懂事，很善良，离开太可惜了。有的孩子刚刚大学毕业，有的孩子在国外读书，有的孩子是国家公务员，总之，对孩子的离开充满了不舍，充满了叹息、惋惜。

……我就觉得挺可惜的，那么好的一个孩子。（海棠）

他那时候大学毕业了，上班了。他在证券所上班呢，多好啊，可惜啊，你说他那时候他没有成家，没有对象。哎，说什么都不行了，没用了……（野蔷薇）。

他高三的时候走的，当时如果没有生病的话，肯定是非清华北大不上的。当时孩子在学校差不多就是标杆性的人物，出了这样的事情，学校老师、校长都特别惋惜。（桔梗）

我在呼唤天，老天，你还是把儿子收回了。他就是天使来的。我就是不舍得，我一直有预感，我一直那么多年胆战心惊的，生怕他要走。我就总是隐隐地有一种感觉，他这么好，人家都说，太好的东西长久不了。（风信子）

孩子也不错啊，我为孩子也感觉挺自豪的，大学毕业，在国家统计局上班啊。你说可惜不可惜呢？（松树）

6. 无奈与无助

孩子是家庭的希望，父母生命的延续，父母抚养孩子倾注了许多心血，孩子走了，父母的心血白费了，希望也落空了，往往会产生深深的失望感。父母有一种"白干了"的感觉，在中国，大部分父母都是为孩子活，他们把孩子当作自己的事业、希望。孩子的离世已成事实，死亡又是不可逆的，虽然父母多么希望这不是真的，但又无力回天，因而会产生无奈和无助感。

嗨，怎么说呢，眼泪往自己肚子里面咽呗，是吧，那怎么办呢？……本来一个好好家庭，挺好的。突然就这样啦。赶上了，你怎么办啊？（松树）

我付出得太多了，我有点寒心了。忙活一辈子了，到头来，等于竹篮打水一场空。（海棠）

我30年这么苦，这么累，怎么这样啊，同学、朋友，都有孩子，说起来都是儿孙满堂啊，我这怎么啦，我啥也没有，我这一辈子，等

于白活啊，白过啊，白忙活了一场。有时候就是跟纳鞋底似的，咔嚓嚓，最后留了一个眼儿，这不是白忙活了。（向日葵）

你瞅瞅，离婚了，孩子又没了，一无所有。什么都没有，那怎么办啊。（玫瑰）

那种难处，没法说呢。（野蔷薇）

7. 焦虑与情绪不稳

长期的身心压力与哀伤，让许多失独者产生了焦虑和烦躁的情绪反应，情绪的稳定性也受到了影响，表现出喜怒无常，有时候表现出易激惹。

你看我这四五年我就基本上没过过正常人的生活。真的是喜怒无常的，说高兴就高兴。有时候真是特高兴的时候，一下子就觉得高兴不起来了。就这种心理老是这么恶性循环。这几年，一到休息，闲得没事儿，特别烦，就莫名其妙地烦。（海棠）

我们这些人都喜怒无常，在家园，我们都喜怒无常了，平时挺高兴，突然说起来我们都特难受。（向日葵）

那天（又一次失独活动中，她与其他人发生冲突）你也看到了，我这个人脾气，火一点就着了，我这个人现在在心理上有这个自我保护机制，你别欺负我，我就怕别人欺负我。你想想，我就一个人，你想，有点欺负我，我就不干。以前，不这样，现在改变了。（野蔷薇）

8. 空虚

孩子没有了，原本孩子占据家庭系统和个人情感的位置被腾了出来，原来的很多计划和希望都破灭了，有时候会产生一些空虚感。

……开始那几年，太空了，每天基本上放学老觉得背后坐着一个人，每天上下学就去接，突然好像后面什么都没有了。（海棠）

9. 特殊时间场合综合征

过年，过节，孩子的祭日、生日，母亲节，父亲节，亲朋好友的孩子的婚礼，小孩子出生等，这些对于失独者来说都是特殊的时间和场合，一般这样的时间和场合是最考验他们的。经历失独，许多父母亲变得非常脆弱，心理上有一个并未修复的伤口，一碰就痛。对于中国人而言，孩子太重要了，人们最喜欢讨论孩子、聊孩子，孩子不在了，许多话题成为禁忌。

他们的情绪时常遭遇雷区。比如过节，对于大多数人来说，意味着欢乐、团圆，然而自从失去孩子之后，过节成为失独父母的伤痛。害怕过节以及团聚的日子，是许多失独父母的体会。过节时，人人阖家团圆，其乐融融，这些会刺激其想到失去孩子的痛苦。另外，在过节的气氛下，文化又不允许他们表达哀思，所以是一件非常难受的事情。过年对他们而言，成了一个问题。他们出门在外，遇到陌生人，也特别担心别人打听孩子。他们常常会说孩子出国了、出差了，以此来搪塞一下。

　　我现在就是怕过年过节，越过年过节，我越觉得不舒服……春节，每年三十我也没有说多高兴地过过，每年三十都是流着眼泪过去。……你知道我是 7 月份的生日，所以现在他们谁一说你过生日，我说我从来不过生日，我说生日礼物已经收不到了。（海棠）

　　我现在根本不敢在国内过年，平时我还受得了，过年我真的受不了，我受不了……（风信子）

　　我们有好多关卡，第一关是找朋友，第二关是结婚，第三关是有孩子。当爷爷，当奶奶，一开始真的是不爱听，后面硬着头皮也在听。（向日葵）

　　每当看到跟我孩子差不多的孩子，我就难受，其实，别人劝也没有用，劝皮劝不了瓤，尤其是逢年过节的时候，简直就没有办法弄。一到过年过节，难受，但是平时呢，就好一些。（桃花）

　　其实我原来也说过，全国人民高兴之日就是我们难过之时，大家都高高兴兴过年的时候，我一看到人家高兴的时候，我就不由自主地会想我孩子要在就好了。我说这个就完全不受我控制了。（玉兰）

　　哎呀在过年前就想，上哪去啊，上哪去没有那个过年的气氛啊？中国过年就放鞭炮，知道吗？去哪啊？后来，我找一个旅行社，找一个东南亚没有放鞭炮的地方，新加坡、马来西亚。十天，报一个老板团，到那时候都是公职人员和私人老板关张了才去啊，没有说普通老百姓去的，比一般人贵一倍啊。报吧，人家回家，我拎着行李去机场，那时候，最惨的。（樟树）

10. "孩子"敏感

失独父母失去了自己的孩子，对于周围的人提及孩子还是会有一些不舒服的，看到跟自己孩子相仿的年轻人也会想起自己的孩子，大街上的母子母女，也可能会引发他们的伤感。

我们这些人，有一个特殊的心理。有的人，他们老是在我们面前，表现他们儿女有多么好呢，他不知道，不知者不为怪，我儿子怎么着，我闺女怎么着，你当着这些人，你说几句没有关系，但是你过多去描绘，老是去说，我们就受不了了……比如说前段时间上医院，等的过程中有一个小伙子，陪着母亲，陪着妈妈照什么图啥的，结果来了一个电话，他接电话，搂着母亲，老太太虽然等着看病，但是跟着儿子脸贴着脸笑，我眼泪就出来了，我再也享受不到了。我们的思想啊，还是特别脆弱，心理学有一个假高兴。我们唱歌也嘻嘻哈哈，有具体事情的时候，这个伤疤永远留在你身上。你到闭眼那一天，才彻底，那是不知道了，没感觉了。这是我们真实的心理。有时候很激烈，有时候隐隐作痛。（兰花）

我们的心理确实是，我认为没有走出来的。其实是一个很脆弱的伤口。只要一提，都受不了。你看那群里天天那么聊，聊着聊着就觉得不行。（海棠）

11. 恐惧

经历死亡，有部分人会出现一些恐惧心理。有一个人曾经提及，自己很长一段时间因为恐惧不敢关灯。

我至少三年，可能都不止，我都不敢熄灯睡觉，有其他同命人（失独者管其他失独的人叫作"同命人"），也说，我连楼道的灯都不关。关灯就感到害怕，黑暗就像死亡一样可怕。（三叶草）

12. 思念

只有一个孩子，父母把所有的心血和爱都给了这个孩子，当孩子走了，从此与孩子阴阳两隔，父母体会到深深的失落，对孩子的思念如潮水般翻涌而来。在本书中，所有的参与者都体验到了强烈的想念。有的是在日志中明确表达，有的是在访谈中提及对孩子的思念，有的则是我在访谈中，在受访者的眼泪中感受到的那份爱与思念。

每到夜深人静时，别人都在梦中熟睡，而我却经常睡不着。这时候孩子总是在我眼前浮现，从他出生到离我而去，每一个情景、每一个画面，都在我的脑海中，一幕一幕闪过，我们之间有的只是思念、回忆、悲伤和痛苦的悔恨和自责。宝贝真的好想好想你……（海棠的QQ日志）

十个月了，305个日日夜夜啊，在时光中穿梭着：想你，念你，更爱你。305天里，无论清晨醒来，还是在梦里，你的相貌、你的话语、你的影像、你的歌声，都旋绕在我的眼前、脑海、心间。305天来，你的妈妈——我，没有一天不想念着你（风信子的博文）

儿子，你知道吗？妈妈在想你的时候，心有多痛，有时候我朝着夜空默默地祈求，让你感知到我对你的思念。就这样无数个静夜思念着你，呼唤着你，就这样，你听到我的呼唤了吗，静夜，我在思念，你感知到了吗？（桔梗在儿子祭日给儿子的信，题为《静夜，我在思念》）

孩子，在这无眠的夜晚，我静静地想你……想你的时候，我会感觉整个世界就剩下我一人，因为你是我的唯一……想你的时候，我会彻夜无眠，望着天花板满脑子都是你……想你的时候，我会郁闷到和自己发脾气，一切都是那么不如意……想你的时候，我会放声大哭，好像世界上只有我最委屈……想你的时候，我会觉得天气变得特别灰暗，让人透不过气来……想你的时候，我会觉得时间过得好慢，好像地球都停止不转……想你的时候，我知道了什么是孤独和寂寞，我的心情是那么压抑……想你的时候，我会默默地看着照片中的你，让眼泪尽情往下流……想你的时候，我会情不自禁地拨通你的电话，这时才想起你已经不在……想你的时候，泪水沾湿了我的衣襟，让我泣不成声……想你的时候，我会渴望在梦中见到你，只有那一刻我才又真实感觉到你的存在……想你的时候，我会一遍又一遍地呼唤你，孩子你在哪里？孩子，既然上帝让我拥有了你，为什么又让你离我而去……既然缘分让我们做了母女，为什么又让我们苦苦分离……（2006-3-16 0：13：08 郁金香于天堂纪念馆）

13. 孤独

孤独感，即感知到的社交隔离（perceived social isolation），它是个体人际关系无论从数量还是质量上都不能满足其社交需要时，所产生的一种消极的主观情绪体验（Hawkley & Cacioppo，2010）。孤独（loneliness）是一种主观上的社交孤立的状态，伴有个人知觉到自己与他人隔离或缺乏接触而产生的不被接纳的痛苦体验。孤独是一种不愉快的、令人痛苦的主观体验。孤独者感到自己和别人不一样，没有人理解自己，感到被社会抛弃，感到空虚没有意义。

孤独感或者孤单的感受是失独父母常常体验到的。尤其随着时间的推移、年龄的增加，逐步迈入老年，这种孤独感更加强烈，当周围的人都在享受天伦之乐的时候，当周围的人子孙成群之时，他们尤其会体会到深深的孤独感。

> 常常是在夜里两三点，没有睡意，便倚靠在床头，或在房间里踱步，或临窗远眺夜中的繁星……孤独成了我通幽之精神曲径。我要学会在独处中，在寂寞、无聊、空虚的境地中升华到孤独的境界里去，感受更为深邃寥廓的人生美质，在孤独中修身养性，在孤独中完善自己，创造自己。我不停地工作，充实自己、麻痹自己，回到家后，并没有逃离孤独的网。（海棠的 QQ 日志）

> 生活还行，生活就是比较孤单，孤独……其实我不孤独，我工作了，但是回到家，还是孤独，因为要避免孤独才去工作，你要是不工作呢，怎么办呢？（桔梗）

> 孩子太重要了。我现在越老越是，尤其我们这样的，越是这样想的。年纪越大了越孤独，这种孤独，真难受，干活累点没关系，但是这种孤独，这种思念，真是……（兰花）

> 有时候也感到挺孤单的，有时候看到别人一大家子，觉得自己的命运怎么这样，孩子那么小。（映山红）

> 我一个人在家里，除了跟墙壁说话，还能跟谁说话呢？跟谁也说不了。喜怒哀乐只能自己承受呢。（野蔷薇）

（二）认知紊乱

1. 反刍

反刍原意是指进食经过一段时间以后将半消化的食物返回嘴里再次咀嚼。心理上的反刍是指各种反复性的、事件相关的思考等（Eisma et al.，

2014；Michael, Halligan, Clark, & Ehlers, 2007；Nolen – Hoeksema, 2000）。孩子的离世，失独父母在认知上会有许多反刍，因为孩子离世极大地挑战了人们的常规认知，父母得知这个消息往往是困惑不解的，于是他们会不断追问离世原因，不断希望弄清楚事情是怎么发生的，因而会问为什么，为什么，怎么啦，怎么啦，出现了认知上的反刍现象。

> 你是那么热爱生活、珍惜生命，怎么可能以这样的方式离去？！"生活太美好！你为什么还要离去？""一个笑得如此灿烂的大男孩，一个正值生活、事业璀璨的人，我不明白，真的不明白，你究竟有什么迈不过去的坎？？？"（风信子）

> 很美好的孩子，怎么这么早就走了？这么好的孩子，为什么社会不容他们呢？留不住他们呢？突然地，你说，怎么回事呢，大学上得好好的。我们的医学就这么苍白无力，就治不了她？（百合）

> 我也想不到孩子为什么得这个病，怎么科学家不发明什么特殊的好办法呢？了解人的基因，可能是基因导致的，怎么就解决不了呢？自己就胡思乱想，也得不出答案，医生也不知道到底为什么得这个病，有时候还有这个思想，所以说想法多了，有时候，反反复复，折腾来折腾去，就这样；有时候也有林黛玉那个伤感的思想，天冷了，阴天了，秋天了，就难受。翻来覆去的想法全部有，就是这么一个状况吧。（兰花）

> 怎么是这样的情况，一个好好的家庭，彻底毁灭了，怎么回事呢？（桃花）

2. 讨价还价

因为这个事实太让人难以接受，太让人痛苦了，丧子的父母会在内心当中进行"讨价还价"的活动，希望能够换回孩子的生命。父母们总是希望和一些超自然的力量商量，有什么办法可以扭转，如果能够换回孩子的生命，父母愿意付出一切。讨价还价的内容可以随着时间而改变，也许刚开始你祈求让孩子活着，后来又祈求代替孩子去死。明明知道是非理性的，还是忍不住这样去想。

> 我孩子那么优秀，哪怕跟那些孩子（不好的）换换，有时候有这种想法。那会儿我就说，那些罪犯枪毙，还不如跟我孩子换条命呢，

这种想法。（海棠）

　　到现在呢，也有这些思想，想用自己的生命去换他。哪怕让我倒下，我也要换他的。始终都有这样的想法。（兰花）

3. 幻觉与认错人

由于对孩子的过分思念，父母可能会产生一些跟孩子有关的幻觉。尤其是在孩子刚刚离开不久的一段时间，这样的幻觉常常会发生。视幻觉和听幻觉都是丧亲者正常悲伤行为中常有的过渡经验，这种幻觉的产生可能是由于生者过度思念逝者而产生的知觉变化。因为这样的幻觉，有的父母可能会认错人，错把别人当成自己的子女。在丧失刚刚发生的一段时间，通常我们可能称为急性哀伤期，甚至有人被误诊为"精神分裂症"，服用了抗精神病性的药物。

　　想让自己走出来，不是那么容易的事情，经过好几年，可以说是3年的时间……在这之前是不行的，总是有幻觉，好像看到了什么，好像跟自己孩子有关系的，看到这些东西，自己就特别疑惑，好像总是看到她跟我说什么。看医生呢，医生说我有幻觉，受刺激了，说严重了就是精神分裂。那个时候，就是这样的，还给开了一些药。（映山红）

　　有一次，我看到一个女孩子，穿着一个志愿者的衣服。我就恍惚了，我觉得那就是我女儿，她在前面跑，我在后面叫，我追到食堂门口，她回头说，你是在叫我吗？她回头那一刹那，我就意识到，那不是女儿，我就忍不住大哭起来。她说，阿姨，你有事吗？我说没有，没有，阿姨认错人了。（哭泣）（百合）

　　无意当中，我坐公共汽车，我看到一个小伙子，个头、长相特别像我儿子，太可爱了，我都有点傻了，就说儿子，你还在，就是幻觉，是不是啊？但是后来，马上躲开，马上躲开，这不是现实，冷静下来。（兰花）

最近几十年的研究发现，出现逝者还在的感受是非常普遍的。在一项研究中，有一半以上的研究参与者都报告出现了哀伤相关的幻觉，并且，他们觉得这些感受对自己是有帮助的。所以，对于丧亲者而言，并非出现了幻觉就应该接受精神科的治疗（Baethge，2001）。

4. 闯入性思维

闯入性思维指的是突然产生的跟孩子有关的想法、冲动和画面。有时候，看到一些人、事、物，父母会联想到孩子，产生许多与孩子有关的闯入性思维。有时候可能是一些创伤性的画面，比如孩子离世的那一刻，有时候是有关孩子日常的影像。这样的闯入性思维，在孩子刚刚离世的时候非常多，随着时间的推移，会慢慢少一些，但也还是会有，闯入感会少一些，出现的时候会温和一些，变成一种回忆。

那会儿，最难受的时候，孩子睡觉的那屋，进去是进去，能不想吗？家里头，你说，吃饭的桌子，少人了，别扭不别扭啊？这个是儿子的筷子，这是他的书包，这是他的东西，你说别扭不别扭。在街上看到这么大的小伙子，说多好啊，我那孩子，你说。怎么办。都二十七八岁了，甭管男孩女孩，多好啊，我的孩子怎么会这样呢……有一段时间了，到哪儿都不行，哪哪都能跟他连上，在家里，出去也是，哪哪都连上。（松树）

到旅游的地方一看，哟，这么好的地儿，都没带孩子来过。然后什么心情都没有了，肯定哪儿都不想去了……就是，其实孩子临走那一刻，始终就是忘不了。（海棠）

孩子走的那一刻，老是在我的眼前晃……孩子走了之后，我就是不敢在我还不困的时候，就躺在床上呢。那些孩子生病和痛苦的景象老是在脑子里面，天天在脑子里面闯，初期老是在那种梦中惊醒。（百合）

5. 自我贬低

自我认同（self – identity），也称自我同一性，是由埃里克森提出的，他认为是个体在职业、政治、宗教、价值观等方面的自我评价和自我定位（郭金山，2003）。失去孩子的父母常常感到自己是一个失败者，他们的自我价值感和自我认同都受到了很大的冲击。因而出现很多自我贬低语言和认知，经常采用"我们这些人""你们这些人""正常人和我们"这样的语言，从而边缘化自己；除此之外，他们常常会产生"我没有资格快乐了，我不值得好好活"的想法。尤其受到中国传统的传宗接代思想的影响，许多失独的父亲认为自己让血脉传承不下去，产生了非常深重的文化自卑和内疚感。

我说你那都是生活，我这是活着。你们是生活得有滋有味，我是活得没滋没味。……我现在就觉得我跟谁都没法比。人家都过得挺好。（海棠）

最痛苦的有一年多，差不多两年。就好像抬不起头来似的。觉得自己这一辈子白活了。有失败的感觉。觉得前功尽弃。作为男的，还有这么一个思想，中国养儿防老，传宗接代，男的在这个方面打击很大，自己觉得自己断代了，绝后了，我这一支就完了，结束了。这一辈子，什么都没有办成了。传宗接代，这玩意，没有后了，男的这方面比较郁闷。（松树）

你说我不开心，我让你也不开心，何必呢？不要把这个臭烘烘的垃圾倒给别人，把这些烂事说给别人，何必呢？本身，各家有各家的事情，我再把我的破事，说给你听，整得你烦闷，何必呢？你一天挺开心，接触我们这些人，何必呢？你这挺幸福的，你看我们整天哭丧着脸，拉着脸，多难受的。你看我们一天哭丧着脸，你们朝气蓬勃的。（杜鹃）

其实说实在话，像我们这些人已经不算是正常人了。（牡丹）

跟我们这些人接触跟正常人的接触不一样，接触这些人会有伤害，因为太难，就比如说跟一些神经病（精神病）打交道一样，其实神经病（精神病）人很痛苦的，但是你不帮他，他又不行。所以这些人虽然说不是神经病，但是其实，也差不多。（玉兰）

男的没有孩子，就像太监一样。（一次活动中，某位失独父亲的发言。）

他走了，我还活着。我还能唱歌呢？我张不开嘴，你还唱歌呢，你还有资格玩儿呢，你什么资格都没有了，开始有这个思想，真有这样的，有这样的想法，不止我一个人。（兰花）

小区几个人拉我去跳舞，我不想去，有时候他们叫我，我不好意思，就去了，回来我就特别特别难受，我那么好的女儿都走了，我还有资格去唱歌跳舞吗？（百合）

我现在有什么价值啊，这么老了，不给人家添麻烦已经是很大的价值了。（野蔷薇）

6. 自杀意念

在刚刚听到孩子死讯的时候，或者一段急性的哀伤期，有的父母会产生自杀的意念甚至行动。因为觉得一下子打击太大了，不知道活下去的意义是什么。过去了，可能好一些，但是有时候还会出现，尤其是迈入老年之后，身心的急剧变化、精神世界的空虚，无意义感都可能引发抑郁情绪，产生自杀意念。

> 其实我们心里面都有不同程度的不想活的念头，只不过谁都不说……其实我那时候也想过，死了算了。（海棠）

> 当初我就想着，甭活了，我活着还有什么劲啊，就是这个思想。（兰花）

> 其实我也一度想到过死。人生真的是没有意思，真的是不好，真的是还不如死掉。我痛苦得不行，我就往门边挪，我就给朋友打电话，他说要不要赶过来，我说不要了，我也有这样的时刻。（三叶草）

> 这时，我真感觉到活着没什么意思了，不经此事不知此事的痛。我也曾有过索性和儿子一起走的想法。（松树的博文）

7. 注意力难以集中、记忆力减退

由于巨大的身心冲击，部分人的注意力难以集中，记忆力也受到了损伤，很多需要注意力资源的工作无法胜任。

> 我也想说出去赚点钱，但是干什么呢，没有人要我啊，算账不行了，脑子特别糊涂，以前，过去一辆车，车牌号记得特别好，现在算账不行了，脑子不行了，受打击了。（玫瑰）

> 孩子刚没这两年，我绝对干不了什么复杂的活儿，注意力根本集中不了……（海棠）

（三）行为反常

孩子走了之后，由于哀伤的情绪，会导致一些反常的行为，这里的反常主要是指跟过去不一样，并不是说异常。在急性哀伤期，出现这些反常的行为是正常的。

1. 易哭

失去孩子是如此悲伤，哭泣是非常常见的，几乎所有的受访者都会哭

泣，有时候是在人前失声痛哭，有时候是在人前表现很坚强，但是躲着哭，偷偷哭。在访谈这些失独者过程中，回忆到孩子的时候，即便过了这么多年，有的还是会失声痛哭，有的眼泪在眼眶中打转，有的是在访谈期间去厕所抹眼泪，有的是诉说的时候哽咽。男性比起女性来说，一般不在人前哭泣，但是面对这样的痛苦，许多男性也承受不了。笔者所访谈的 4 名男士，在访谈过程中，都多次哽咽。

　　你知道，原来我一那什么（难受）时候我就要哭，哭一小时后之后我心脏都不行……（海棠）

　　当初，我就在家里待着，想起就哭，你说我还到单位上班，我在公交车上，我无意中就流眼泪。（向日葵）

　　我现在眼睛也不行了，头三个月一直哭啊，难受多少年啊，现在想想也难受啊。三四年之后，稍稍恢复一点。（野蔷薇）

　　我就特别奇怪，她怎么走了啊，怎么回事呢？完了我就哭，好多梦都是哭醒了，哭了六年。我整整哭了六年。现在也老是哭。（郁金香）

　　听说，上次 X 去找老叶，老叶号啕大哭，他在人面前老是很坚强的样子。X 单独找他。说老叶跟他谈的时候，那时候真是号啕大哭，所以你说，在我们群里，好多这样的。（丁香）

　　有的人主张让我写写女儿，可是我提起笔就号啕大哭。（百合）

　　那时候，我随时随地都在哭。（三叶草）

2. 社交退缩、沉默寡言

回避社交和人群是失独者比较普遍的现象，尤其是在事情刚刚发生的阶段。有的是因为情绪痛苦而自我封闭，有的害怕进入社交场合，别人会无意中提及孩子问题，不知道该如何应对。有的是把孩子离世作为家庭的隐私，不想让别人知道。

　　我那会儿跟谁都不爱说话。（海棠）

　　我在家里封闭了四个月，不见我爸爸，不去单位。（向日葵）

　　当时吧，说实在的，成天就不爱说话了，就不爱交流了，到后来，慢慢躲着别人，不想和任何人见面，不想谈，什么都不想谈，就一天机械干自己的一些活，干一些活儿，就这么一个状态。（兰花）

那会儿，我尽量躲着人呗，人家没法跟你说话，你也没有办法跟别人说话。说什么啊。我们这个年纪都该谈论孩子啊、孙子啊，我谈什么啊。（松树）

我们这个群体有个特点，都自己闷在家里，不想见人，我整整在家封闭了十年，十年啊，我孩子1998年走的，我2008年才开始慢慢上网。（丁香）

3. 回避提醒物

丧亲者会试图回避和逝者生前共同经历的场景，回避能够引发回忆的场景。因为在与孩子共同生活的场景中，关于孩子的闯入性思维太频繁了，导致父母亲很痛苦，难以从哀痛中走出来，比如通过搬家、置换家具等。也有的是为了避免之前熟悉的邻居和朋友问起孩子的事情。此外，所有可能引发父母思念孩子的特殊时间、特殊地点、特殊场景和特殊的人，他们都试图去回避。同时，由于上文提到的"节日、过年、纪念日、婚礼综合征"及"孩子"的敏感，他们也会去回避过年过节、各种婚礼。

这事完了以后，过了两天，我把孩子所有的照片，我给她照的照片太多了，就像这种柜子啊，里面全是照片。把它封存了，桌子椅子床都是，两个床都是，封起来一部分，都收起来。我全封存了。我全收起来了，包括她写的东西，我已经封起来了。我不会扔。（樟树）

女儿死了以后，我在这里待不下去，就到郊区去了，租房子了。（映山红）

为这个，我把房子都卖了，因为老是这个环境，我一进门、一开门就认为孩子坐在那儿。后来我实在受不了。我就把房子卖了。卖了，又在附近置换了一套。所有的家具全都换了样儿了……另外，我儿子走了之后，我再也不过生日了，因为我再也收不到生日礼物了，再也不会过母亲节了。（海棠）

为这个事情，我搬家了，我没有住在原来的地方，有人知道，问我，我不承认，我没有必要说这个事情。（野蔷薇）

凡是这方面的话，也不提了，这样的文艺作品、电影也不看。因为一看这样的电影，你孩子在哪呢？现在工作在哪里了？另外，也不愿意参加别人的婚礼，谁的婚礼都不愿意参加，有时候看到人家，家

里孩子一些情况吧，也有点回避，躲着，儿子跟母亲在一块儿，在大街上走，那种情况，觉得心里特别酸，特别难受。（兰花）

我为了换个环境，我搬到郊区，我告诉你，现在失独的人中，人户分离的占一半以上，都是这个原因。（丁香）

3月份出事，我9月份就搬走了，我在这儿实在住不下去了。那边正好是新盖的一个农民的小区，房东不知道，一直到我们走，不知道我是这种情况，从来不说。人家就看着我都挺好的。在这个院里的人就不行，这个院看着我们孩子长大的，他们都知道，谁一看见，就包括在电梯里，谁一看见你就是那种，想安慰你，那种可怜那种慰问，你没哭他恨不得就掉眼泪了，就那种可怜你的氛围，就包围着你，见了谁，我那会儿多少年，就好几个月不敢坐电梯，不知道怎么见这些人。（玉兰）

4. 保存骨灰

由于不舍，有两名失独母亲并没有在孩子离世时，安葬孩子的骨灰。

到现在我孩子的骨灰我都没有勇气去给它安葬。还在我家放着呢。不是瞒你们，确实是没有那个什么。我老说等孩子大点，让他跟我一块儿。过年的时候，因为孩子的骨灰不在家么，陪他坐一会儿。（哭泣）（海棠）

我孩子骨灰盒一直都没有下葬，让她跟着我，我带着她，上哪儿上哪儿，我带着，一直带着、带了五年。（映山红）

5. 多话、过度活动与冲动行为

在遭遇丧子之痛之后的父母，内心的痛苦和压力无处释放，有的人出现少言寡语，但是也有的人变得很多话，过分活跃，甚至出现冲动行为。这其中可能存在性别差异，据资料显示，女性表达欲望更强烈，男性一般更多沉默。有时候可能会出现一些冲动行为或者过度活动，如暴走、疯狂购物等。

刚开始骑着自行车，跟疯子一样，到首钢，又跑到通州去了，往回骑的时候天都黑了，真害怕啊，路两边，都没有开发呢，风一刮，冬天哗哗响，挺可怕的。万一那里藏着人，窜出来怎么办呢，那时候，就是没走出来才那样，那时候没有人诉说，说了也没用，挺苦闷的，

实际上就是一种发泄。（映山红）

我下了班，难受，我就出去，我不在家里待着，到处溜达溜达，走到平静之后才回家。（海棠）

孩子刚走的那年，我们两个就冲到王府井、西单，到了一个商店，见到东西就买。（桔梗）

我儿子走了三四年的时候，我一下子使劲买东西，觉得烦，就是发泄。看着东西就买，也不管钱多钱少，有用没用的我都买。（牡丹）

我当初啊，脑袋也大了，也糊涂了，就不停地说，控制不住地说，老头就变成不说，不说他倒先没了，得了肺癌。（梅花）

6. 自杀冲动与行为

除了自杀意念之外，笔者的受访者当中也有人报告有过自杀冲动与行为。

有一次，我太难受了，我想死，我拉开窗户，我就想跳下去，我冲到窗户那里，可是够不着，我就到另一个房间，结果狗就发现了，一个大棕狮，他就爬上床，就拽着我，我就坐在地上，我一下就清醒了，我就号啕大哭，狗就搭在我肩膀上，帮我舔眼泪啊，你知道吗？（失声痛哭）我第一次这个举动是这只狗救了我……那天晚上也是，我看着家里乱七八糟的，看着夜空，漆黑一片，我感到我女儿，她好像在召唤我呢，我真的想跳下去，扑向这个夜空，结果那个，窗户的把手，扯了我的衣服了，我一下子就过来那个劲了。（百合）

好几回自杀了，活着没有什么意义，没有什么希望，行动过，他们家里人发现了，给我看着，派人陪着我……我三个月没有出门，我们家人看着我，怕我自杀。我去自杀的时候被发现了，发现了，就看着我。慢慢地缓过来了。（野蔷薇）

（四）身体受损

丧亲者会出现许多生理反应，包括失眠、食欲降低、梦境以及其他身体主诉。失独事件对很多失独者的身体也有了很大的冲击。

1. 失眠

失独者当中失眠的现象非常常见。多位受访者都报告了失眠的经验。

我都是什么时候耗困了才睡，经常是十一二点以后才睡。不敢睡太早。要是睡太早一两点就醒了，一直到早上，起来了就睡不着。那样的话一天也没精神，我一般都耗到 12 点，基本上躺下能睡到五六点。这起码是一个长觉。那几年真的是一宿一宿不怎么睡。（海棠）

我老失眠，躺下，睡不着了，老是失眠了。（枫树）

到现在为止，我也是老失眠，一个晚上也就睡三四个小时，后来他们就都劝我吃点安眠药。后来我就说安眠药不好，睡不着，我就跑到客厅里，开着电视。（郁金香）

2. 食欲降低、体重减轻

那段时间，饭也不想吃，什么都不想干，心灰意懒。（野蔷薇）

我妈跟我弟弟就说，你二姐啊不死也得疯。但是我没有死也没有疯，我也以为我得死。我说我活不过三年，你知道我剩多少，96 斤啊，那时候瘦的，本来我 120 斤啊，剩到 96 斤了，20 多斤的肉都没有了，现在我又恢复到 120 斤了。就剩了 96 斤了，你想啊我都什么样了这人。我多痛苦啊，后来就说，裤子什么全都肥了，我都不去买去，我就那什么。（郁金香）

3. 多梦

孩子走之后，许多父母的梦境变多了，梦境的内容变得清晰了，往往跟孩子有关。在笔者所访谈的父母当中，大多数父母并未把梦境当成噩梦，而是作为和孩子的联结。具体关于梦境的内容和意义，下面会更加深入谈到。

到现在也是，做梦，梦见好像孩子打电话说要吃什么饭，要送饭，你看，到现在我还经常做这种梦。老认为孩子还没有走嘛。（海棠）

4. 身体疾患

许多失独者报告了许多躯体的主诉，由于长期哭，许多失独者出现了眼疾，还有的报告了耳鸣等其他身心疾病，受访者除了提到自己的身体反应之外，也提到了自己的丈夫、其他家人的身体情况。下文中会提到，失独之后，配偶一方罹患癌症，如梅花的丈夫在女儿走后，患肺癌去世，此前，丈夫并无吸烟史。

那会儿刺激挺大的，我现在脑子不好使，估计也有影响，眼睛也不行了，3个月一直哭啊，难受多少年啊，现在想想也难受啊。（野蔷薇）

我好多病，我都懒得看病了，我现在这么多病，哪里看得过来啊。为什么老是看电视？耳鸣，这个耳朵，耳朵里面老是这么响着，如果看着电视，有声音好一点，越安静越难受。喘气是为什么呢？哮喘啊。胃部息肉也满了。眼睛也是。（梅花）

老头就变成不说，不说他倒先没了，得肺癌了。（梅花）

……说实在的，这种心态我也不会活太长时间。因为毕竟经过失独。不管是心理还是身体，都是在走下坡路的。（海棠）

（五）灵性冲击

在前文的文献综述中，我们对灵性的概念做了讨论，灵性也称为精神性，是关于超越性和存在性的议题，比如人生意义、生活目标，是个人的核心图式。灵性仍然是心理现象的子集（Ho & Ho，2007）。健康的灵性即个人对目前及未来的生活感到有目的与意义。灵性是统合并超越个人身体、心理与社会完整性的本质，也是人类求生存的原则。而当这个生存原则遭到破坏时，就会干扰个体原有的价值与信仰系统，导致灵性困扰。失独事件对于失独父母的灵性产生了很大的冲击。

1. 原有信念体系崩塌

原本人们的信念体系认为世界是安全的、可控的、符合规律的，老人会先于年轻人死亡。优秀的、善良的孩子不该离开，好人会有好报，好人不会面对厄运，可是，面对孩子的离世，一切原有的信念体系都崩塌了。失独父母往往会产生很大的困惑，甚至有不公平的感觉。

我会觉得老天爷有点不公平，你说孩子那么优秀，老天爷为什么要夺走？（海棠）

可以说我和她爸爸都是很善良的，我们没有做过什么坏事，我很自信，我这辈子很善良，没有做过伤害人的事。为什么厄运会发生在我们头上呢？（风信子）

最初的那种……崩溃了，天塌地陷，没有支撑点了，以后在生活中的支撑点好像找不到了。一塌糊涂，全是没意义的，等于就是崩溃的那种。佛教说，儿子是来度我的，我不明白。我说，度我就是来让我受这么大伤害？我说，我心地善良，我这一世没有作恶……怎么让我遭了这么大痛，没法说。黑发人送白发人，那是自然规律，虽然说也痛，但是它好像随着时间推移，很快就能够解脱，那是自然规律。而且呢，老人走，如果他们再遭罪什么的，解脱了。但是这种，倒过来的，我觉得真是，那简直是……最初我真是不明白，我真是，叫老天爷，我到底怎么了，怎么了，而且孩子他不是说病了很长时间，他是突然的……（腊梅）

有时候这么想，妈走了正常啊，岁数大了，正常，能拦住吗，拦不住啊。儿子应该能拦住啊，也没有拦住。（兰花）

2. 精神残疾

孩子带走了父母所有的希望，孩子离世后，父母都感觉接下来的生活似乎没有了意义，也不知道接下来的目标是什么，很迷惑，甚至有许多失独者称自己"精神残疾"。

孩子走了，希望全部破灭了。（野蔷薇）

人生有三大悲剧嘛，是吧，少年丧父吧，人家说是失去了依靠；中年丧夫丧妻呢，失去了爱和家庭；老年丧子呢，是失去了希望。我觉得没有活下来的意义。（百合）

人活着就要有希望，子女就是我们的希望。有了子女就有了个奔头，有个生活目标，家庭完美活得就充满乐趣、愉快、幸福、潇洒。假如说人失去了所有的希望，那就没有了目标、没有了奔头，那么人活着还有什么意思呢？哪个父母不疼爱自己的骨肉，儿子就是父母的心头肉，是父母的希望，是父母的一切。可失去独生子女的家庭就什么也谈不上了，什么希望都没了。对生活没了指望、没了依托、没了奔头，心灰意懒。这时真感觉到活着没什么意思了。（松树的博文）

我爱人经常感觉孩子是他生命的延续，他认为这生命延续没有了，就觉得没有希望了……反正这么多年确实是……开始那几年就跟过世界末日似的。实际上孩子在的时候我们家里可幸福了，就是觉得挺有意思的。那会儿一到休息，虽然特忙，真是一点儿闲的时间都没有，但是特别充实。但是现在吧，不愁吃不愁喝。不像原来还为了孩子上学的钱的问题着急呢，现在这急也没了。但是说实在的，生活一点乐趣也没有。（海棠）

我是一位失独母亲，2000 年，20 岁优秀的儿子因病去世。孩子的离去给我们家庭乃至整个家族带来了沉重的打击和绝望，可以说除了让我们背负巨额债务，还给我们造成终身不可治愈的精神残疾。（桔梗某次开会的发言稿）

政府老说把我们当成困难家庭，其实不是说生活困难家庭，是精神困难家庭这才对。我们困难不是经济困难，你给补助的是我们精神上的痛苦，应该说就是现在法律上说的，上法院打官司获得的什么精神损失费。（丁香）

（六）小结与讨论

以上是失独事件对失独父母的影响之一，即失独事件引发了失独父母个人深刻而又剧烈的哀伤，失独父母的哀伤反应表现在情绪痛苦（震惊与麻木，悲痛，愤怒与怨恨，自责、愧疚与后悔，不舍与可惜，无助与无奈，焦虑与情绪不稳，空虚，特殊时间场合综合征，"孩子"敏感，恐惧，思念，孤独）；认知紊乱（反刍，讨价还价，幻觉与认错人，闯入性思维，自我贬低，自杀意念，注意力难以集中、记忆力减退）；行为反常（易哭，社交退缩、沉默寡言，回避提醒物，保存骨灰，多话、过度活动与冲动行为，自杀冲动与行动）；身体受损（失眠，食欲降低、体重减轻，多梦，身体疾患）及灵性冲击（原有信念体系崩塌，精神残疾）五个方面。

伍登（2009）在其《哀伤辅导与治疗》一书当中提到，他的导师奥尔波特教授在 1957 年的演讲稿中说：人有所有人的共同性，有和某些人的相似性，也有个人的独特性，而本研究是确认每个人的相似和独特性。这一说法也很好地适用于本书的研究结果。（1）失独父母的哀伤与人类哀伤经验存在许多共同之处，比如，失独父母对于孩子的强烈思念。研究表明，分离痛苦是哀伤反应的核心症状（Prigerson et al. , 2009），比如想念、不舍和孤独感。（2）失独也属于丧子，有着与丧子个体类似的哀伤反应和经验（Arnold & Gemma，2008；Arnold et al. , 2005）。（3）失独者的哀伤反应具有独特性。失独父母丧失了唯一的孩子，哀伤反应更加强烈。失独父母的哀伤反应受到了中国传统观念如"不孝有三，无后为大""传宗接代"的影响。失去了独子，意味"绝后"，"绝后"对于失独父母尤其是父亲的影响和打击极大。这一研究结果启发专业工作者在进行哀伤辅导工作时，既要了解哀伤经验的普遍性，更要看到个体哀伤经验的独特性，尊重每一个人独特的哀伤反应。

我将失独父母的哀伤反应分为情绪、认知、行为、身体、灵性这样几个方面，之所以做这样的分类是为了更加清楚地呈现失独者哀伤内核。然而，身心灵是无法割裂的一个整体，灵性也属于认知的范畴，属于核心信念层面，而认知、情绪、行为、生理都是交互影响的，也是动态变化的。例如，当失独父母对于丧子事件表示出不相信时，就会出现震惊与困惑的感受，这又会进一步引发失独父母对于孩子离世事件的反刍，如对于原因的追问；父母对孩子强烈的思念、不舍可能也会引发与孩子相关的幻觉甚至认错人，也可能引发哭泣、保存和整理遗物、做梦、回避提醒物等行为；失落的父母可能会产生空虚感、烦躁以及孤独感，为了应对这样的痛苦，他们可能会采取一些冲动行为，如暴走等。此外，丧子事件会极大地损伤父母的自我认同，父母会因此自我贬损；而当无助、无奈、无望的情绪出现时，失独父母可能会产生自杀意念、冲动甚至行为。此外，之所以特别强调灵性困扰，是因为在过去的心理学研究中特别容易忽略灵性的部分。

失独者的哀伤反应，除了归纳成为身心灵的各个层面的反应之外，还可以归纳成抑郁反应，如无助与无奈，自责与自杀；焦虑反应，如焦虑，烦躁，情绪不稳，易激惹，多动，多话等；创伤反应，如闯入性思维，回避提醒物，特殊时间场合综合征，"孩子"敏感等；分离痛苦，如不舍，孤独和想念；以及身体主诉。我国香港学者 Amy Chow 将哀伤反应概括成六大类，焦虑症状（Bereavement – related Anxiety）、抑郁症状（Bereavement – related Depression）、适应性问题（Bereavement – related Adjustment）、身体问题（Bereavement – related Physical symptoms）、创伤相关问题（Bereavement – related Traumatization）以及分离痛苦（Separation Distresss），她把这个评估模型称为 ADAPTS 模型（Chow, unpublished data），可以根据评估结果采用针对性的干预方案。

二、系统震荡

失去独生子女还使得失独父母所处的关系系统发生了巨大变化，这一事件是他们人生中巨大的转折点，人生发生了翻天覆地的变化。孩子作为家庭系统的重要一环，孩子一离去，与此相关的所有的社会关系系统（夫妻系统、家族系统、家外系统、社会历史系统）都像多米诺骨牌效应一样，发生改变，需要重新适应。失独之后，失独所带来的影响不断地辐射和扩散，就像水波涟漪一般，如图 4-1 所示。

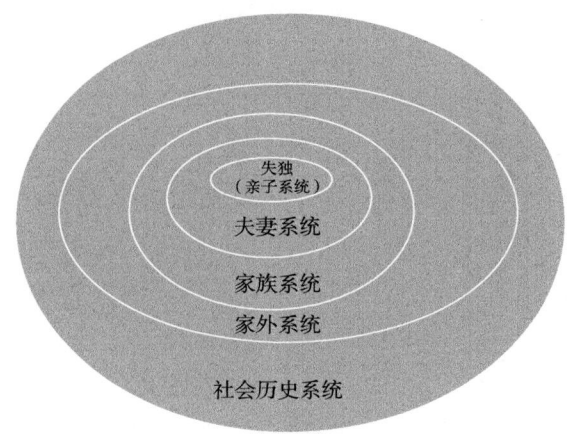

图 4-1 失独者的关系系统

（一）夫妻系统

首先发生改变的是夫妻关系，因为孩子离去，夫妻双方都会产生哀伤反应，而夫妻双方又会互相影响。

1. 夫妻一方患病

在受访者中，有两位的丈夫得了抑郁症，这使得妻子不仅要承受痛苦，还必须照顾丈夫。

> 我爱人，抑郁症，已经两年了……他是因为这么多年吧，心理不得劲可能是……我们俩还算感情比较好，他没有病的时候，我们还是挺好的，那会儿，他还会自己开车，一到休息，他还开车带我去郊外

走走，郊区走走，然后出去逛逛，但是这两年，他一病，我一下子又觉得没有什么盼头了。（海棠）

　　我没有倒下，我家那口子退休之后，就抑郁了，住了好几次医院了……住了六次医院。特别是抑郁症就住了两次，到现在还在服药。他现在几乎也是可以面对，但是呢，就是这一路走来十四五年了，我拽着他走过来的，很疲劳。上了班吧是这么一种状况，回家吧，就是另外一种状况。下了班以后尽量地捡着爱听的，爱做的事情做，爱听的话说。他喜欢做的事情随他去，他想干什么就干什么。（桔梗）

2. 夫妻一方死亡

有的夫妻，双方中一方也许是长期身心压力的累积，加上身体素质等原因罹患癌症，不久后就离世了。这使得另一方承受丧子之痛后，又承受了丧偶之痛，彻底成为"真空老人"。

　　哎哟，你看我这个倒霉劲，左一个右一个的。左一个（孩子）刚没有了，这一个还没有等消停呢，结果2005年老头子他也走了。我当初啊，脑袋也大了，也糊涂了，就不停地说，控制不住地说，老头就变成不说，不说他倒先没了，得肺癌了。我们家不抽烟，不喝酒，不玩牌，什么都没有，怎么会得肺癌呢？（梅花）

3. 夫妻分居或离异

此外，孩子是夫妻情感的结晶，也是联结夫妻情感的一个纽带，孩子没了，夫妻的沟通和情感都受到了冲击，有的夫妻可能在孩子离世之前便存在问题，孩子离世之后，不愿意再维系了，因此选择离婚。

映山红在女儿离世之前，与丈夫的关系就存在一些问题，女儿离世之后，她感觉再无维系的必要。

　　我跟他爸爸关系也不好，他们家人对我们娘俩也不是特别好。之前，我也提出过离婚，因为孩子生病了，我就放下了。孩子没有了，我就不再愿意在这个家里面做贡献了，我觉得不值了，于是我们离婚了。（映山红）

有的则是在女儿离世之后，两人的哀伤反应和表达存在许多分歧，而选择离婚。

我就哭啊，就是哭啊，坐在那里就是哭。我和孩子的父亲也就是这样，他就说你老是这样我受不了，我就说，你受不了，那怎么办？他说，那干脆就分手吧。就这样，我们就分手了。（郁金香）

有的是因为两人在一起就会想起离世的孩子，无法接受这个刺激，影响了夫妻之间正常的交往和沟通。

例如，女儿离世后，百合的丈夫拒绝与百合见面，两个人一直处于分居状况。

她爸爸其实，到现在也走不出来，七年了我们俩没有在一起过，无法承受这个。（百合）

还有的是因为，男士无法承受"无后"痛苦，而从客观生育年龄上又占据优势，因而选择与妻子离婚，因此，从这个意义上说，失独母亲成为弱势群体，因为女性达到更年期，大多丧失了生育能力，而男性往往还有机会重新选择。在失独群体之中，女性"失独后失婚"的现象很普遍。

桃花的情况有一些特殊，她的丈夫有精神分裂症，儿子是丈夫精神病发作时被打死的。

我的丈夫有精神分裂症，我的儿子是在他发精神病时候打死的。儿子走了之后，我就搬出来了，到我母亲那里，后来我就跟他办了离婚。（桃花）

（二）家族系统

1. 祖父母的哀伤

孩子走了，冲击的是整个家族，所有爱他的人。很多孩子离开的时候，祖父母还健在，典型的白发人送黑发人，许多祖父母承受不了打击，在孙辈突然离世后，祖父母患病甚至离世。失独父母承受的是一连串的丧失和整个家族的风雨飘摇。

我儿子走了，我爸爸没多久也走了，应该也是舍不得这个外孙。（桔梗）

我公公最心疼我们家孩子，我的孩子是长孙啊，心肌梗死啊，救过来了，又犯了好几次，老人受不了。（牵牛花）

他爷爷原来身体就不好，（儿子）走之后对他是一个打击。很长时间瞒着他，很长时间瞒着他，最后瞒不住了，就说了。后面，没多久，他爷爷就走了。（蜡梅）

我父母走得早，要是我父母还在，肯定承受不住。我们的奶奶和爷爷，爷爷当年就走了，奶奶最后得的也是癌症。老太太太在意孩子，孩子走了之后心里就没有畅快过，怎么能不得病呢？奶奶今年也走了。最后，我发现，我真的是上无老，下无小，孤家寡人一个。（百合）

有时候，作为祖父母，一方面自己哀痛，另一方面为自己的成年子女丧子而担心。反过来，作为失独父母，一方面自己承受着丧子之痛，另一方面还承受着照顾老人的压力，担心老人承受不了，要想法设法去隐瞒。

我妈妈到现在都不知道，她知道，就是要她的命，儿子就是我妈妈一手带大的。我妈妈最大的骄傲就是他。后面我们马上搬家，因为小区的人都知道，她还不知道，为什么住得好好的，要搬家呢，我骗她说儿子去日本读书了……关于是否告诉奶奶，我们抓阄：现在告诉、永不告诉、以后告诉，三种签，抓阄的结果是永不告诉。于是我们全家人都守口如瓶，不敢说。我过年都不能在国内过，每年过年我去美国，要不我忍不住啊，所以说这带来了一系列的问题。（哭泣）（风信子）

我从来不跟我爸爸提，我瞒了我爸爸4个月，90岁了，那么大岁数了，从我儿子没有了之后，87岁开始，7年后，94岁，年年病……我爸爸住院，我爸爸一个同学带着闺女去看我爸爸去，他说，你还不错呢，我这个闺女怎么办呢？（向日葵）

姥爷在孩子之后走的，也就是后来我为什么不闹了，我当时就是又哭又闹，我们家人谁都没法劝，一哭就哭得挺厉害，然后我爸就得了癌症了。他得癌症，我就得照顾他，陪床。隔了几个月吧，一年多一点，他也走了。他走了以后我才想，我说我爸临终前的一年就一天好日子没过，全是我给哭走了。（玉兰）

这么大的事情，我第一次见我爸爸，是在儿子的告别会上，我爸见到我说第一句话，说，你怎么办啊？我说爸，我没事啊，我觉得，那我就得撑着。对于姥姥姥爷来说，那是伤心得要死啊，姥姥一到医院病房，在医院就立刻躺平了。啪，就倒了，我就赶紧在医院喊，大夫，赶快救救我妈啊。就等于你顷刻之间全家都崩溃了，都散了。但是，那就得我撑着，只有我好，才行啊，等于全家都得给力嘛！（三叶草）

2. 家族交流禁区

由于上文所提到的，失独者具有"婚礼、过年综合征"，以及"孩子"敏感，所以使得家庭成员之前的互动发生了改变。因为，自己的兄弟姐妹大多是健全的家庭，彼此的交流增加了很多禁区。

我们家的兄弟姐妹，孩子结婚都不敢告诉我，不敢说。最终都发展到什么程度，就是我要去美国的时候，得交接我妈，接走得拿很多东西。我一看他们，拿不了，我说我帮你推到楼下。我姐就拦我不想让我下去，她想拦我就没体会出来，我坚持给她送到楼下了。结果她为什么拦我，就是她女儿的男朋友，开着车在底下。那孩子从来没见过我，他们就怕我见了以后，会想孩子，所以就拦着我没拦住。他从车里出来叫我一声，我就立刻就哭。不过到现在，我姐姐弟弟的孩子结婚，他们都不说。因为他们都一样大，一块儿起来的。（玉兰）

原来觉得不是事儿的事情，现在都是事儿了。去年过年，我弟媳妇说，你就到我们家里来啊，说得很简单，她是很热情，说大姐，以后这就是你的家，我说，我到你们家里去，我该怎么办？大年三十，我是该哭，还是该笑呢？你说我在这里，我这个年怎么过，你们都是孩子的爸爸妈妈，我说你们考虑过我没有呢？后来，他们就说，我理解，理解了，你想怎么办就怎么办吧。（风信子）

3. 特殊丧亲背景

有时候失独事件并不像我们想象得那么简单，它可能非常复杂，比如丧失的背景很复杂、时间很特殊，再比如丧失带来的后果和波及面很广。

比如，枫树是一家三口煤气中毒，只是在这个意外事故中，枫树的妻子和孩子都走了，而自己幸运，被抢救下来了，枫树的岳父母不能接受，而当时枫树的父母也受到了影响。

这个媳妇家里啊，父母是空军那边的，他们还告我去，说为什么她闺女没有了，为什么我活着呢。他们打官司，去医院找我，大夫说，别去了，人家刚缓过气来，你们别去找他了，否则一刺激，好不了了（泪奔）。他们说，你怎么不死啊。大夫说，这个病预后特别差，可能成植物人了。后来跟他们家也没有来往了，怎么来往啊，他们这么大的疑心。

我父母为我着急的，要不不至于得这个病（母亲瘫痪十年），我就是作为一种回报（独自照顾瘫痪的母亲十年）（泪奔）。我就是报恩。妈在我身上付出了这么多，我玩命也得给妈妈管好，他们（其他兄弟姐妹）就说我是应该的。他们觉得父母在我身上下大力气了，所以我必须管。因为我出事故了，他们没有出事故。他们顺利啊，我出了意外事故啊，儿子没有了，媳妇没有了，母亲抱着孙子不撒手啊。（枫树）

比如，梅花的女儿是出车祸去世的，同时在车上的还有梅花弟弟一家，虽然弟弟一家都活过来了，但是也留下身体上的一些问题。

我姑娘带着舅舅一家三口，开车玩出了车祸了。都住医院了，这怎么弄啊，这么大的事情，我们两个脑子都空了，这怎么弄啊？出车祸以后，都受伤了，血压又高，有病，我这身体不好，我也照顾不了。（梅花）

比如，野蔷薇孩子出事的时候，她的父亲也正病重，她根本无法顾及，从此她再也不去上坟。

我爸爸和我儿子同一个月走的，我从来都不扫墓，我忌讳啊。我爸爸得病了，他走的时候不知道我儿子这个事情，我爸爸不知道。那时候我根本忙不过来，没心思啊，一个月，前后脚两三天。确实很艰难的。那时候挺困难的，我爸爸叫我，问我为什么不去，我在家躺着，根本起不来床。我爸爸死的时候根本没有叫我，后面才告诉我，我没有给任何人上过坟。（野蔷薇）

（三）家外系统

1. 切断旧关系

与过去朋友、同事的互动也因为失独父母生活中的种种禁区（节日、婚礼、孩子）而受到影响。因为中国人见面喜欢谈孩子，许多失独者在失去孩子之后因为怕受刺激，拒绝和一些老同学、老同事、老邻居、老朋友联系，许多人因此搬家。另外，许多人不想让别人知道自己的事情，可能是觉得丢人，觉得自卑，可能是觉得自己失败，可能是不希望被同情和打听，因而选择切断许多旧的关系。因此，失独者中经常出现人户分离，还有的人有隐身、隐居的想法，有的人就选择了隐居和隐身。

原来我们没有政策的意识，孩子没有了，都是想着自己倒霉，都是想着自己在家里待着，恨不得连门都不出，一个是生怕被人看不起，一个怕出去，看到别人受刺激。买菜都像小偷似的，偷偷摸摸出去回来，从来不跟外界人接触，回避社交，这是失独群体的一大特色。你不相信，你问问去。跟老同学、老同事、老朋友全部断绝联系。知道你的事情，好说，知道之后，人家不好安慰；不知道的呢，一问，你们孩子多大了？在哪里上班呢？我们没法回答。所以呢，怕这个，太受刺激了。我为了换个环境，我搬到郊区，我告诉你，现在失独的人中，人户分离的占一半以上，都是这个原因。（丁香）

你知道我过年在哪里过的吗？一个禅修营，10 天不说话，这个最最适合我了，把手机没收了，我就去禅修去了。我怎么跟朋友联系啊？我不用跟朋友联系啊，我说蛮好的，10 天。跟正常的人在一块儿，每天每时每刻就面临着伤害。跟自己的朋友在一起，人家都是知根知底的，原来是幸福的一家，你跟别人说什么啊？不可能跟祥林嫂一样，不说这些，你又能说什么呢？（风信子）

我那会儿，尽量躲着人呗，人家没法跟你说话，你也没有办法跟别人说话。说什么啊。我们这个年纪都该谈论孩子啊，孙子啊，我谈什么啊?！（松树）

我女儿死了以后，我在这里待不下去，我就到郊区去了，租房子了。我这个人，不太愿意，别人知道，让别人关注我，我不喜欢这样，我为什么躲得远远的，也是有一个原因，我想隐身了……我不想让别人知道我现在怎么样了，在哪里啊，我不太希望让别人关心我。我为什么要去不认识我的地方去？因为我不想让别人知道我的过去。（映山红）

像我儿子他出这个事儿以后，我就不想让人知道，我就跟我先生说，首先不想让公司领导知道，只是其中几个个别的领导。你想想啊，现在人活的就是孩子。我就是没有办法把这种事让大家都知道……我谁都不想见，任何人都不想见。（牡丹）

为这个事情，我搬家了，我没有住在原来的地方，有人知道，问我，我不承认，我没有必要说这个事情。（野蔷薇）

3月份出事，我9月份就搬走了，我在这儿实在住不下去了。那边正好是新盖的一个农民的小区，房东不知道，一直到我们走，不知道我是这种情况，从来不说。人家就看着我都挺好的。在这个院里的人就不行，这个院看着我们孩子长大的，他们都知道，谁一看见，就包括在电梯里，谁一看见你就是那种，想安慰你，那种可怜，那种慰问，你没哭他恨不得就掉眼泪了，就那种可怜你的氛围，就包围着你，见了谁，我那会儿多少年，就好几个月不敢坐电梯，不知道怎么见这些人。（玉兰）

我就是不爱接触人，我曾经都想到一个陌生的城市，谁都不认识。但是你叔叔觉得不现实，而且毕竟年龄大了，要是年轻我还真这么考虑。换一个环境，到一个谁都不了解你情况的，这儿的话你肯定避免不了。（海棠）

2. 小心翼翼地互动

整个文化背景就是忌讳谈论生死，大多数人没有亲历者的经验，也不知道如何和失独父母沟通，害怕伤害，因此互动变得小心翼翼。这种影响是相互的。

现在，别人跟我们这种人聊天也都比较小心。人家也怕涉及你那什么，所以我说也挺难的。（海棠）

她（工作人员）总是小心翼翼的，怕伤害我们，时间长了，开玩笑就随意点，但是她还很谨慎，很谨慎，我们比她还放不开，她站在工作人员角度，小心翼翼。（向日葵）

（四）社会历史系统

失独者回避和家人的交往，也常常回避与过去同事和朋友的交往，甚至回避一般性的社交。逐渐地，他们的联系和圈子越来越局限，家里没有孩子，失独者会感到与社会脱节，变得边缘化；自己没有后代，失独者感到自己血脉无法延续，他们会有一种与社会脱节、和历史延续割断的感受。

1. 与社会脱节

你说电脑的事情，坏了怎么办啊？以前都是儿子弄，现在呢？就这么个事情，再碰到别的事情，没有孩子你怎么弄啊，你像现在，我们两个也不上班，社会上的事情，我们也不知道。儿子以前说，单位有什么事情啊，社会有什么事情啊，政策有什么事情。我们都不知道啊。（松树）

年轻人是国家的未来，国家重视年轻人，八九点钟的太阳，太阳永远在上升啊，社会没有年轻人，没有朝气，家里没有年轻人，家里没有朝气，没有年轻人，没有谈论的话题啊。有孩子，是一个圈子啊，是一个社会圈啊，没有这个，我们跟社会所有的链子都断了，他的朋友，他的单位，只剩我们两个了，圈子就是我们的亲戚朋友，家园还有一个圈子。其他，没有了。（向日葵）

比如说咱就说最简单的那些家里，现在好多这个什么呀，高科技的东西，家里没个这么大的孩子觉得自己真老了什么都赶不上时代了，对，没有指望了。家里要有个年轻人那就不一样了，所以现在逼着我就是啥都学。包括我家那个什么东西，弄个电呀弄个什么的都是我逼着我自己去干。现在这些就逼着你必须得要那什么，包括单位的那什么计算机方面的这些东西，逼着你就得弄，不弄你就更脱节了，什么都不想弄。（海棠）

2. 历史延续割断

在中国人的眼里，孩子就是自己生命的延续，每个家族的历史都是由子孙传承延续的。所以，孩子离世，感觉跟历史延续割断了。

历史的长河中，我把我家里的历史割断了，孩子没有续的啦。太凄凉了，都不是一般凄凉啊。你说白了，人一辈子，活着为了孩子，生这个孩子，不是延续生命，延续这个家族，延续你的事业，先不说大的，建立一个联系，我有一个寄托，在孩子身上，说白了，这辈子叫作白干了，过去都白忙活了，说白了就是鸡飞蛋打。（向日葵）

（五）小结与讨论

每个人所处的生态不仅包括自然生态系统还包括社会生态系统，失独者表面看是失去了一个孩子，仔细了解才发现，就像平静的海面突然坠入了一块巨石，一石激起千层浪，海浪翻涌，可能形成了漩涡、暗涌，无数涟漪扩散开来，整个社会生态系统都发生了改变。从亲子系统的断裂引发夫妻关系的震荡（夫妻一方患病、一方死亡、分居或离异），家族系统的调整（祖父母哀伤，家族交流禁区，特殊丧亲背景），到家外系统的变化（切断旧关系，小心翼翼地互动）和社会历史系统（与社会脱节，历史延续割断），反过来，社会会影响家族、夫妻，这也是一个相互作用的过程。所以，用失独者的话说，孩子走了带来的是一连串的问题。

过去，我们思考失独事件对失独父母的影响，很容易只看到对个人的影响，而忽视系统的力量，这样的研究结果提醒我们应该具有系统视角。同时，在进行哀伤干预的时候，也要留心调动系统的力量。进行哀伤辅导的过程中，应该考虑家庭的哀伤辅导。同时，进行心理教育，让家族成员提前了解孩子离世后变化的世界，让他们做好心理准备，增加应对的能力。

本书的研究结果显示，孩子离世之后，夫妻一方出现患病甚至死亡的情况，对于夫妻系统产生很大的影响，此外，祖父母的哀伤，白发人送黑发人，会增加祖父母患病和死亡的风险。过去许多研究都表明，丧亲人群的患病率和死亡率显著高于普通人群（Li, Precht, Mortensen, & Olsen, 2003；Stroebe, Schut, & Stroebe, 2007），这与本书的研究结果一致。

此外，中国是一个家本位的社会，孩子几乎是家庭的核心，尤其唯一的孩子离世，对于整个系统的震荡是巨大的。同时，由于死亡在文化中始终是一个禁忌，所以失独者不能跟亲人表达自己的感受，也不能跟熟人表达自己的感受，失独之后，失独群体渐渐被边缘化。

三、事务衍生

孩子的离去，最直接的就是带来了一系列生活和社会事务，这些可能是孩子的生前身后事。一般来说，对于老年人的自然死亡，大家比较能够接受。然而，孩子的亡故给人的震撼很大。遭遇重大心理创伤的父母不仅要面对内部世界的失落和哀伤，还得承受家内家外的剧变，然而，最初，他们还需要处理许多逝者的生前身后事。处理这些事无疑会增加他们的身心负担，对他们的承受能力是一个非常大的挑战。这些事情包括，殡葬事宜；孩子的户籍问题及身前财产及保险事务的处置；有些死亡发生于意外或者他杀，还涉及法律责任和纠纷问题；如果死亡原因是疾病，可能需要面对的是经济的债务和负担等。

（一）殡葬事宜

殡葬原是土葬的文言用词，"殡"可以解释为停柩，也可以解释为葬。"葬"作藏解。现在的殡葬指的是处理死者遗体的方法和对死者的哀悼形式，包括发讣告、向遗体告别、开追悼会、致悼词、送花圈挽联、出殡送葬、安葬、安放骨灰盒等一系列的丧葬事项（王夫子，1998）。应该说，如何处理殡葬事宜是失独父母哀悼历程中的重要组成部分，丧葬事宜能够增加死亡发生的客观性，一方面，会引发强烈的哀伤反应；另一方面，这些仪式也是很好的哀悼机会，是哀悼历程中的重要组成部分。

根据受访者的资料，他们提到，一般在丧失发生之初，女士往往比较脆弱，无法面对，家中的男士承担得比较多，对于男性的心理是一个极大的挑战。

> 我就跟我妹妹说，去，你去准备衣服去吧。她说干什么？我说做准备吧。到第7天，输了很多液，这身子全是水了。穿不上衣服了，我说怎么办呢？我去吧，护士不让，我说嗨，别了，别说这个了，我妈妈的衣服就是我穿的，我孩子比较胖，比较高壮，他们翻不过来，穿完了呢，媳妇在哭啊，跟傻了一样。（樟树）

> 男人是家里的顶梁柱，妻子可以去哭，所有的事情都要男人来承担，谁来理解男性，这个东西，所有的事情都得去处理，包括葬礼，这个过程，男性非常不容易。（梧桐）

葬礼筹办过程中，有许多事务要处理，有部分父母在选择墓地的时候是考虑非常多的，比如考虑风水的因素。

> 孩子走了之后，还要找墓地，安葬……好多事情要办……在孩子的告别会上，我穿着旗袍，化了妆，其实当时是朋友在医院帮我化的

妆，你想，我在医院，多少天没有睡觉，憔悴得不行，旗袍是朋友逼着我去买的，包括剪头发，原来是长头发。所以有人说，这个妈妈，儿子没了，还化妆还什么什么的。人们一般都有约定俗成的看法，实际上是似是而非的。我想孩子一定希望妈妈好，他多希望妈妈体面一些。（三叶草）

第三天的时候，要去看墓地，我就不想去，看什么，还讲什么风水，你们随便找，我没心情，他们说，你还是看吧，这个东西你不满意，没办法换了。他们这样说，我就去了，你想那个心情，我哪有心情看，看墓地？这个感觉多难受啊。（风信子）

在前文中，也可以看到，遗物的处理也是一个议题，有的人选择封存，有的人选择珍藏，有的人选择销毁，有的人选择保留原有状态（这和下文中持续性联结的主题有关，下文详述）。不同的人处理方式不同，同一个家庭中，男性和女性的选择可能存在分歧（关于性别差异，后文会详述）。

在我的受访者中，有两个在孩子离世后，没有安葬骨灰，有一个受访者直到现在，还将孩子骨灰安放在家中。

到现在我孩子的骨灰我都没有勇气去给它安葬。还在我家放着呢。不是瞒你们，确实是没有那个什么（勇气）。（哭泣）（海棠）

我孩子骨灰盒一直都没有下葬，让她跟着我，我带着她，上哪儿上哪儿，我带着，一直带着，带了五年。（映山红）

（二）户籍与财产

孩子去世之后，会遗留很多未处理的事情需要父母代为处理，比如，有些是死亡相关原因的认定和纠纷，比如保险的赔偿问题，有些事情涉及死亡证明，还要取消户籍、上报等。这些问题不断提醒着父母，死亡已经既成事实，无法挽回，对他们而言，是非常痛苦的。

1. 户籍

我直到上个月去拿我的户口本，把孩子的和前夫那一页去掉了。原来的户口本上面就有他们，上面盖一个死亡证明。前夫这一页就是离婚，到哪办什么证件都需要复印件，就是我这一个户口本里的三个只有我这一个是有效的，另外两个都没有关系，但我就是舍不得把孩子的那一页弄掉，我觉得那是一个纪念，但还是觉得很不方便。所以我上次去了派出所，我就说换一个本，我说能不能把这一页留下给我做一个纪念，他们说换本就不能。所以我在换本之前就把那一页复印下来了，现在户口本上只有我一个人。（三叶草）

失独带来的是一系列的问题，每料理一次事情，都是一次再伤害，到现在我连户口都没有去下。很多事情啊，要死亡证明啊。可是，我不忍心去下户口啊，您去公正，财产原来是他的名字，要把死亡证明拿来。包括到银行去，也要拿死亡证明。我们去旅游，要填表格，有没有子女？无，婚姻状况？离异，不停地伤害。你有的时候，没有感觉，现在什么都没有。就有感觉了。我昨天就填了一个单子，老是催我，我不想填，但是我必须填，你说婚姻，我是已婚还是未婚啊？我只能填离婚，有没有子女？无，你说填这些……现实就是这么残酷，不停的。这个就是血淋淋的。

2. 财产

我给儿子买了一个房子，是儿子的名字，我已经在公证处开了死亡证明，过户也有中介在旁边，我就给他，他们工作人员就说，这个不行，你这个是死亡证明啊，大声地说。我就火啦，我吼了他们，他们就不作声了，他们一直在伤害我，根本没有同理心，就像卖猪肉，不知道是在割猪肉还是在割我们的心。走了之后，不停地伤害。不停地伤害……哎！（风信子）

我姑娘还弄股票了，我们也没有管。我同事劝我，要去看看有没有交易。我就去了。从 2001 年出事，到后来，我没有管。（梅花）

3. 保险

我 90 年代的时候就给孩子上了保险了，保险公司还折腾我半天，到处调查，询问……（松树）

先是 13 万元，给我赔了，赔完了以后还有一个 10 万元，那个就是说你要自杀，就不给了。所以要反复调查询问。（向日葵）

（三）法律纠纷

死亡可能会伴发许多法律纠纷，不管是从失独父母的内心需要，还是从现实环境来说，都需要弄清死亡是如何发生的，谁应该负责。如果死亡发生在医院，有些父母可能会和医院打官司；如果死亡发生于事故或者意外，父母也可能会找到事故发生地负责人或者其他过错方。孩子离世可能会衍生出许多法律问题和纠纷。

> 我的孩子，他又没做什么违法的事，他只是坐在自己家的窗户上而已。而且是你们的宿舍……为什么孩子们能把这窗户打开，那是因为那个锁坏了。那个锁坏了，是不是因为你维修得不好，你的管理是有疏漏的。而且事先应该所有的在你的学生手册上写着的，可是你没有按照你的要求，而且出了这么大的事，人命关天的事，后来他一点也没有……他们（新加坡的高校）整个就逃脱了责任，你就想一下我和我先生当时的心情，为了这个事，我们俩当时打了四年多的官司，四年多。最后结果当时我们俩实在是筋疲力尽了，包括财力物力，脑筋已经不想再跟他那什么（纠缠了）。（牡丹的儿子在新加坡留学期间，坐在窗台边，不幸坠落而亡。）

> 这个媳妇家里啊，父母是空军那边的，他们还告我去，说为什么她闺女没有了，为什么我活着呢。他们打官司，去医院找我。（枫树，一家人煤气中毒，只有自己幸存，孩子妻子都亡故了。）

> 1991 年年底我就提出离婚了，当时第一次开庭，他妹妹和爸爸，就希望我净身出户。法官当时挺向着我的，叫我撤诉，说如果我不提出离婚，人家不会提出来的。如果人家提出离婚，你就可以提出要求。1996 年，他们家提出离婚，他妹妹，原来是一个售货员，后来当了律师，他起诉我，当时法院判了，就是一个一居室，判给他了。当时我觉得，这个法律特别不公正，我后来就开始上诉，到中级人民法院，到西城区人民法院。国家提出保护妇女儿童的合法权益，但是我觉得在这个事情上一点都没有体现出来，我当时赶紧找了一个律师，这个律师说，没事，一定打赢了，就是不让判离婚。结果这个官司打得跟没有请律师一样的，法律对我不公平，我找律师了，律师，我估计，跟他串通了，一个劲地审我，好像我是罪犯一样。（桃花，儿子是在丈夫精神分裂症发病期间被打死，儿子离世，与先生打离婚官司。）

（四）经济债务

对于因重大疾病——尤其是肿瘤——丧亲的家庭来说，可能经历了一段或长或短的治疗时间，父母往往是倾尽全力去治疗，这意味着，父母可能会承受巨额的治疗费用。治疗给全家人带来痛苦，孩子走了之后，有些家庭也因此背上了债务。

在这个过程治疗的时候，也花了钱，花了好多钱，化疗，又是消炎药，化疗，血不够，还得输血。花销特别大。一天几千块就没有了，当时，我们有的钱是借的，保险保一部分。有的消炎药是自费的，能够保一部分，自己拿一部分。欠了钱，我们也没有房子，在这个过程中，我下岗了，单位解散了给了一些钱，自己交养老保险，还得给孩子治病。孩子走了之后，欠着账。（牵牛花）

我是一位失独母亲，2000年因病失去了20岁优秀的儿子。孩子的离去给我们家庭乃至整个家族带来了沉重的打击和绝望，可以说除了背负巨额债务，还给我们造成终身不可治愈的精神残疾。（桔梗某次开会的发言稿）

我们因为是在北京的，治疗还好一点。花了不到30万元吧。他们是外地的，因为在这儿吃、在这儿住，还要给孩子看病。像我后来，后期跟大夫的关系也都比较好了，能不住院治疗我就不住院治疗，就是输完液带他回家。这还得花了30多万元呢。（海棠）

（五）小结与讨论

这个部分，我的研究参与者让我知道了，原来失去孩子除了内在失落之外，外界还会衍生出那么多生前身后事需要处理，通常这些父母对此是没有准备的，也是没有经验的，而这些事情之所以让人痛苦，就是它会不断提醒死亡的真实性、不可逆转性，击碎人们脆弱的防御机制，唯有不断变强才能保护自己。而在处理这些事务的时候，又是一次不得不跟社会及各种人沟通互动的过程。专业工作者应该留意丧失所带来的生前身后事的处理，以及由此给哀悼历程带来的影响。在丧失刚刚发生时，如果身边的亲友和社会工作者能在这个部分做一些协助，是很有帮助的。所以，整个社会应该对政府服务人员和社区工作者进行哀伤知识和工作理念的培训。此外，在丧亲早期，尤其应该留意和协助家中承担这些事务的人，比如失独父亲，失独父亲可能由于被赋予了这些事务的责任，而无法公开表达哀伤，他们的哀伤容易"被剥夺"。

第五章

失独之应对

　　失独事件对于失独父母的影响类似一系列连锁的应激和压力事件。然而，哪里有压力，哪里就有应对，失独父母并不是被动的、无为的，他们也在积极调动自己的资源应对这一切，我的所有研究参与者都努力地活下来，有的人不仅努力活下来，还努力活好。通过对资料的分析发现，失独父母主要采用以下应对策略，同时表现出一个应对的结果：创伤后成长（见表5–1）。

表5–1　失独之应对的高级结构化一览表

类群	主题	次主题
情绪中心应对	压抑与回避	压抑情绪，回避社交，回避提醒物
	抒发与排解	哭，书写，多话、过度活动与冲动行为
	分散和转移	投身工作和事务，吸毒、喝酒及寻找性满足，旅游，其他文娱活动
意义中心应对	生命追问	为什么发生？为什么是我？
	益处找寻	益处找寻
	认知重评	认知重评
	意义达成	意义达成
宗教应对	死亡归因	人生无常，缘起缘灭，因缘果报，上帝挑选优秀的孩子
	智慧领悟	放下我执，随喜众生，积善行德，圣经转化智慧
	来世探索	轮回转世，回到上帝怀抱
	仪式运用	超度、念经、打坐，祷告

类群	主题	次主题
重新联结	与逝者联结	看见逝者，整理与保留遗物，祭奠与纪念，梦的联结，内在化联结
	与同命人联结	心灵家园，民间团体与 QQ 群，天堂纪念馆，集中反映问题
	与他人联结	配偶的支持，朋友和同事的支持
	与动物联结	与动物联结
	与环境联结	与环境联结
	与自我联结	独处，打扮，禅修及瑜伽
创伤后成长	公益利他	公益利他
	优先级改变	看淡物质，重视亲情，珍惜生命
	直面死亡	直面死亡
	积极的自我认同	积极的自我认同
	灵性觉醒	灵性觉醒
	感恩豁达	感恩豁达

一、情绪中心应对

情绪中心应对（emotional – focused coping）旨在调节情绪，包括缓解因应激而引起的消极情绪的各种努力（Folkman et al.，1986）。死亡这类生活事件是不可逆转的，所以无法采取问题中心的应对，一般在事件刚刚发生的阶段，许多失独父母多会采用情绪中心的应对方式。当翻涌而来的情绪袭来之时，有些人会选择压抑情绪，或者回避引发情绪痛苦的人和事；有些时候，情绪太强烈了，他们也会选择合适的场合表达和排解；还有的人会利用各种方式转移注意力，让自己的注意力暂时从丧失的痛苦中离开一会儿，这个是分散和转移。比如，通过投身事务和工作。

（一）压抑与回避

1. 压抑情绪

毫无疑问，失独者在经历丧子之后会有许许多多的情绪，哀伤、痛苦，这些情绪如排山倒海般袭来的时候，有些人还是会本能地去压抑，因为他们害怕自己失控。压抑本身也是一种情绪调节策略。尤其当他人在场的时候，更加倾向于采取压抑的策略。

我最难受的时候就会把音乐声放得特别大。听音乐，完了什么都不想，尽量什么都不想。但是只要一个人静下来，一坐下来，那就由不得你，就胡思乱想了。你只要一乱想，你可能会痛苦，你肯定要那什么。你知道，原来我一那什么时候我就要哭，哭一小时后我心脏都不行。后来我就控制自己，一定不能再有情绪化的东西。尽量怎么才能让你不哭就行。（海棠）

消极地去想，又能解决什么问题呢？解决不了问题，想他干吗。从另一个角度，实在角度、现实角度，想他没有用，又解决不了问题，我就不想了，就往深处压吧。（向日葵）

2. 回避社交

在失独父母中，回避社交是非常普遍的。回避社交既可以理解成一种哀伤反应，也可以理解成对于哀痛的情绪中心应对的方式。

3. 回避提醒物

除此之外，还有回避提醒物的行为。

有一段我和野蔷薇的对话，很值得思考。她知道自己在回避，但是，这因为，她还没有能够找到比回避更好的方法。

野蔷薇：是不是采访我比较困难，比较拘束，约束是不是？
我：是不太一样。
野蔷薇：你比较顾虑，说话也比较妥帖，我知道你比较顾虑。
我：我感到你有很多地方从来没有碰触过。
野蔷薇：对的，我尽量是回避呢。
我：可能这是第一次，你可能还没有做好准备，我可能需要慢一点。我知道你心是好的，你很想帮助我，但是很难的。我理解的。
野蔷薇：我怕你得不到你想要的东西。
我：谢谢阿姨，你真善良，我不忍心伤害你。
野蔷薇：我真没有别的办法，可能是一个消极的办法。但是我没有办法，只能回避，不想了，要不只能天天痛苦。

（二）抒发与排解

情绪多了，不可能一直采用压抑和回避，那样情绪可能就会溢出来，有时候，失独父母也会选择一些方式，适当地抒发自己的苦痛，排解自己内心的失落。

1. 哭

哭是悲伤的一种表达。哭也可以抒发情绪。前面我们在行为部分也提到过哭泣，有时候哭也具有排毒的作用，哭泣不一定是不好的，哀伤是需要表达的。梅花就曾讲到自己的经历，我印象很深刻。

> 原来我家楼上，特别吵，一分一秒都不停，我一辈子没有招惹过人，有一阵子，我都有点抑郁症了，我真想跳出去算了，心里很难受，后来有一天我憋得受不了了。我就把门都关上了，我就自己哇哇大哭，号啕大哭，我哭完之后，心里就通畅了。我就感觉那次，所有的门关上了，我哭完了，一下子就顺多了。从那次以后，我碰到这样的事情，我就劝别人，你上公园去吧，或者你哇哇大哭一场，否则就会憋出病来。（梅花）

> 自己解不开了，哭一顿，我还不愿意当着我妈妈的面前哭，老人家在，你哭，她也难受，所以呢，反正我在这个问题，处理得还是比较得当，不像有的人，老是出不来。（桃花）

2. 书写

书写也是一种非常好的抒发和排解的方式，很多失独父母喜欢书写，书写可以表达哀伤和想念，另外，书写有整合自我叙事的功能。在我收集的实物资料当中，许多都是失独父母在孩子离世之后写的日记，还有给孩子写的信。

> 像我有时候在 QQ 里面，把我的心情稍微写一写。这样甭管怎么，能排解嘛。你只要能心里舒服，这也是一种方法。（海棠）

> 失去心爱的宝贝已长达九年，心痛的感觉越来越深，每天都生活在悔恨和自责中，深深地体会了生不如死的感觉……（海棠的 QQ 日志）

> 我有一个办法，写；我有写日记的习惯，这是一个方法，实在不

行,就哭一场,哭出来。(兰花)

许多人写了表达自己哀思的散文和诗歌。我惊叹地发现,他们写得非常好,大多数失独父母不是诗人,不是文人,也许是经验太深刻了,他们写的东西毫不逊色于作家、诗人。郁金香在女儿离世之后,将所有的日记集结成册,出了书。梧桐以儿子离世作为背景,撰写了长篇小说。其他许多父母都会在自己的个人空间中书写自己的感受。

妈妈的思念

你走了,像落在湖面的一片雪花,带着初冬的寒风,带着对妈妈的思念,悄悄地,孤独地融化了,我知道你永远存在,可我再也找不到你;

你走了,像秋天的一缕轻风,你的足迹布满了北京城,整个北京都留下了你可爱的身影,可我再也不能抚摸到你;

你走了,像夏天的一颗流星,你的生命那么短暂,你的生命是那么明亮,可是现在,白天黑夜我再也不能看到你;

你走了,像春天的一片云,化作细细的雨,我知道你是舍不得离开我,所以才变得那么细密。

岁月的浪潮会抹去一切,却永远也抹不掉妈妈对你的思念,你用过的东西依然还在,你的笑容仍然还在,你的身影永远还在,你的话语永远还在,她们将永远陪伴着妈妈。(郁金香 2003 - 10 - 25 23:00:21 于天堂纪念馆)

3. 多话、过度活动与冲动行为

有的父母表现出多话、过度活动与冲动行为。其实,这些行为本身也是有发泄和排解的功能的。

(三)分散和转移

失独父母不会时时刻刻沉溺在痛苦之中,有时候,他们会选择一些事情来转移他们的注意力,暂时从哀痛中离开一会儿,或者将哀伤搁置。他们有许多办法转移注意力,比如投身工作或者其他事务,也有人会利用性、酒精、毒品来麻醉自己,从痛苦中抽离,还有的人通过上网、旅游或者其他文娱活动转移注意力,改善心情。

1. 投身工作和事务

转移注意力的策略最多的就是疯狂工作。很意外，有一部分父母，在孩子走了之后，工作更加卖力甚至是疯狂。其实，在最初的阶段是为了转移注意力，占据时间。但是，从对他们的了解看来，这是一个积极的应对方式，随着工作的投入，他们毕竟没有完全和社会割裂，而且工作会带来个人的价值感和成就感，投入进去了，可能会产生新的意义感。关于意义感，下一个部分进行详述。

当时我退了现职之后，我下面的副手，做得不好，有个工作一直都没有做，积累了八九年的文书档案没有整理，我这个人工作是有头有尾的，我退现职之后，我女儿就生病了，我女儿，十个月就走了，两个月之后，我就上班了，别人就说，你太强了，你怎么走得出来，我说走不出来，但是我这个人有了承诺了，我就得做到。后来积累了十年的档案，我下了班也不走，就跟疯了一样，就是那么一种信念，就是要把它完成，我生日的当天，我就说我多一天我也不多待。那个档案不是人工抄写的，要用计算机弄，后来，我就开始学计算机，我都做了。……后来正好，我有一个亲戚遇上一场官司，我就在帮他过程中无意中进入了这个案子，是一年九个月，我女儿走的时间不长，当他知道，我是这个情况，他说，你在这个情况下，你怎么挺得住啊，你还在帮我，我说你别这么说，因为这件事情，我也让自己强大起来，不管怎样，既然我已经进入这件事情当中，我就得好好做，我尽力去帮忙吧。我这个人就有这个毛病，我如果承诺做，我就会坚持。这两件事情在女儿刚走的时候，还帮我转移了一部分精力。（百合）

我女儿走了，离婚之后，我报了三个班，一个文学班，一个哲学班，还有一个烹饪班，学炒菜，充实自己，跑跑业务，做点这个，学完了这个以后呢，我也不是为了取证，我没有参加考试，我光学了炒菜，但是不会做面点，后来才又去学了面点。又学了按摩啊、针灸啊、跌打损伤啊，讲病例，用什么方法治。呵呵，我就是想充实我自己。让自己不去想这个问题，让自己别沉浸在痛苦中，把脑子填满了，让自己没有时间去考虑，没时间去想。（映山红）

孩子走了，也就是半年，我是综治办主任，后来就把我调到办公室做主任，我一个人盯了150天才回家，我是穿着棉袄去的，然后我买

了裙子回来。你想想，多长时间。大家都有家庭，都有事情，我理解大家，我去做，那时候我就是疯狂工作。（桔梗）

女同志们稍微好一点，因为她有些家务啊，有些工作啊，可以分散一下。说实话我就是因为工作忙，好多东西我能够淡忘。除了这份工作我还兼着一个兼职会计，我就是为了把我的时间安排得满一点。没有时间去想这些，上一天班，再干点别的，就比较累了。可能就睡了，别的都不想了。……我孩子刚没了，我就报职称，当时单位人都不理解，考职称？我为什么要考呢？我就是每天能去上课，我强迫自己去听课，我不是为了考职称，因为我肯定也考不过，我就是为了把这时间拿去上课。考职称得要单位盖章啊，单位都不理解，他们说，你真棒，刚那个一个月……那是4月份吧。我说我不是为了考职称，我是为了去那里静下心上课去。就是以毒攻毒吧，那种感觉。（海棠）

我当时娘家有买卖，就是卖钓鱼竿，我就去做买卖了，卖钓鱼竿。那时候家里没有人，我就去做买卖了。我就比较容易走出来了，如果家里没有事情，我就不容易走出来。（桃花）

2. 吸毒、喝酒及寻找性满足

在深陷悲伤的情况下，谈论性事一直被视为禁忌——即使是最亲近的朋友也难以启齿。所以，我很感谢樟树有勇气告诉我。樟树在最初的时候，利用性的幻想来暂时脱离哀伤。坦白说，这一段的访问对我自己也是一个挑战。但是，因为他的信任和贡献，得到了一份非常有价值的一手资料（出于研究伦理的考虑，不呈现文本资料）。性是生活的一部分，因此也是哀伤的一部分。

也许很多人，在哀伤的最初，几个月或者几年，由于悲伤完全不会有性的念头，但是，万一有，我们要如何解读呢？应该视为自然的欲望吗？能够客观看这件事情吗？尤其是这件事情夫妻之间能够取得一致吗？自己能够接纳吗？从他那里我得知，的确，性的问题在悲伤历程中很尴尬，但是也有人偷偷采用性的方式转移哀痛。每个人在悲伤期间，对性的态度都不同。有的人在失去亲人不久就有性的需求，也许性不仅代表性，还代表亲密；有些人需要长时间调适，也有人视感觉而定。有人起初利用性来逃避痛苦，因为性确实能让人转移注意力，变得麻木，有的人认为性是对抗死亡的最佳药方，毕竟性充满了生命力，与死亡完全相反。

除此之外，还有酒精、毒品。

> 我还告诉你，还有抽粉的，抽得倾家荡产，有离了婚的。我认识一个，也是因为孩子没了的。原来不嫖也不赌，说喝酒去了，实际上，不是喝酒，是去逛窑子去了。空虚，喝酒是自然的麻醉，抽粉也是找刺激，也是晕晕乎乎，找幻觉，外面找小姐，终归一个目的，怎么把什么事情转移了。起码，是可以短暂解脱的，长期这样是不可能的。一个是钱，一个是病态。我现在已经不需要了，头一个星期而已。（樟树）

> 我们群里，很多男的喝酒啊。但是，居然有一个女的，喝酒啊，女的喝酒啊，这个事情（孩子走了）出来之后，喝酒，酒精依赖症，天天得喝，顿顿得喝。（丁香）

原来，性、酒精还有毒品有可能都是源于悲伤。在他们的观念里面，男性更愿意采用这样的应对方式。但不意味着只有男性会使用，丁香也提到群里的一个成员已经依赖酒精了。

3. 旅游

失独群体的另一大特色，就是他们花大量的时间旅游。他们告诉我，失独的 QQ 群一般有两类，一类是上访群；另一类就是组织大家玩儿，其实就是旅行。访谈过程中，许多受访者会选择去旅游，开始的时候是为了转移注意力，改善心情。

> 我丈夫没有病的时候，我们还是挺好的，那会儿，他还会自己开车，一到休息，他还开车带我去郊外走走，郊区走走，然后出去逛逛，挺那什么的（好的）。（海棠）

> 哎，事情已经这样了，我们也不去想了，玩去吧，我们也爱玩儿，4 月份，我们出去玩一趟，国内啊，南方，南方挺好的，风景好点。去过地方不少啊，九寨沟、丽江、大理，都去了。去年又去了大三峡、小三峡、神农架，全都去了，有时候自驾游，有的时候报团，省心。一般都报团。平常也没有事情，就去郊区爬爬山啊……收获挺大的，心情好了。（牵牛花）

> 我出去旅游，我快乐。再有一个呢，有点事干，转移我的精力。不高兴，有时候心情不好，出去，旅游去。（桃花）

4. 其他文娱活动

每个人的分散和转移注意力的方法不同，男性女性也不同，大部分人都学习了上网、聊天，女性喜欢逛街、参加文娱活动，男性喜欢上网、玩股票等。用松树的话说就是找个"营生"。

我烦的时候，跟谁都不说话，反正我到这时候我就出去了，不在家坐着，出去逛逛街，到处看看，能分散分散。稍微情绪好一点，才回来。一直就是这种状态，这么过的。

那会儿最能让我消磨时间的，翻那蜘蛛纸牌、玩空当接龙，就是电脑的那点小游戏。那空当接龙都让我翻通了。就每天不停地干那个，后来因为这个我颈椎都不好了。天天只要一没有活儿，我就坐在那干那个。（海棠）

我现在一天就是遛遛小狗，唱唱歌。（玫瑰）

他们有些就说，教我们上网吧。那时候我也没有想，也没有必要。但是后来，人逼到这个份上，我也都学学咯。我自己慢慢吭哧吭哧学的。（梅花）

我一天净玩儿麻将了，我天天玩儿，没有一天不玩儿麻将的，我没有精神寄托啊，所以我每天玩儿，要不真的没有活头了。早上睡到12 点，买菜，然后就是打麻将，一桌子五块钱。棋牌室，一天十几桌呢，赚了不少呢，棋牌室都管饭啊，茶叶啊，水果啊，都管。……以前我不这样，现在改变了。我都是在社区麻将室里面玩，老街坊，我们打的很小，输赢很小，就是一种精神寄托。以前我从来不玩，没有接触过，从来不玩的。玩的过程中，心情得到了放松。现在好多了，不像以前似的。我们一般都是早上睡觉，中午开始玩，玩到夜里，昨天玩到夜里一两点呢，我们什么时候去都有，有时候，下午两三点才去。基本都是街坊一起打。（野蔷薇）

我现在一天就是上午 9 点半到 11 点半，下午 1 点到 3 点，盯着股票，上午没了，盯着股票，下午到了 3 点，睡会儿觉，看会儿电视，晚上看会儿电视，就完了，找个营生。（松树）

（四）小结与讨论

情绪中心应对是失独者常用的应对方式，这种应对方式直接针对改善情绪，具体包括压抑与回避（压抑情绪，回避社交，回避提醒物）；抒发与排解（哭，写，多话、过度活动与冲动行为）；分散和转移（投身工作和事务，吸毒、喝酒及寻找性满足，旅游，其他文娱活动）三种方式。从上文可以看到，哀伤反应的行为表现部分和情绪中心应对的方法存在一些重叠。原因是，有很多行为的确具有双重性，你既可以将这个行为看成一种失落表现，同时也可以看成一种应对策略。哀伤反应和应对的区别是，反应比较被动，而应对往往是主动选择的。这种区分是相对的。

情绪中心应对存在阶段性差异，情绪中心应对主要是在丧亲的早期阶段被更多采用；情绪中心应对可能存在男女性别的差异，男性报告性、酒精、毒品的使用比女性更多，然而更多的结论需要进一步的研究支持。

不同的应对方式对丧亲后适应的作用是积极的还是消极的，研究中没有一致的结论。比如，哀伤情绪的表达是积极的还是消极的？一般来说，大家认为表达是积极的；拿"哭"这种方式来说，从生物学来看，哭泣是一种保护机制，它可以缓解黏膜的干燥，也含有抗菌酶和溶菌酶，减少上呼吸道感染的风险，当人们陷入痛苦之中时，哭泣可以帮助人们排出身体的毒素（Montagu，1959）。那么，回避和压抑一定是消极的吗？最近有一些研究提出，回避负面情绪的表达未必是坏事（Bonanno，Keltner，Holen，& Horowitz，1995；Bonanno & Kaltman，1999；Stroebe，Stroebe，Schut，Zech，& van den Bout，2002；Stroebe，Schut，& Stroebe，2005）。

二、意义中心应对

前面的结果显示，失独父母在经历失独事件之后，往往灵性受到了很大的困扰，意义陷落，困惑为什么会发生这件事情，同时也不知道接下来自己生活的目标和意义是什么。失独父母在度过了最初急性哀伤期之后，会逐渐开始进入找寻意义的过程。他们面对两个任务：第一，如何将丧失整合到自我叙事中间，如何接纳和面对丧失这个事实；第二，过去以孩子为中心的意义和生活目标崩塌了，如果要活下去，必须找到新的人生目标和意义。

（一）生命追问

失独父母围绕这件事情，会对生命发出追问。

1. 为什么发生

虽然有部分受访者，理智地接受了死亡的事实，认为追究原因没有意义，但是大多数失独父母"意义建构"的第一步就是要追问死亡的原因，这是对生命的发问，他们要搞清楚孩子为什么会生病，孩子为什么会出意外，这个丧失是怎么发生的？为什么会发生这个丧失？

> 你是那么热爱生活、珍惜生命，怎么可能以这样的方式离去?!"生活太美好！你为什么还要离去？""一个笑得如此灿烂的大男孩，一个正值生活、事业璀璨的人，我不明白，真的不明白，你究竟有什么迈不过去的坎???"……正如人们不相信你怎么会离去，我们——你挚爱的父母，被这猝然发生的悲剧而震惊和迷惑：抑郁症到底是什么病？怎么这么无情、无端无缘由地夺走了我们的儿子？没有答案——此时我们才发现自己对抑郁病的认知是那么不够，那么肤浅。于是，我们放下一切，背起行囊，开始对抑郁病这个恶魔的追寻。我们走访了哈佛大学、南加州大学、北京大学等国内外多位专家，我们买来能买到的所有相关书籍，收集查阅各种相关资料，我们恨不得一夜之间弄清抑郁病的根由……（风信子博文）

> 很美好的孩子，怎么这么早就走了？这么好的孩子，为什么社会不容他们呢？留不住他们呢？突然地，你说，怎么会是这样呢？大学上得好好的。我们的医学就这么苍白无力，就治不了她呢？……（百合）

> 我也想不到孩子为什么得这个病，怎么科学家不发明什么特殊的好办法呢？了解人的基因，可能是基因导致的？怎么就解决不了呢？自己就胡思乱想，也得不出答案，医生也不知道到底为什么得这个病？（兰花）

对于这个问题的追问结果各不相同，有的人反复追问，依然找不到原因，最终接纳了；有的人，猜测了发生的原因，有的人找到了原因或者找到了自己可以接纳的解释。

2011 年 2 月 1 日，在你离去 100 天时，有位网友，在评论里指出：
"准确的说法应该是——因病离世！"你不是自杀，而是病杀。这让我
好温暖，好感动。他说出了我的心声：这种离去，是因为患上了抑郁
症。众多伟大或平凡的生命，都曾如此。这是一声理解的呐喊！（风信
子博文）

其实那种病，应该跟我们都有关系，是一种胎带的。她的主治大
夫是从美国回来的。他曾经说，可能在卵子受精的时候就带进了不好
的细胞有关系，多数在孩子两三岁就会发病的，我女儿发病时间很晚，
这种病特别罕见，非常罕见。（百合）

我孩子从小身体特别不好，从小有肾炎，思想包袱特别大。他也
是大学生，分到机关工作，后来，现在叫作意外死亡。实际上是自己
那什么（自杀）。很善良一个人，骂人都不会，我想我估计，可能也是
一种寿命到了。（向日葵）

2. 为什么是我

了解了孩子离世的原因之后，许多人还会继续困惑，为什么厄运会发
生在我身上呢？为什么孩子这么早走？惯常的思维是，好人有好报，好人
不应该遭此厄运，黑发人不应该比白发人先走，优秀的孩子应该活得更长。
然而，此时发生的一切都不符合惯常的思维，这些困惑都需要重新去理解，
都需要重新整合到自我叙事中。因此，他们会思考：为什么发生在我身上？

在解释这个问题的时候，失独父母往往受到了中国文化中的命理观的
影响，认为是因为倒霉、运气不好，或者是命不好。

晚年这个事情，算是倒霉吧。你赶上了怎么着啊，我也说是不是
我上辈子的事情。是不是我上辈子积什么德了，造什么孽了。人啊，
赶上了你倒霉，你是一点招都没有啊。（松树）

我觉得跟社会没关系，这就是你自己赶上了……我觉得这个谁也
不赖，就赖你自己，是你赶上了。我没觉得是谁欠我的。就是我自己
倒霉。（海棠）

总有倒霉的人，你赶上了，你怎么办?！赶上了，就得承受。（野
蔷薇）

孩子走了，所以我老是怪，怪自己命不好。现在解释不清啊，只

能说命不好。怎么命这么差。那时候我总是想，我怎么这么倒霉，我是天下最倒霉的，最惨的。我那时候就是这样想的。（兰花）

当时，我出了这么大的变故，我就是悲痛，别的我没有想那么多，我没有仇恨，我就是想我怎么这么倒霉，反正我就认为我挺倒霉的，没有别的，我怎么就这么倒霉啊？（桃花）

有的人信仰宗教，根据宗教教义来解释，也有的人虽然不是信徒，但是也习得了一些宗教知识，会用这些内容帮助自己解释和理解。比如，佛教常说的人生无常。

嗨，这都是突然事件，谁也说不好。人生这一辈子，谁也不知道会怎么样，变化无常啊。你也不知道会怎么样。人生路上，有走早的，有走晚的，早晚得走这一步，各家有各家的问题。（松树）

（二）益处找寻

"益处找寻"（benefit finding）就是去寻找丧失事件的积极结果，如果有的话，去寻找丧亲阴影中的阳光，不幸中的希望。失独父母也在不断努力寻找可能的积极面，增加逝者生命的价值和死亡发生的意义。

风信子找寻孩子死亡的益处，他认为孩子是用自杀的方式警醒世人，关注抑郁症这个疾病。

他为什么用这个方式（自杀）走呢？师父告诉我，他总得有个方法啊，总得有个说法啊，总不能不明不白地就消失了啊。其实这种方法不见得就是最坏的，对不对？后面，我悟到了，他总有一个方式，他只有用这么决绝的方式，才能让世人警醒。否则不会引起那么多人的反响、震惊、关注。就是让人震惊、让人不可思议，让大家去想，这是为什么？（加重音）让人们去探究，让人重视这个疾病。他是在用他的生命在警醒，在呼唤。（哭泣）一个什么都不缺的人，却选择离开，这个更加说明这个抑郁症是多么可怕。（抽泣）真的，我在悟，我一直在悟。（风信子）

映山红认为，女儿的离世实际上给自己腾出了更多的时间，她不能浪费这个时间，应该让它发挥意义。

我想我女儿就这么的，就没有了，把时间都给我腾出来了，我干吗去啊？我也要对得起我女儿给我的时间，这样让自己充实起来。我就往外面跑，多了解点社会经验。……我必须从我的家庭里面走出来，孩子活着，我没办法，孩子走了，我必须走出去，否则我无法从痛苦中走出来，下一个死的就是我，我就是这么想的，所以我必须改变自己，我要从这个环境中走出去，做自己想做的事情，最起码不是这样过。（映山红）

向日葵认为，孩子走了，但是她皈依佛教了，走上了自己的开悟解脱之路，这是儿子送给自己的礼物。

人家说，你走了个儿子，来了个师父。我儿子从星期二走了，7月份我就去河北，认识了这个师父，一点点，认识这个，等于把我领进佛门。当然，师父和儿子不能比，但是真是的，跟儿子一样，师父在这里我都不知道累……这都是一种缘分嘛，走了之后，这是我儿子给我送来的。儿子没法告诉你，我走了，将来我会带什么结果，实际让你去看透，你自己去悟，让你看透。（向日葵）

我儿子也有福分的。这个师父在青海，这个庙里面有一尊佛，这个是封的，一年打开一次，这个我师父，把我儿子名单给那个师父说了，打开，放进去了，一般人没有这份福分的。师父愿意啊。（向日葵）

蜡梅也是类似的，孩子走了之后，她更加深刻领悟佛教教义。她觉得孩子就是来度自己的。

他们就说儿子是来度我的，实际上我现在就明白了，他度我就在于让我明白了，虽说你向佛，但是你不明白宇宙生死的这种真理。在世间如果你再这样，你活在这种挂碍（佛教语），你活在这种执着之间，这种亲情，这种爱，世间的这些东西，你会执着，你会放不下，会舍不得。这些你做不到，这一世你怎么了脱生死，往生西方极乐世界。你肯定有执着，有牵挂，就是随业往生嘛，你到最后肯定又在这个世界轮回。就在六道轮回嘛。现在我就是了无牵挂。就跟那个《心经》里说的，依般若波罗蜜多故，心无挂碍，无挂碍故，无有恐怖，远离颠倒梦想，究竟涅槃。（蜡梅）

　　风信子每次跟我交流的时候，都会反复给我念对她非常重要的一则短信，发短信的人是她曾经的一个朋友，也是一个佛教徒，她说这个短信说出了她的心声，她之所以能够在孩子离世后这么短时间走到目前的状态，跟这则短信有很大的关系，而这个短信就是对意义建构最好的诠释。

　　短信如下：

　　2011 年 12.4

　　亲爱的风信子，我是×××。我很想念你们，并希望和你说说心里话。

　　有人跟我说，我们都是带着任务和使命来到，我们存在的意义，冥冥之中，我们都有更多的任务要完成。只不过我们还不知道。孩子的离去没有错。他那么美丽，而且他将永远那么美丽，他那么善良，在离去的前几天，还在帮助贫苦人们，送去钱和衣物。这一切似乎在提醒我们，儿子来到这个世界是有因缘的。他爱他的爸爸妈妈，他来报答你们的，他的离去是有使命的，他想让爸爸妈妈从此焕发新生，父母活得更加有意义和更有价值。而这个意义和价值是什么，孩子虽然没有明说，但是一定在那儿，有待爸爸妈妈自己去发现。

　　佛在《无量寿经》上说，人在世间，爱欲之中，独生独死，独去独来。当行至趣，苦乐之地，身自当之，无有代者。生和死这两个课题是每个人都要面对的，哲学家们和有智慧的人，一直在思考这个问题，并愿意为此付出，早做充分准备。而很多芸芸众生的我们，却可能害怕，或者缺乏智慧，不想去面对，现在孩子的离去，让我们提前开始面对，并思考这个问题。如果因为孩子的付出，我们由此开启了智慧，对于生命的认识、灵魂的感知开始有了最终的答案啊，那么孩子有多么高兴啊。这或许就是孩子对父母的最大的爱和报答。

　　如果，我们因为孩子的这份爱，由此获得了新生，孩子的在天之灵，也一定会喜极而泣。

　　亲爱的×××，孩子现在一定在一个最好的地方，看着他最爱的爸爸妈妈，他的灵魂一直在我们身边，他对我们爱是永恒的。他选择一个他认为很好的方式在爱着我们的，我们不要辜负孩子的苦心。因为我们接下来该如何存在，也是孩子生命最大价值啊。我们要永远感谢这个美丽善良圣洁的孩子，他给了他的爸爸妈妈，还有我们这些朋友，还有无数无数我们并不认识的人（无数的爱），他救了我们这些人。他留给了这个世上最美好的东西。所以，我也要感谢你们一家，我期望在不久的将来，承载着你的使命，并由更大的智慧帮助和指引我们，我们愿意跟你们一起携手走向未来路。

风信子一边读短信，一边给我解释：

我现在做的（成立抑郁症的基金会）是不是帮他实现生命的最大价值？他的生命在影响更多人，用生命影响生命，是不是永恒的价值？所以我说，我是一个特例，在冥冥之中，我就觉得我有使命，我能跟他们有灵性，去沟通。我就是在感知他的灵魂。

他继续活着，无非继续演戏。他走了，能够让妈妈迸发出那么大的力量，能够帮助那么多的人。他是觉得我的生命也很有价值，母亲也很有价值，我就是这样在理解他。我不是有多么高尚，这就是支撑我的东西，我时常把这封信拿出来看的，这就是冥冥之中给我的。（哭泣）

（三）认知重评

有的父母虽然没有找到孩子离世的原因，或者寻找到益处，但是他们通过各种认知上的努力，尝试去面对这个事实，或者运用认知重评的策略，逐渐用理性的认知和信念来取代不合理的认知。

自己劝自己，既成事实，承认吧，你叫也叫不回来，千呼万唤也回不来，承认吧，你咬咬牙，你熬过去吧，那你怎么办吧，只能这样了。（兰花）

已经成为事实了，你走也走不开啊。（松树）

有时候也这么想。老这样，对身体也不好，你身体一下子垮了，死不死活不活，对于别人是多么大的负担啊。（兰花）

你就欠他29年的债，反过来，人家陪伴你29年，两个互相安慰，我对你没有亏欠，你对我也没有亏欠。有的同事问我，你后悔吗？我说我不后悔，我确实没有什么后悔，我也不想让他走啊，我留不住啊。我当妈妈，哪有对孩子不好的，我该给的都给了，该上学，该治病，我尽力了，说白了，你甭管想得对不对，往开了想，纠结那么多干什么，没有用啊，有用的话，我们每天说……你想留他留不住，他想留也不行，命不在他自己身上，只能接纳这个事实。……难受，是我作为母亲，培养这个下一代人，我觉得挺失败，但是跳出来讲，你就这么看去吧，不是人人都是完满的，月亮有阴晴圆缺，我个人，不完满，不究竟。站在小我的角度讲，我这辈子白干了又怎么着，但是作为一个历史长河，他是延续的。（向日葵）

孩子是自己的希望，希望没有了，自己也该死了。反过来，希望没有了，你还活过来了，其实这个就是一转念，如果你爱孩子，孩子也爱你啊，孩子走了之后，希望爸爸妈妈好，而不是希望爸爸妈妈病啊，倒啊，死啊，于是，你的好就是对孩子最大的爱。……我们知道，很多父母走不出来，太自责，那些走不出来的人，痛苦要自杀，我特别理解。他们两个东西同时存在，他们一方面在求生，一方面在求死，孩子的走，不怪妈妈，不是你们可以左右命运的，即使追究清楚，那个生命已然不在了，你也是一个生命，你这个生命也有权利让它活得饱满。实际上，我们也就是，几十年，就跟孩子见面了，从一个生命长河来说，这个时间很短。（三叶草）

我女儿多次跟我说，叫我好好的，她看着我呢，我要是这样走了，我到了那边，我怎么去见她。我当时还不懂，其实佛家说了，自杀之路，你永远在地里，天堂地下，你都去不了，我这样的话，我怎么去见我的女儿呢？她会非常伤心，我的母亲因为我的离去，她坚持不住，她采取这样的行动，啊哟，后来我一直在克制自己，绝对不能被情绪影响。（百合）

既然没有选择跳下去的路，既然活下来，你就得好好坚强地活下去。我不会撒泼耍赖，我在人面前从来不会那样，我还要保持我的尊严，我还要工作呢，有的时候就想，活下来太难，但是就觉得又没有理由就那么去走。我就有这么一个概念，我觉得，开始我爱人老是埋怨我的时候，我跟他说，我绝对不会去埋怨你，我还要感谢你，我说，你跟我共同拥有了和教育了一个这么好的孩子，让我永远想起来，我满满地都是女儿，那个美好、善良、阳光，她带给我内心的东西，很丰富，很让我感到，我绝对不会让我女儿在天之灵感到，因为她的离去，她的父母生活在这样相互埋怨，痛不欲生的境地。（百合）

医学发展到今天，不是万能的，我这么来劝自己，医学还不能做到挽救每一个生命，后来我冷静下来，理智下来去想这个问题，你要是当时不冷静，要是做了错事，造成伤害更大。（兰花）

我呢，就是说，我在我最痛苦的时候，能够走出来，能够想办法走出来，主动走出来，还是跟学点哲学有点关系，我上学的时候，就有哲学的东西，就是说，你不能左右什么。我没有赖别人，但是，我当时想，我必须认命，虽然我不是有神论者，但是我不能和命运抗争，我自己都左右不了，我还能左右别人吗，不能左右我婆婆对我好一点，我不能左右我老公，你别这样，给我买件新衣服，我左右不了，他就是那么想的，我必须认命，但是我不能堕落，我必须从这个环境走出来。（映山红）

想开点吧，该治的我也给他治了。小时候，想要什么给什么，联想的电脑也给弄了，都宠他啊，遭罪啊，治不好也得治的，现在想开了，现在没事，该吃吃了，该看看了，短了，没辙，就这么想。只能接受这个事实。接受吧。当父母的也给看了，看不好，没有辙。自己突然间得了，你说怎么办，如果他小的时候，我就再生一个，脐带血救他，但是现在他那么老大啊，救不了。（牵牛花）

我这辈子，我就说我自己，我太苦了，但是人家说，你说你太苦了，人家说，有人有比你还苦的呢，是不是？有的人，一家子都不行了，有的是呢，听天由命嘛，自己把自己身体调理好了，多做点好事就好了，活得就是舒畅点……我在残联工作也有感触啊，你瞅瞅人家还不如我们的，我们得好好活着。（玫瑰）

我就自己要往开了想，我就当啊，他们（女儿和丈夫）旅游去了、出差去了，都不在家。他们平时也都不在，尽出差去。……我自己想，我可别哭，我要是死了，嘎嘣一下，那幸福了，万一要是不死，或者弄得，傻傻的，谁管啊，到那时候，可就真瞎啦。……后来，我就说我要打起精神来啊，后来人家说，你不像啊，快70的人，我今年66岁了。（梅花）

（四）意义达成

孩子离世之后，大部分人失去了生活的目标、希望和意义，他们需要重新找寻。然而找寻目标的过程不是一蹴而就的，而是一个漫长的探索过程，在我的受访者中，有的已经找到了新的意义，有的还在路上。

> 我从疯狂购物，到玩命工作，我觉得我还不对，还不是理性走出来，一旦失去了这个工作，怎么办，你工作，你不能永远做，没有止境啊，你还得打开另一个圈子，工作没有止境，工作没有了怎么办？我觉得公益，走公益的这条路。没有人在要求你什么，你也不要求什么，你就走这个路，我的微博是什么，热心于公益事业，我为什么这么写，我就是想要失独的人看到这一点。你应该走公益的这条路。（桔梗）

百合也是，她经历了疯狂工作，完成女儿遗愿，最终才确定了加入种树的公益组织。

> 这几年走过来，四年的公益路，也让我心胸更宽广。其实我的内心里面，找到了一种寄托，其实，当种树之后，我就觉得啊，当一棵棵树成长起来的时候，我心里觉得，它在长大，长成一片绿色，我就会在绿荫中，看到我女儿的笑脸。你说那是女儿曾经想做的事情，她看到她的母亲在做，她的母亲活得这么坚强。她会欣慰的（抽泣）。

风信子以孩子的名义成立抑郁症宣传与防治的基金会。

> 10月25日，这个日子对于风信子来说格外沉重。2011年的这一天，是这位母亲痛不欲生的一天，她失去了自己心爱的儿子。2012年的这一天，又是这位母亲涅槃的一天，她创立的公益基金会正式成立。这是她以公益的方式，对儿子尚未完成的使命的延续，对生命另一重意义的开启。（某媒体对风信子的报道）

三叶草在孩子离开之后，开始练习瑜伽，参加长跑。我们见面之前，她刚参加香港乐施会举办的毅行活动，她的博文《走完一百公里才懂得——成为2013乐施毅行者的历程》记录了这次跑步的经历和感受。

> 瑜伽：我后来《练瑜伽》，练瑜伽呢，我也特别认真，不仅仅是身体的，我读《瑜伽经》。《瑜伽经》是真的我读了很多遍。但是《瑜伽经》呢，它是有他们的文字也有解读，非常好，文字也非常好，内容也非常好，特别有智慧。那个时候，我在这上面也下了一些功夫。我

那个时候还给人讲瑜伽。

跑步：11 月 17 日凌晨，距出发 40 小时 30 分，我走完了人生第一个 100 公里。

到元朗终点时已是凌晨。出乎意料的是没有趴下，没有受伤，没有激动，连炫耀和显摆的心也没有，莫名其妙地失语。我知道，自己的心（heart），或是头脑（mind），或是精神（spirit）——始终说不清这三者是一回事或不是一回事，被彻底震住了。

应该说，我是被"自己"震住了。这里的"我"不是"自己"。我是我，自己是自己。哪一个是精神之我或自己；哪一个是肉身之我或自己，有些模糊，"我"中有"自己"，"自己"中有"我"。

我确实不知道自己能走下 100 公里，能爬那么多山，能在进还是退的嘀咕中进；能在睡还是走的挣扎中走；能在绝望的台阶前抬腿。神奇的是，散了架的身子能自动组装起来；还有言笑，还有高歌。在群山环抱的土地上环顾仰望，情不自禁："真不可思议！真伟大！所有的山上都有我们的足迹。"天地悠悠，这山和人，大和小，远和近，永恒和一瞬，是怎样依存又彼此映照的啊？

以前写《跑步对我意味着什么》："我想，世上有两种人：一种是跑过马拉松的人；一种是没跑过马拉松的人。"现在我要说：世上有两种人，一种是一口气儿走过百公里山路的人，一种是没有一口气儿走过百公里山路的人。早就关注那些超级马拉松跑者，他们是非凡的健将，是英雄，高不可攀。而我不是。乐施毅行者大多和我一样普通。这是它的魅力和震人之处。

兰花也说自己一天的生活挺满的。她虽然没有做什么惊天动地的大事，但是她在小事中充实自己，寻找意义。

退休以后，我当了一个最大的官，我给自己送了一个绰号，叫作"门长"，我其实真的不愿意当，他们非要我当，就这些事情，就把时间都占了。门长的职责就是把你负责的几户家庭情况了解得一清二楚，比如出租户，几口人，出生年月，身份证号，全部登记清楚，家底了解，每年收点这费那费，有点啥事情，门灯坏了，有什么问题，联络人修，等等，乱七八糟的。

我们街道还有一个畅谈舒心社，畅谈舒心社是一些老人家一起吧，拟定一些题目，国家大事的看法啊，对自己心理的调节，方方面面的吧，各方面的认识和看法，有一个主题发言，大伙去畅谈一些。每个人都有份，一年 12 个月，每个人都有一个设定的主题，我就是谈的心理调节。

家园每个星期也来，没有特殊情况，各种班，我参加了，钢琴班（见图 5 - 1），活动虽然不频繁，但是要回家练习练习，星期二唱歌、书法；星期三摄影。说句俗话，在里面娱乐娱乐，开开心，这个家园给我带来挺多舒心。

另外，家里还有好多活呢，买菜、做饭、收拾收拾屋子、洗洗衣服，这些活儿，你也得干。

图 5 - 1　兰花弹钢琴

映山红是比较特殊的，在女儿离开之后，和丈夫离了婚，也没有回到娘家，后来甚至辞掉了工作，搬离了原来的住所，到北京的近郊、河北各地走走看看，最终因为一群流浪狗，而停驻在房山，也正是因为这群流浪狗的安置，她又不得不常常搬家，在房山各地流动。她选择了隐居和流浪般的生活。

我自己瞎玩了一阵子，又开始学东西，又开始打扮自己了，班呢，也上了，但是觉得没有味道。这个味道指的是什么呢，那个话怎么说呢，是觉得这么下去，自己没有价值，体现不了自己的人生价值，所以我才办了内退了，走向社会吧，到社会上去走一走，去看一看，找好自己的位置，感觉人生是什么样的。我就走出社会，到各个地方去溜达，这看看，那看看，看出不少东西。

我女儿死了以后，我在这里待不下去，我就到房山租房子了，我住的周围，大部分都是租房子的。房山大面积开发了嘛，满大街的狗，扔的狗，到处都是狗，那时候我都没有捡过，看着挺可怜的，狗满大街找原来的主人，追追这个，追追那个，有时候，往路上一蹲，东张西望，看看哪个是他的主人，特别可怜。我自己本身有狗，这些流浪狗就找上门来，家里的狗如果不讨厌它，能接纳它，我就给口吃的，狗就留下了。就久而久之，就这样了。现在我还有 10 多只流浪狗呢，加上我自己的狗，有 20 多只。多的时候，有 30 ~ 40 只呢。我是 2006 年开始养狗的……现在还能走得动，一切都能够自理，就这样呗，先这样养着吧……

（五）小结与讨论

意义中心应对是失独父母采用的第二个重要的应对方式，本书的研究结果显示，失独父母采用的意义中心应对具体内容包括：生命追问（为什么发生？为什么是我?)，益处找寻，认知重评，意义达成。这一结果符合 Park 的意义中心应对理论（Park，2010）和 Neimeyer 的意义重建理论。对生命进行追问，实际就是去理解情境意义，将人生视为无常的，实际就是改变全局意义；找寻死亡的益处，实际就是改变情境意义。Neimeyer 将意义重建视为丧亲者面临的中心历程（Neimeyer，2000），他认为死亡会挑战一个人的世界观以及自我认同，丧亲者必须面对如"我的人生究竟有什么意义、逝者的人生有何意义"等问题（Keesee，Currier，& Neimeyer，2008）。Neimeyer 提出意义重建的过程的三个主要机制包括：意义理解（sense making）、益处寻求（benefit finding）以及身份认同变化（identity change）（Gillies，Neimeyer，2006）。这与我们的研究结果一致。意义关乎存在性的议题，如果失独父母没有重新找寻到意义，就很难有活下去的动力和源泉。它可以和情绪应对同时使用，但是如果能够寻找到意义，实现意义达成，情绪自然会得到改善。这是人们生存下去最大的动力。尽管意义重建如此重要，但这的确是一个漫长而又困难重重的过程，个体之间存在非常大的差异性。凡是能够生存下来，他总是或多或少地在寻找意义。

三、宗教应对

宗教应对是指个体在面临压力事件或者情境时，对源自个体所信宗教的认知和行为技术的使用（Tix & Frazier，1998）。在我的受访者中，总共有5位有明确的宗教信仰：有3位皈依佛教的，分别是风信子、蜡梅和向日葵；风信子和蜡梅在孩子离世前也信佛，但是她们告诉我，这件事让她们更加深刻领悟佛教的教义，从信佛转变成学佛。向日葵是孩子离世之后皈依的。另外，还有2名是基督徒，都是孩子离世后开始信仰的。一名是三叶草，三叶草目前还只是一名慕道友；另一名是牡丹，已经受洗成为正式的基督徒。对她们的资料进行分析可以发现，宗教对她们的哀伤平复历程起了非常重要的积极作用。此外，在我的受访者中，虽然许多受访者并没有明确的宗教信仰，却也采用了许多宗教的应对方式。另外，民间信仰也有体现。

（一）死亡归因

在孩子离世之后，父母在脑子里会自动追问很多为什么。为什么孩子会走？为什么孩子这么年轻就走了？为什么我没有做坏事，会遭此厄运？而作为宗教信仰者，她们可以从佛教和基督教的教义中寻找到相应的解释。

1. 人生无常

在对待孩子为什么会离世的问题上，向日葵按照佛教解释为：人生是无常的，没有规律可循。

> 师父给我讲了很多道理，告诉我人生无常，特别是我家出了这个事情之后，我真的感受到人生真的是很无常的，孩子本来是我们希望，应该给我们养老送终的，结果我们白发人送黑发人。你说这怎么解释？学佛之后，师父也跟我们反复讲，让我们自己去参悟：人生无常。（向日葵）

2. 缘起缘灭

佛说，缘起缘灭，缘聚缘散。一切聚合离散都是因缘和合。对于孩子为什么这么年轻就走了，风信子、向日葵、蜡梅都认同佛教里面的说法，人的寿命都是有定数的，亲子的缘分都是有时间限制的，这个是先定的。

> 事情发生就这么着吧，无可挽回的，走就走吧，让他走吧。他也不留恋社会，他留恋也没有用，他的寿命到了。你和他就这么大的缘分。他就让我进佛门，让我去探索人生的究竟，他是他，你是你，母子缘分，不是永久的，不是永久的，就这一生，你就珍惜吧，朋友什么的，珍惜吧。你的寿命不在你手里。从佛教上讲，他跟我就只有30年的缘分，老话讲了，我欠他30年的债。（向日葵）

> 风信子，找到寺院的一个大师父，大师父说，他（儿子）跟你们的缘分只有28年，他是来报答你们的。他跟你们只有28年的缘分，多待一天都待不了。他的任务已经完成了。

> 佛法讲的，世间你来这一程，一个就是缘，就是缘来，缘散，就是这个。你可能跟很多的众生都结过这种父母兄妹这方面的缘，只是，咱们就是在这个轮回当中，一世一世的，你迷，你迷在其中，不觉悟，你就痛苦。（蜡梅）

3. 因缘果报

对于厄运为什么会发生在自己身上，她们也会理解成因果。这个因果不是一时一世的，而是生生世世的。

> 我们当中有这个结果，可能我们无数的前世，有罪恶的东西，今生现报了，但是我们不知道啊。（向日葵）

> 风信子：师父，我有很多不惑，你可以帮我解解吗？
> 师父：你说说看。
> 风信子：可以说我和他爸爸都是很善良的，我们没有做什么坏事，我很自信，我这辈子很善良，没有做过伤害人的事。为什么厄运会发生在我们头上呢？
> 师父：你不能这么想，你应该想，这是你们祖辈积攒几代的福德，才让你们拥有这么好的一个儿子。

4. 上帝挑选优秀的孩子

基督徒对于死亡归因和佛教徒不同。牡丹会解释为一切都是上帝的安排，这是上帝的美意，上帝是挑选优秀的孩子召回。

通过信仰基督教，我知道一切都是上帝的安排，我知道上帝赐给我一个好儿子，这就够了。虽然上帝把他接走了，但是没有让他痛苦（意外离世，没有受过多的病痛折磨）。我儿子，上帝特别爱他。我就怀疑是不是上帝早就安排下来了，他要拣选，他要拣选优秀的。（牡丹）

我最亲爱的儿子你还好吗……你听得到吧……你现在有了一双圣翼……那是圣主（上帝）赐予你前世的肯定……我看得到感受得到……它圣洁无瑕，每一片羽毛都是远在世界这头的祝福……我们每个人都有一双翅膀……都是上帝待定的实习天使……所以我们都不曾展翼于世……然而……你是这般杰出的圣使……上帝认可了你……便把你聘回……你的离去让妈妈和爸爸无法承受……可现在……我们都明白了……是因为你的心灵犹如圣水般的晶莹剔透……所以你才是最适合天使这职位的人……于是你提前胜任了……你重要的责任是从现在才开始的……（牡丹博文）

从上面的结果，我们可以看到，一方面宗教教义帮助人们找到孩子年纪轻轻就离世的解释，能够促进失独者对于死亡事件的接纳与面对；另一方面，这其中还含有许多积极转化的思想，从孩子的离世中找到意义和价值。

（二）智慧领悟

由于信仰某一个宗教，学习宗教教义，会获得许多人生的领悟，这些宗教的智慧和领悟能够提供给失独者许多应对生活中各种变化和挑战的资源，比如，积极的认知方式及心态。而这种积极的认知方式及心态能够很好地帮助其丧亲后适应。

1. 放下我执

丧子之痛是极其剧烈又让人难以接受的，蜡梅、向日葵、风信子通过领悟佛教智慧，学习到世间一切烦恼的根源都在于执着，慢慢地去学会放下我执，臣服于命运。

我通过学习交流，对人生很多事情，有了更多认识。人生真的是很无常的，接受吧！当你少放点"我"，你的心胸就坦荡了。（向日葵）

我就真是慢慢地趋于佛法的这个智慧，真是慢慢地平复了很多。现在我真是觉得看开了很多，看淡了很多世间的这种东西。就跟佛法讲的"凡所有相，皆是虚妄，一切有为法，如梦幻泡影，如露亦如电，应作如是观"（《金刚经》），世间的爱恨情仇，你执着，你就是痛苦。而实际上，我现在就感觉，我的孩子以一种更高能量，更高层面的生命，存在于宇宙当中，只是我这个肉眼凡胎，世间的凡夫俗子看不到，但是我觉得我跟他是共存于一个时空当中。好像我能在任何情况能感受到他，他能在那种情形下安慰我、宽慰我，而且祝福我。我想我好，他也会感到很安慰。我很好，他很高兴。如果我再这么痛苦下去，执着下去，拔不出来，我觉得对他还是伤，他会觉得很不安。所以我就觉得人嘛，对任何一个事情不要过于执着。凡人凡夫，就是没办法，总是迷在其中嘛。你得破迷、破执，你得把它都放下。（蜡梅）

其实我现在想通透了，包括我儿子走，我现在叫臣服于命运，这是我的命，每个人都有自己命运。我就是臣服，这就是命运给我的安排，我臣服，臣服得就像我领旨。就跟佛祖给了我这个命，你给了我这个使命，我臣服，我接了，我还做好，就够了……不叫认命，认命是消极的……臣服带有一种理解，是一种领悟，一种看透，看透以后，你该怎么做，了无牵挂……现在我连舍不得我都慢慢地放下了。（风信子）

2. 随喜众生

随喜，也是佛教用语，只因为他人的欢喜而欢喜。有了随喜的心态，就不会纠结敏感，看到别人快乐的时候，就不会那么痛苦了。向日葵提到对于失独者而言，有许多痛苦点，看到周围的人提到孩子，会牵扯他们的伤痛。但是有了随喜的心态，就更加容易度过。

我们有好多关卡，第一关是听说人家找朋友，第二关是结婚，第三关是有孩子，当了爷爷，当了奶奶，一开始真的是不爱听，后面硬着头皮也在听，后来一听一听，也觉得挺好的。我们信佛之人讲究随喜嘛，随着别人的缘分，人家高兴，我就随着别人的高兴。吃东西，比如修佛的人，你吃素吧，但是有人吃肉，得了，你们吃肉，我吃素就行了，但是如果你躲开，大家都不高兴，下次还叫不叫你啊？随喜嘛，我捡那个没有肉的吃就完了嘛，不纠结嘛，随缘嘛，随顺众生嘛。不执着。不会将我和群体隔开，更好地融入这个群体，融入众生。人家孩子高兴，人家的幸福，你就当成自己的幸福得了，你听着了，你就为别人高兴，替别人高兴，自己也欢乐吧，就这么想吧，我是从这个角度考虑的，跟大家相处的时候，我就随缘，随顺众生，就是跟大家一样。（向日葵）

3. 积善行德

在孩子离世之后，许多失独者人生意义陷落，失去了目标和方向，为了不断丰厚孩子生命的价值和自己生命的意义，他们吸收了佛教的教义，在其中获得启迪。

向日葵认为要想从痛苦中解脱就必须要做善事。

> 我意识到应该更多积善，还有就是慢慢地看透自己，发现自己很多缺陷。我想了解，我希望我的人生能够解脱。我解脱的途径是什么？解脱途径，我们要做善事，要发无量心。（向日葵）

风信子虽然一直信佛，但是她说现在已经与过去大不相同，现在是从信佛转变到了学佛，过去是索取，现在是要付出。

> 我以前信佛，我就保佑我儿子，事业顺顺利利，家里平平安安，我总是在求。现在我是在学佛，我那时候是在拜佛，信佛。我现在是学佛，信佛是你要保佑我，学佛是要学佛的慈悲、智慧，佛是给予、付出、发大愿、发善愿。地藏王菩萨、观音菩萨都是普度众生，对不对？（风信子）

4. 圣经转化智慧

牡丹是在孩子离世之后开始信仰基督教的，在这个过程中，她读《圣经》，领悟《圣经》中的智慧，帮助自己慢慢接受孩子的离世这一残酷的现实，变得豁达。《圣经》语言中包含很多接纳、感恩的心态与智慧，还有很多积极转化的思想。这对于缓解丧亲后的痛苦是非常有利的。

> 儿子走了之后，我就开始看《圣经》，如饥似渴地学，领会神的意思。《圣经》有些话特别深奥，比如，它说如果有人打你的左脸，你要把你的右脸伸过去。当时我就特别不理解这句话，我说什么意思，难

道我要让他左右开弓打我吗？这些语言值得你好好体会。现在，我似乎理解了这些话的深意。（牡丹）

真言有一个，虚空，什么都是虚空。《圣经》里叫虚空，佛教里叫空，他就说实际上人活着就是跟命运抗争，只要活着的人是很累的。我是经历过幽谷的人，可以说孩子的这个事情，我就像是死过一次的人。而现在我走了十年，走到今天，我问牧师，牧师是这么跟我解释的，上帝给你的担子一定他知道你能够承受的，如果你承受不了，他不会加给你。就是说我只要能走过来，就是上帝知道我能承受。《圣经》里有一句话，我觉得特别好，就是一天的难一天当就够了，不要为明天忧虑。神说的这句话。因为《圣经》是神启示的，人写的，所以都是来自神的一种灵感。（牡丹）

不管上帝给你多大的磨难，最后上帝还是会给你一个祝福。就是用基督教来说，很多磨难实际上是上帝化了妆的祝福。（牡丹）

总的来说，我觉得我儿子这个生命，特别奇妙，特别美好，特别仁慈，他就是一个不同凡响的人。从这个意义上，我真的觉得，上帝给我够多了，给我这样一个人，我因为是他的妈妈，才能近距离地感知这些东西。（三叶草）

儿子他自由畅快的人生，恰如他笔下的人物："得到上帝的宠爱，在疾病中升华、活明白了，圆满地完成了人生的旅程，也就是提前完成任务。"（三叶草博文）

（三）　来世探索

在孩子离世之后，很多父母都会思考人到底有没有灵魂？真的是人死了就什么都没有了吗？人到底有没有来世？孩子死后身体没有了，灵魂去了哪里？他们过得好不好？从本研究结果可以看到，几位父母都会借助各种方式了解孩子来世的去向，当父母借助宗教知道了孩子来世安好，这对于父母则是莫大的安慰。

1. 轮回转世

几位佛教徒也都提到了轮回转世。通过询问通灵者和高僧大德了解孩子下一世去了哪里。

那次我找了一个通灵的，说得很准。我去了，后来群里还有两个人去找她。她说的也挺让我安慰的。你告诉她儿子的名字，出生年月，什么时候走的，你就不用说别的了。她就是一入定之后就跟你说你儿子长得是什么样，是不是颧骨有点高什么什么的。我说是，是，她说得真对。她就说你儿子现在挺好的，我看不到他现在在哪一界，但是他看着挺好，他好像在一个社团里面，有点大学生的社团那样，他在那边好像负责什么小事务，事务，反正挺好的。（蜡梅）

我到美国见到一个大师，他说，你儿子已经上天了，他在天上。他说我儿子前两世就是和尚。（风信子）

2. 回到上帝怀抱

基督教认为上帝创造了世界，孩子离去，只不过是又回到了天堂，回到了上帝的怀抱中。

你是这般杰出的圣使……上帝认可了你……便把你聘回……（牡丹）

（四）仪式运用

每个宗教都规定许多的仪式，佛教中有超度、念经，基督教中有祷告。宗教仪式有许多重要的心理功能。

1. 超度、念经、打坐

很多父母会按照佛教仪式给孩子超度。继续表达对孩子的关爱，除了在佛寺里面给孩子超度之外，回到家中也常常会念超度经，希望孩子能够远离地狱，到达西方净土。

我们每逢七都给他做超度，他的头七，我们在西安法门寺做过，后面，在上海龙华寺做过，在广州的大华寺做过。他走了之后，我拜访了很多大师。师父叫我们回去要不停地念超度经。要给他助力。他会越走越好。于是，我们回去逢七，就给孩子超度。（风信子）

我儿子也有福分的，青海庙里面有一尊佛，一年打开一次，我师父把我儿子名单给那边的师父说了，打开，放进去了，一般人没有这份福分的。我儿子走之后，头七，我在白云观给他做的，做了一个七……我信佛，祭日、生日，我都到庙里去给他念经，给他超度。（向日葵）

除此之外，平日里，蜡梅、向日葵都会在家里念经、打坐，用各种方式修行，静心。向日葵还在家里供曼扎（曼扎翻译成中文是供养之意，每个修行人都要靠福报。佛陀传授了许多种积集资粮的方法，但其中能在短时间内最快速累积资粮的方法就是供曼扎）（见图5-2）。

我现在打坐，我真是挺舒服的，有时候每天都打打坐。很快能静下来，一切都没有杂念挺舒服。我早上起来念念经，半个小时。晚上有时候《大悲咒》，睡前持诵《大悲咒》，然后再接着打坐，半个小时，每天早晚都半个小时。只要是打完坐之后，一闭上眼，就阿弥陀佛，阿弥陀佛。两组、两组、念着念着就睡着了。就是真正的什么都没有了，什么都没有了，眼前就是阿弥陀佛四个字，就是摄住你的六根。要摄住你的六根，六尘（六根，佛教用语，指包括眼、耳、鼻、舌、身、意；眼所见者为色尘，耳所听者为声尘，鼻所嗅者为香尘，舌所尝者为味尘，身所觉者为触尘，意所分别者为法尘，此为六尘）。

图5-2 向日葵家中的曼扎

2. 祷告

基督徒最基本的宗教仪式就是祷告，牡丹每周都要去家庭教会读《圣经》，祷告。生活当中，遇到很多事情的时候，她会祷告。

那天我大哭一场，哭完以后我就向上帝祷告，真的，我就慢慢慢慢祷告，后来我发现我好像又好了一些……十年了，走到今天，我感觉很不容易。（牡丹）

由于信仰一个宗教，失独者能够获得宗教团体的支持，如师父的支持，感受到上帝的爱，得到牧师、兄弟姊妹、教友信众的支持。

> 机缘巧合，师父来北京，在我家住了 4 个月，我跟着他修行。人家说，你走了个儿子，来了个师父。当然，师父和儿子不能比，但是真是的，师父很重要，师父在这里我都不知道累，早上 7 点到 9 点，学习一个单元，中午 1 点半到 4 点半，我们又学习一个单元，晚上，7 点到 9 点，又是一个单元。这都是一种缘分嘛，走了之后，这是我儿子给我送来的。（向日葵）

> 我说上帝怎么给我安排这么多的环节，这么多功课，这么难，让我去面对，你说我怎么才能去战胜这些呢？后来我跟上帝祷告，我也跟我们那些弟兄姊妹发信息，让他们告诉我怎么跟上帝去说这些事，他们说那你只能是祷告，只能是把你这些要求都跟上帝提出来。（牡丹）

（五）小结与讨论

宗教是人们应对丧失的重要资源，研究显示，部分失独父母采用了宗教应对，具体表现在以下五个方面：死亡归因（人生无常、缘起缘灭、因缘果报、上帝挑选优秀的孩子）；智慧领悟（放下我执，随喜众生，积善行德，圣经转化智慧）；来世探索（轮回转世，回到上帝怀抱）；仪式运用（超度、念经、打坐、祷告）；宗教团体支持。宗教是丧亲者哀伤平复历程中的积极资源，能够帮助丧亲者在痛苦的生命经验中找寻意义；协助他们放弃旧的价值观，寻找新的意义资源；获得心灵的告慰以及内心平静；并且通过和个体之外力量的联结，获得更多力量和支持。宗教应对和意义中心应对存在一定的重叠，那是因为，有宗教信仰背景的人，可以利用宗教教义，在其帮助下进行意义建构和益处寻求。

在过去的心理学研究领域，宗教没有得到过多的关注，在中国心理学研究尤其如此，一方面，可能是由于宗教问题具有一定敏感性；另一方面，就是因为宗教这样的术语包含太多的主观意义不容易被定义，导致行为科学家们对于灵性健康相关的研究绕道而行。这无疑是一个缺憾，许多早期的心理学家，如弗洛伊德、霍尔、荣格、马斯洛等人都强调了宗教和灵性对于全面了解个体的重要性（Gebauer，Sedikides，& Neberich，2012）。宗教本质上是一种社会心理现象，个体的宗教信念和行为影响人的认知和情绪（Loewenthal，MacLeod，Goldblatt，Lubitsh，& Valentine，2000）。越来越多的研究表明宗教在帮助人们应对心理疾病、减轻情绪痛苦方面发挥了积极作用（Bradshaw，Ellison，& Marcum，2010）。宗教在心理健康方面的预防性和保护性的作用逐渐得到认可（Sibley & Bulbulia，2012）。

宗教的功能体现在哪里呢？从本书的研究结果来看，对死亡的归因，给失独父母提供了孩子离世的解释和意义；来世探索，让父母和孩子能够产生联结感，能够安慰父母，缓解分离焦虑；宗教的智慧能够提供许多积极的认知资源，能够用积极适应性的认知替代令人痛苦的认知；宗教仪式也能够调节情绪，让他们心情更加平静，同时他们也通过仪式表达对孩子的爱，宗教团体（教友、上帝、僧人师父、牧师）的支持也是一种非常重要的社会支持系统，能够帮助失独者与个体之外的甚至更高的力量（高僧大佛、上帝）进行联结，促进社会融合和丧亲适应。这与 Pargament 的总结一致。Pargament 等人（2000）基于前人理论和研究，总结了宗教的五个功能。第一，宗教提供意义。在面对痛苦的生命经历时，宗教为人们理解和诠释提供了框架。在基督教的信仰中，面对痛苦的信徒可能会在信仰之内寻找到这样的意义：把事件作为上帝帮助其成长的试炼；认为是魔鬼的工作；或者将其看作上帝的惩罚。第二，宗教提供控制。面对无法用自身的资源应对的事情时，宗教提供了多种能够获得掌控感的途径。基督教认为上帝掌管一切，因此当个体无力掌控外部环境和诸多因素时，仍然可以在这位全能的神这里得到安全感。第三，宗教提供安慰。经典的弗洛伊德观点认为，宗教之所以出现，是为了减少人们对当下所生活的这个容易被灾难摧毁的世界的留恋，因而在面对重大创伤时人们的盼望不至于完全被摧毁。同时，基督教信仰中对于天堂的期待是把人们的眼光从现世转移到来世（afterlife），从而在痛苦中给人希望（Corveleyn，Luyten，& Dezutter，2013）。第四，宗教提供亲密。宗教为在其中的个体提供了社会身份，有利于促进团体内的一致和团结。基督教教义中的"爱人如己"强调信徒之间的彼此联结，来自教会成员的支持在经历重大生活事件时是个体社会支持中的重要来源之一（Loewenthal et al.，2000）。第五，宗教帮助个体实现生活过渡，换句话说，放弃过去的价值观，为找到新的意义提供依据和源头。

本书的研究结果揭示了一个非常有意思的现象，尽管许多国人并没有明确的宗教信仰，却有很多工具性的宗教行为。

四、重新联结

在上一章，我们看到失独事件对于失独父母关系系统的影响，造成许多关系的断裂和变化。由于孩子离开，使得失独者许多联结断裂了。资料的分析显示，丧失之后，失独父母通过各种方式重新与外界建立联结，努力恢复联结感。因为人就活在关系之中，没有了关系，没有了联结，人也失去意义感。

（一）与逝者联结

与逝者的联结在目前的研究中，有专门的术语描述，叫作"持续性联结"（continuing bonds）（Field & Filanosky，2009；Field & Friedrichs，2004；Field，et al.，2003；Field，et al.，2005）。本书研究结果显示，失独父母与逝者通过各种方式保持联结。

1. 看见逝者

由于对孩子的过分思念，好几位研究参与者在孩子离世之后，会再度感受看到了逝者或者再次听到逝者的声音。尤其是在孩子刚刚离开不久的一段时间，这样的情况常常会发生。在丧失刚刚发生的一段时间，甚至有失独者被误诊为"精神分裂症"，服用了抗精神病性的药物。

> 想让自己走出来，不是那么容易的事情，经过好几年，可以说是三年的时间……在这之前是不行的，总是有幻觉，好像看到了什么，好像跟自己孩子有关系的，看到这些东西，自己就特别疑惑，好像总是看到她跟我说什么。看医生呢，医生说我有幻觉，受刺激了，说严重了就是精神分裂，那个时候，就是这样的，还给开了一些药。（映山红）

还有受访者经常在路上认错人，错把别人当成自己的子女。

> 有一次，我看到一个女孩子，穿着一个志愿者的衣服。我就恍惚了，我觉得那就是我女儿，她在前面跑，我在后面叫，我追到食堂门口、她回头说，你是在叫我吗？她回头那一刹那，我就意识到，那不

是女儿，我就忍不住大哭起来。她说，阿姨，你有事吗？我说没有，没有，阿姨认错人了。（哭泣）（百合）

2. 整理与保留遗物

许多父母在孩子离开之后，会认真整理孩子生前的一些物品，在整理物品的过程中，回忆孩子，感受孩子。

> 他走了之后，你说我怎么走出来的？就是一年内，我拼命地整理他的东西。（风信子）

整理好了孩子的所有物之后，很多父母会将其收藏起来，想念孩子的时候，就拿出来看看，但是也有的人，会将其尘封起来，不敢拿出来看，怕触及伤心的事情。

> 我们孩子所有的作文我都给他留着呢。那会儿连看都不敢看。这几年逐渐好一点，起码拿出孩子照片看一看。其实我今天还拿着他的照片呢，那天我是给我的同事，拿来给他们看，他们也说这孩子真是挺可惜的。别的事情我也没有做，就是从他一岁开始每年多留点照片，从一岁一直攒到十几、十一二岁……十一岁得的这个病。我想做一本影集，作为收藏。（海棠）
>
> 我把照片都拿出来了，原来就想把一些孩子照片扫描，我还专门买一个扫描仪，把照片扫进去，放在书里作为插图，这书不就成型了嘛！可是，看不下去，太苦了。我们家孩子的东西很多很多，这个抽屉里都是他的东西。我们孩子小时候作文什么都写得很好。（玉兰）
>
> 我家里满屋子都是孩子的大照片。（三叶草）

在受访者中，有两名母亲并没有在孩子离世时安葬孩子的骨灰，海棠一直到今天都把孩子的骨灰放在家里。

> 到现在我孩子的骨灰我都没有勇气去给它安葬。还在我家放着呢。不是瞒你们，确实是没有那个什么（勇气）。我老说等孩子大点，让他跟我一块儿。过年的时候，因为孩子的骨灰不是在家么，陪他坐一会（哭泣）。我老是觉得给他搁到荒郊野外去我有点受不了，这他起码在家里陪着我，我老是这种感觉，就比如阴天下雨打雷什么的，突然就想起来，噢，孩子在家里。要是孩子在墓地，我肯定放心不下，我肯

定要过去的。（海棠）

> 我孩子骨灰盒一直都没有下葬，让她跟着我，我带着她，我上哪儿她就上哪儿，我一直带着，带了五年。（映山红）

在孩子去世多年之后，许多父母仍然保留原来孩子的房间及摆设，即便是换了房子，也会留出一间作为孩子的卧室，并精心布置房间。想念孩子的时候，可能会到孩子房间里面待会儿。郁金香和百合到现在还保留着孩子的房间。

3. 祭奠与纪念

一般来说，每年孩子的生日、祭日和春节的时候，父母都会去墓地上坟。此外，在中国民间传统祭祀节日，如清明节、中元节、寒衣节，父母们会按照许多民间祭礼祭奠孩子。

> 我烧纸钱，烧冥币，烧衣服什么的。真的衣服也烧过，不多，我是宁信其有，不信其无，我也不知道人死后有没有灵魂，但是我就是……寄托一个哀思。我就说不管有没有，只要是传统的一些说法提到的我就去做，比如放河灯啊什么的，我全都去做。（郁金香）

> 我们（失独父母群体）老去看孩子，清明，他的忌日、生日，还比如说七月十五是中元节，我们就一块儿去。那天我们就在后海放河灯，然后十月初一我们又去送寒衣。这些我们开始都不懂，我们孩子头七、三七都不会。那会儿就是孩子喜欢什么，我们就送什么。我们大家想方设法纪念孩子，其实就是对自己的一种安慰吧。（玉兰）

很多父母会按照中国民间的葬礼仪式给孩子烧七或超度。除了在佛寺里面给孩子超度之外，回到家中也常常会念超度经，希望孩子能够远离地狱，到达西方净土。

> 我们每逢七都给他做超度，他的头七，我们在西安法门寺做过，后面，在上海龙华寺做过，在广州的大华寺做过。他走了之后，我拜访了很多大师。师父叫我们回去要不停地念超度经。要给他助力。他会越走越好。于是，我们回去逢七，就给孩子超度。（风信子）

> 我儿子也有福分的，青海庙里面有一尊佛，一年打开一次，我师父把我儿子名单给那边的师父说了，打开，放进去了，一般人没有这份福分的。我儿子走之后，头七，我在白云观给他做的，做了一个

七……我信佛，祭日、生日，我都到庙里去给他念经，给他超度。（向日葵）

许多失独父母虽然不是佛教徒，但是也会尝试给孩子超度，比如郁金香。

这不是这个月1号的时候我们该立牌位了，大家（同命人）一起去立牌位。立生死牌位，做超度，其实，我不信教，但是我就是宁信其有，不信其无。我去八大处超度。超度就是到那儿立牌位，然后写上她的生辰八字、名字，然后都在佛堂里贴着。（郁金香）

许多父母亲，书写祭文、诔文，书写了许多寄托哀思的书信、诗歌。比如玉兰就在孩子离世4周年的时候，写了一篇诔文。三叶草也在孩子离世的当天晚上书写了祭文（出于对研究参与者信息的保护，在此不列出诔文和祭文的详细内容）。

在我的受访者中，还有多位为纪念孩子出版图书，郁金香在女儿走后6年的时候，将她给女儿写的所有书信集结成书，2006年出版；梧桐本身就是一名作家，他更是以自己真实丧子历程为背景，写了一本长篇小说；桔梗也正在筹划一本纪念孩子的书，现已经付梓，内容是多年来在孩子的祭日里面给孩子写的信（出于对研究参与者信息的保护，在此不列出图书的名字和图片信息）。

在儿子离开后，风信子花了很多心思，采访了很多生前认识孩子的亲友、老师、同学。最终给儿子制作了一本纪念册，取名叫作《天使人生》。在这本纪念册中，有这样一段话："时间无涯，每一个纯真的灵魂都是天使。你不过是在飞过人间时被这片美景所吸引，稍作停留，而这一瞬间便是千秋。就让我们驻足你留下的美好时光里，摩挲着记忆中的吉光片羽，把它们轻轻拾起，拼成衣服优美的画卷，而你，正在这画里。"

网上纪念馆就是在网络上创建故人空间，形成以逝者为主题的个人纪念馆空间。网上纪念馆还包含有逝者的生平资料和祭奠平台。失独父母当中有一批人在网络上开设了网上纪念馆。比如，玉兰、郁金香，她们直到孩子去世数年还是保持着每天上网留言、给孩子送饭、送花的习惯。

因为我不太会电脑，后来我就学习建了纪念馆。我每天上网做图片，给我闺女做好多图片。我就老想等我再老眼睛也不行我就做不了

图片了。所以我现在做图片我就重复地用吧，我做图片都有上千张了，就是把图片写上我想说的话。（郁金香）

　　我在网上认识的郁金香，我不是给儿子建纪念馆了嘛。我一建纪念馆以后，这个纪念馆互相之间能串，别人就来了，一看都是给孩子建的。（玉兰）

许多父母会在孩子离世之后回到一些与孩子有关的地点和场景中去，以此纪念和感受孩子。

　　我今年 7 月份，围着他走的路线，我又走了一遍。（风信子）

4. 梦的联结

在举办完葬礼之后，好几个亲友都梦到了儿子，唯独风信子没有梦到，风信子非常困惑，询问了一位僧人。

　　当天从墓地回来，我说今天晚上儿子今晚肯定要回来。我就早早地睡下了，但是我一直没有梦到他。我问为什么我一直没有梦到他？……有天晚上，到了 11 点的时候，我的眼睛就打架了，撑都撑不住，倒在床上就睡着了……这天晚上我就做了一个好长的梦，儿子终于来到了我的梦里。（风信子）

孩子的去世，让父母有许多困惑，许多父母认为梦境是孩子的托梦，这是孩子给自己解惑。

　　有些事情真的就闹不清楚，就是后来她走了之后，一七、二七、三七，我不停地在做梦。（郁金香）

风信子给我讲述了她的好多梦，她说，她在现实世界做的事情，都是和孩子在梦中的约定。

她在一篇博文《梦中的约定》当中，她记录了自己的梦境和现实。

蜡梅告诉我，孩子突然离开之后，她连续做了七个梦，她就是依靠这七个梦走出来的。

　　所以就从孩子走了以后，很神奇，连续做了七个梦，就是一个过程，就是在我痛不欲生的这个过程，一个梦一个梦，就让我觉得，哎哟，我孩子非常好，真是挺好的。（蜡梅）

> 走了之后他给我们托梦，他很快乐，他跟他爸爸说，我过得挺好的，别着急。（向日葵）

百合在女儿离世之后，就开始了种树之旅，她作为绿色志愿者，参加了几年干旱地区种树的活动。她说她的想法也是受到女儿梦中的鼓励。

> 女儿走了之后，我很悲伤，可是我的梦中不停出现，草原啊，森林啊，花啊，给我送来了很多美好的景象。我感觉肯定是女儿给我托梦呢。有一年春节前，我做了一个梦：过春节，我听到了汽车响，有人送来了一盆花到院子里面，有一盆是白花，还有雪花，还有粉色的的花，还有梅花；雪花，晶莹剔透，梅花，就像一个个的小笑脸，特别美。我就觉得肯定是我女儿送来的，远处就能听见她的笑声。后来，老有这些展现的时候，我就突然感觉到，好像是女儿在提醒我什么。

郁金香非常渴望能够梦到女儿，下面是她记录在天堂纪念馆中的一个梦境的内容。

> 昨天你来到了我的梦里。梦中的你大约在五岁左右，我们一家三口去郊区度周末，那是一个美丽的小山村。在那里，我们爬山、采摘、野餐，玩得非常快乐。……孩子，你走了九年多了，你究竟在哪里？你是已经轮回了？还是继续留在了天堂里？你是不是很想妈妈？你是不是很想回家？……请你在今晚的梦中告诉我。（郁金香）

5. 内在化联结

内在化联结是使用逝者的心理表征（mental representation）作为安全庇护所，如将逝者作为道德模范来指引自己的人生道路等，强调心理的接近。失独父母会通过多种方式与孩子进行内在化联结。

好几个受访者提到，虽然自己知道孩子已经离开了，但是在他们的内心中，孩子似乎从来没有走，一直跟自己在一起，在梦中，在生活中，他们感到自己现在做的很多事情，都有孩子的参与，孩子给了自己勇气和力量。

> 我之所以，可以这样说，是特例，我现在这样，能够做这种事情，这是特例，这一切，不是我一个人在做，包括我现在的精神状态，比以前好多了，都是他（儿子）给我注入力量。（风信子）

> 我第一个10000米都是想着和儿子在一起的时候跑的。我自己特别

注重仪式感，生日啊，祭日啊，我得跑 10000 米，我刚开始还在一个学校的操场里面，我每跑一圈我都喊一声。跑 25 圈才是 10000 米。我跑马拉松特累的时候，我会念叨他。他会给我力量。我是这么想的，而且我所到之处，我觉得我都带着他。（三叶草）

这些离开的孩子，许多都是非常优秀、善良、独特的好孩子，天妒英才，在他们离开之后，父母们更加体会到孩子的好。他们留下的美好，流淌到父母的心里，父母常常觉得受到了孩子的道德引领，会内化和认同孩子的价值观。

我的儿子一直把人生看得很开，他经常开导我，你比如说，我很较真吧，他说妈妈你不要那么较真，我有时候说，你这个要做好，你这个事情，要争取，他说，妈妈你很功利。他对名利都不在意，他说，人就是要快乐，要活在当下。他走了之后，我为什么能过来，实际上是他的一些话，一直在引领着我。他生前就跟我说过很多，很有哲理的话，原来我没有感触，当他走了之后，他的这些话，我就一直在想，他在引领着我。（风信子）

我们互为老师，真的，我从他们那里学到了好多东西。……孩子们在 push（推动）家长要进步。所以，我要活出他希望我活出的样子。（三叶草）

孩子走了之后，我拼命整理孩子的东西，发现孩子在电脑里面给我留了很多话。我就是依靠孩子留下来的话，走出来的。其中有一句话是说："珍惜当下的健康，享受今后每一个阳光的日子。幸福正在来的路上。"（桔梗）

你的儿女都有这个境界，你作为他们的母亲，你就觉得自己特别渺小，你再不努力，就更加不行了。我的女儿给我增加了很多正能量，觉得自己好像挺有力量，好像能够去做更多的事情。（百合）

许多父母在孩子离开后，非常痛苦，但是他们也领悟到孩子如果在的话，不希望自己这样，他们想到孩子对自己的期望，努力地按照孩子期望的样子去生活。

我的女儿特别美好，心灵特别美好，特别阳光，内心特别善良，非常善良。非常爱大自然，从小我们叫她，大自然的女儿。我种树就

是因为我的女儿。（百合）

> 你知道，你是我的世界。失去你，妈妈多么难过。但是，亲爱的孩子，妈妈一定如你所愿，活出你希望的样子。……我后来问我的朋友，我说，假如儿子还在的话，他会满意我现在吗，他们说，会的，他肯定想不到他妈妈，现在能够跑马拉松。（三叶草）

父母会关心孩子生前的兴趣，做一些孩子感兴趣的事情，比如，三叶草的儿子是一位少年诗人，三叶草同样非常关注诗歌，经常写诗。风信子的儿子爱看足球，孩子离世之后，风信子开始关注足球比赛。

> 你终于看到了，鲁尼等一批你无比喜爱的球星的激情竞赛。人生天地间，你忽如远行客。不论你走多远，妈妈仍活着你的活，爱着你的爱！（风信子博文）

孩子走之后，许多父母会尽可能完成孩子生前的一些愿望。

> 女儿给我托梦，说要个什么裙子，我女儿，很喜欢中国文化，就要什么旗袍裙。那段时间，我除了出勤，我就是去找裙子，我到现在都留着这些裙子，我姐姐看到我买不到，就给我做。（百合）

父母会通过各种方式与孩子对话，海棠说，孩子骨灰一直在家里，她会偶然对着孩子的骨灰说说话。还有的父母亲会通过写信、写日记的方式和孩子对话，郁金香出版的图书大部分是给女儿写的信。也有的是在心中和孩子对话。百合也有通过书写记录女儿生平，给女儿写信寄托哀思的习惯。

> 女儿走了以后，我心中的苦闷无处诉说，我就一直在写，跟女儿在对话，隔几天就写，一直在和孩子对话，把我所有的心理活动，我都要讲给她听，把我所有的梦，我都要讲给她听（哭泣）。（百合）

（二）与同命人联结

失独群体在我国是一个特殊的群体，由于一些政策历史的原因，这个人群庞大，由于他们失去了孩子，很多时候，他们并不愿意和其他正常的家庭在一起，因为怕触及敏感的话题，他们更愿意与和自己有类似经历的人在一起，这样说话的时候可以无所顾忌，彼此也更加懂得彼此的心理。

他们自己用的一个词叫作"抱团取暖"，他们抱团取暖有各种途径。早些年发生这些事情，多数人选择自己闷在家里，慢慢有了网络，学习了网络之后，失独者开始相互联络，彼此慰藉。通过研究，了解到他们群聚抱团的途径有以下几种：有的是通过街道下属的心灵家园；有的是一些民间组织和团体，比如网络 QQ 群、微信群。

1. 心灵家园

2007 年国家发布了《关于印发全国独生子女伤残死亡家庭扶助制度试点方案的通知》，北京市加快实施了安康计划、暖心计划，体现了对"失独"家庭老有所养、病有所医政策上的关怀。"十二五"期间，北京市在 16 个区（县）建立心灵家园基地，为失独的特殊"空巢老人"提供活动交流的场所和贴心服务。在这样的背景下，许多区县街道成立了心灵家园，许多失独父母口里的"家园"就是指这个。我所研究的就是其中一个。这里所有的成员都是失独者。机构成立于 2009 年 5 月 25 日。表 5 - 2 显示了该活动室从成立以来，每年进入的成员人数以及年龄分布。

表 5 - 2　某心灵家园 2010—2015 年成员人数及年龄分布

年份	总户数（人）	总人数（人）	80 ~ 89 岁	70 ~ 79 岁	60 ~ 69 岁	50 ~ 59 岁	48 ~ 49 岁
2010 年	57	84	0（0%）	18（21.4%）	25（29.8%）	39（46.4%）	0（0%）
2011 年	67	98	2（2.0%）	19（19.4%）	26（26.5%）	53（54.1%）	0（0%）
2012 年	71	101	2（2.0%）	21（20.8%）	27（26.7%）	48（47.5%）	3（3.0%）
2013 年	75	102	4（3.92%）	17（16.6%）	33（32.4%）	45（44.1%）	3（2.94%）
2014 年	81	112	4（3.57%）	22（19.64%）	38（33.92%）	46（41.07%）	2（1.78%）
2015 年	92	128	9（7.03%）	17（13.3%）	42（32.81%）	58（45.31%）	2（1.56%）

我特别喜欢上家园来，唱歌，跳舞，我们玩去，看到美景，我们摄影，甭管照得怎么样，但是看到景色比较美，心情也会比较舒畅，大家坐在一块儿聊天，比较有帮助，能够缓解一下孤独感。成立一个家园，上级重视，对我们比较关心，对我们也是一个安慰。（兰花）

幸亏这里有个家园啊，还能散散心啊，有这个家园一天日子过得挺快的，要是没有这个家园都不知道该怎么办呢？还真是幸亏有这个家园啊，看着不起眼啊，给我们的日子，打发过了，生活稍微有点乐趣，有点事情干。（松树）

有这个家园，我觉得挺开心的，我能参加活动，就来参加，只要时间上能够弄得开。我昨天到这里，大字都写完了，见个面吧，最后剩下几个人，聊聊天，和这些人见一面也是好的。（映山红）

到家园，我能跟大家说到一块儿，比如这个小田，我俩出去旅游，我俩经历差不多，她也是一个人，我们在一起，挺好的。不涉及什么，你们家孩子多大了，我们不爱听了，还有人说，32了，结婚了吗？结了，没有呢。我们之间就不涉及这个问题。（桃花）

2. 民间团体与 QQ 群

上海星星港关爱服务中心（以下简称"星星港"）是全国第一家为丧子家庭或个人提供精神援助和心理危机干预的公益组织。"星星港"成立于2005 年 9 月，经上海市青浦区民政局注册登记，属民办非企业单位。许多失独者会上网查询是否有同命人，一查就会查到"星星港"，很多北京的父母表示去过上海，联系"星星港"的妈妈，虽然在异地不方便天天一起活动，但是他们一直保持着联络。

其他的妈妈，此前我接触的一些，那些"星星港"的妈妈们。（三叶草）

上海还有一个"星星港"，让我去看看，我就赶紧去看了，其实挺痛苦，群体的人，都在一起，我有时候，就在网上看看，流流泪，找找共同的感觉。（百合）

我就参加咱们这一失独群，还有一个什么62年的虎，开心俱乐部，他们叫我加进去了，在群里面聊聊天。（海棠）

此外，许多失独者为了网络联系方便，会建立 QQ 群：

你说过年回自己父母家，你说没父母了上哪去啊，过年我们都跟大姐（丁香）在一起，我妹妹还说上我那去，我都不去，人家有孩子，有家了你说人家在那块儿，咱这跟人家在一起，多别扭啊。（丁香将房子给另一个失独父亲住，他这样说。）

3. 天堂纪念馆

天堂纪念馆的功能除了可以哀悼逝者之外，同命人之间可以互相串，给对方的孩子送饭、送菜、送祝福，也有社交网络的功能。

建馆之后，以后最先认识的是上海的一个叫岚岚妈妈的，后来她爸爸妈妈来看我女儿来了，给留的言……

我在网上认识的郁金香，我不是给孩子建纪念馆了嘛。我一建纪念馆以后，这个纪念馆互相之间能串，别人就来了，一看是孩子，他们就说，说我们也是。

4. 集中反映问题

失独群体通过各种途径群集之后，有部分人觉察到，这不仅仅是一个个人事件，跟国家政策有关，于是一些人组织起来，提出自己的诉求。他们的诉求主要表现在养老、临终、看病这些方面。有的人提出了建立独立的养老院，因为他们不能接受和正常的人一起养老，但是也有人并不同意。该群体本身存在一定异质性。本书没有直接访谈到那些参与的失独者。但是访谈的时候他们都提出了自己在养老、临终和疾病问题上的担心和观点。

养老的问题不敢想。第一次听到"失独"这么个名词呢，其实时间也不长，有一次，在广播里听到人家说"失独者"，我还觉得人家是大舌头呢，失足者念错了，后面我在想，这个广播员怎么这么大舌头呢，过后，在报纸上看到，我才知道是说我们呢。我就想着种树，把树种好，种不动了，就做相关的事情。不想养老啊，养什么老啊，最好是得了一个很急的病死了，就算了。（百合）

将来怎么办呢？将来有事情求谁去啊？现在都在努力呢。将来，搞一个药，一死，完了，不要拖累别人。死了得了。我打算捐献我的遗体，把能用的都捐了。（枫树）

曾经有一次我骨折过，我还一瘸一拐的，实际一照片子，骨折，肿得跟大包子似的，必须打石膏，你现在能够凑合儿走两步，但是打了石膏之后，就硬了，医生说，叫你孩子来接你吧。我说我找谁去啊，我能跟你说吗，我失独者啊，我没法说啊，我不好讲啊，得了，我把脑袋低下来。（兰花）

我们也有忧虑啊，老人啊，上医院，交费，上医院，这个检查，那个检查，我们也是很忧虑的。（向日葵）

其实咱们说一句不那什么的话，说实在就是在他临终那一刻。你比如我现在就这样的感觉，如果我有孩子我就不用考虑，我将来这，

就是你的身后事谁给你处理，大多数像我们这样的家长都是考虑这个问题。（海棠）

过一天算一天吧，将来老了之后怎么办啊？你现在没有病没有灾，没有事情，将来老了，走不动的时候怎么办？人早晚有一天走不动的时候，需要人照顾的时候，怎么办？我们说，咱俩谁先走谁幸福，谁后走谁倒霉，谁受罪。走了一个，剩下那个怎么办啊？将来你说我们两个怎么办啊，我们有一个动换不了，还能凑合，走了一个还剩一个，动换不了，那怎么办呢？没法弄，想都不敢想。我只能过一天混一天吧。（松树）

嘎嘣一下子死了，就给收尸，儿女再不孝，也要给收尸啊。我们这怎么办？这个病，就一点点填病。我就想啊，别去想啊，最好啊，到时候得一个病，然后嘎嘣一下，死了得了，就别腻腻歪歪的。（梅花）

我觉得这块挺艰难的，尤其是到 60 岁以后，我们越来越孤独，我们越来越觉得没希望，这个时候我觉得是特别需要帮助的。因为我看我们街道一到过年过节去我们家慰问，说阿姨您要什么帮助吗？我说我现在什么都不需要，因为我现在不空虚，我还有工作。我说我们最难的时候是 60 岁以后，身体也不行了，然后也没有工作了。那时候呢，他就更孤独更寂寞，那个时候我觉得特别需要人，比如说经常陪我们聊聊天啊，能帮我们，让我们觉得生活还有希望。（海棠）

（三）与他人联结

虽然许多失独者切断了许多旧的关系，但是这件事之后，也有许多人开始建立新的与外界的联结，在自己情绪不好的时候，也经常寻求人际支持。

1. 配偶的支持

孩子走了，伴侣之间的支持就变得特别重要了。虽然有的失独后失婚，但是也有失独母亲在离婚之后，再婚了，再婚的伴侣对自己的支持很大。

孩子走了之后，我再婚了。这并不是一开始计划的。我现在的先生，他对我的帮助很大，他使得我的生活完全改变了。他让我改变成，

我不是 A（某著名经济学家）的研究助手，B（孩子的名字）的妈妈，我是我自己。这跟他的激励有非常大的关系。（三叶草）

他（丈夫）不是很能讲话的，反正他就知道，你不好受，我就领你出去遛弯儿去，他有时候给我买一些书，你不用说，他就给你提溜来了，他的关心到了，他不太爱说。主要是，陪着你，就这样。这能够很大程度上缓解你的孤独感，不能百分之百，但是还是很大程度上。（兰花）

2. 朋友和同事的支持

在这个过程中，也有同事、朋友主动提供支持，陪伴他们走过。

奥运会结束以后，我就觉得，我快崩溃了，我觉得，我没有意义活下去了，女儿心愿也完成了，我也不知道怎么办，我给我两个同事打电话，我说，我不知道我有没有动力活下去，我不知道我活着干什么呢，我同事就说，你这样不对，不对。后来，有一个年轻的同事，过来了，他说阿姨，你怎么能这么想呢，你不能这么想。孩子刚走的时候，我的同事特别好，如果没有这些同事啊，特别撑不住的时候，他们来帮一把。我最难受的那段岁月，好在我有一个年轻的同事，一个男孩，他知道我这个情况之后，他老是来主动来安慰我，一个大男孩，我内心的苦楚也向他诉说过不少，如果真的不说的话，我肯定也要崩溃的。（百合）

我就去学了一些东西，在学校里头，认识一些同学，认识人以后，交流就多一些，觉得挺好的，觉得挺高兴的。就觉得这么着也挺好的，让自己能够充实起来，这样思想就不会那么狭隘了，不会老是去想家里那些不痛快的事情。（映山红）

我上房山，在那边，认识了一些信徒，信基督教，信佛啊，跟他们在一起很开心，我们就聚在一个人家里，吃喝啊，什么的，上几个小时班，轮流着，你炒菜，我炒菜，大家吃吃喝喝，洗刷，大家聊聊天，我觉得挺好的，那些人，谁不问谁，那些人都不问，顶多就问以前的职业，这些人很自觉，这些人，明事理，现在我们也会通话。不去打听彼此的隐私，我觉得这个特别可贵。不像当地老百姓，老想刨根问底，这些人谁都不问谁的过去。（映山红）

　　在我生活当中，我走出来呢，有一个值得提的人，是我在兵团里面的一个男同事。我这个同事，在我精神上，给我很多支持。在我最最困难的时候，陪伴我。我一开始觉得我怎么这么倒霉，遇到我丈夫这样的人，但是后来我遇到了我同事，对我百分之百。他就相当于一个伴侣，他说他媳妇不好，我说不好，你也别，你该怎样怎样，我这里不忙，我就叫他回老家。他不愿意回去啊。他在我这里，也不为了钱，有时候买卖不好了，给的钱少，他从来不说。身体好的时候，他什么都不让我干，做饭都是他。原来我伙计在的时候，什么都是伙计做，伙计也是，特别好，你说我命不好，我命也挺好的。我身边有对我特别好的人，我走出来，跟他有特别大的关系，他没有让我断篇，注意力给我转移了，我比别人更容易走出来。情感上，我个人认为，不是夫妻关系，甚是夫妻关系，他反正对我是百分之百，他对我比对他媳妇还好，我对他呢就是一般，我觉得我跟他是一个同志之间的关系，比同事之间更亲密点。（桃花）

（四）与动物联结

　　然而，在我研究的过程中，我发现我的好几个受访者都养着宠物，映山红甚至养了许多流浪狗，是流浪狗的妈妈。我发现，她们和动物之间建立了深刻的情感联结。

　　愿意住在这，是因为我还有一个狗，后来丢了；丢了之后，我姑娘同学给我拿这只狗，我说不要不要，受不了这个。她说我本来也不想让你养，但是后来想想，还是养吧，你又不上外头跟人聊天，老在屋里待着，到时候憋坏了，她说弄一个狗，你跟着狗转转。这个小狗狗特别乖，谁抱都行。对啊，我从那家出来，我就给它搁在沙发上，我说，我一会出去啊，待会儿回来哈，它就呜呜转。原来是博美，这个是约克夏。我这个叫作亚瑟。原来的那个狗，给丢了，取了亚瑟这个名字，后来丢了，这个狗就还用原来的名字。

　　原来那个狗怎么丢的呢？我的脚疼，脚后跟疼，实在没有办法，我说让我弟弟晚上下班，帮我遛狗吧，遛了三个月了，天天拴着，金融街北京银行，人家说，你放开就行了，它天天都玩，都有两个月了，可是有一天，没了。那么多人帮着找啊，急得我，八岁半啊，小胡子啊。挺好看的，但是其实我是帮它加工的，帮它美容啊。急得我啊，我都急得住院了。后来我姑娘的同学非得给我又弄来一只，我说我受不了这个刺激，我说赶紧拿走吧。我说不养狗的人理解不了，我自己有病我都不看，它有病了，我得给看去。你说说，她非得给我搁在这里，四个月，就这么一点，小黑球似的。我是真的不应该养狗，我不是喘吗，医生说我不能养狗，可是我舍不得……（梅花）

这个狗啊，你跟它说话，它都明白。我有时候要出去，我说走，它就活蹦乱跳，我说今天不能带它，它知道不跟着我，就是老老实实的，坐在这里。就有时候你得跟它说话。你要跟它把道理讲清楚，都明白，它叫 Lucky，我现在又给他找了一个伴儿，女狗，Nini，你看，Nini 多好，抱在手上就像婴儿一样，好乖好乖。（风信子）

我的狗狗叫欢欢。这狗是个吉娃娃。这个狗狗有个绝活，会唱田震的《野花》。有人叫它上电视。没有教它就会唱歌，手机里面就有田震的歌，老这么放着，就学会了。嗷嗷嗷叫唤。只对那一首歌，前面后面都不接，只接这一段。特别有意思。养动物，这都是好心眼的人，这种对他们好的人，都有好报。我一听这个捡流浪狗、流浪猫的都是好心眼的人。我一天就唱唱歌，遛遛狗。（玫瑰）

可以这样说，当那个房东咔咔地去铲那些流浪狗的时候，我一下子就哭了，因为我觉得，这些小狗就是我的孩子，他们这样，我特别心疼，我就是把这些小狗当成了我的孩子，我说它们一个小畜生，你们铲它干什么。反正我养这些狗，没有人待见，没有人理解。我觉得人类对小动物太不公平了，小动物是整体的一个称呼啊，动物对人类的一个贡献，不仅是给孤独的人做一个陪伴，在医学上科研上，都做出了重大的贡献，我觉得人要善待这些小动物。我原来做食品行业，就经常用动物做实验，我们收留这些动物，不忍心把它卖给别人，实际上和我这个经历有特别大的关系，可怜是一方面，我觉得我好像在赎罪一样。我为什么这样做啊？我说是赎罪，人类对狗这个动物太不好了，狗起的作用，是几千年的，起的作用非常大，现在这个狗从最初的跟随人类，狩猎，最初帮助人类，提供肉食，在人最初的没有食物的时候，完了，后来又发展到，主动培养一些狗，为了人的享受、需要，培养各种各样的，宠物狗，为自己服务、娱乐，到了医学发展到一定程度的时候，人家，又开始做动物实验，提取血清啊，做什么抗体啊，都需要狗的参加。所以说呢，家人跟我说，你能不能不养狗了，回来吧。但是关键是在城市没有一个地方养这些狗，乡村也是这样的，都不允许，老是搬家。一直往村里搬家。人家给我打电话，说，你那里怎么这么乱啊，我说没法不乱了。东边是高速，北边是大马路，南边是电站，西边是租赁场，我就在中间，一小旮旯地方。能不乱吗？这些狗也给我带来了好多快乐，是啊，就是说，一看这个狗啊，我什么都忘记了，很可爱，这个狗啊，是特别忠诚的，看你不高兴了，也能够逗你，眼睛老是盯着你，看你是高兴还是不高兴，它要是想你帮助它的时候，它会碰你一下，碰你一下。（映山红）

（五）与环境联结

环境包括自然环境和社会环境，失独父母与环境联结的方式主要是通过旅游，许多QQ群每年都会组织非常多的旅游活动，从北京近郊，到国内游，再到国际游。之前，我提到旅游可以转移注意力，其实旅游还有很多好处，置身于大自然中或者社会中，也能够重新恢复联结感。

玉兰旅游，写了好多游记，她曾经跟几个朋友一起（整体取了一个笔名）把这些游记出了书（见图 5-3），还有一次，她写的游记获得了携程的奖，她非常兴奋。分享旅行游记，很多人留言，这也是一种联结。

我去过英国、西班牙、葡萄牙，然后就是瑞士、奥地利、德国、意大利，什么这些都去过。这是欧洲的第一次，第一次去欧洲。美国去了两次，美国东海，美国沿加拿大转了一圈，我们是自己开车。我们出去旅游，我们就写游记，写完游记第一次我们还出了一本书。还是你们师大给出版的，还是北师大的，它是北师大出版社给我们出的。看这是第一次。我们一个笔名，鹏程。每次旅游回来以后，我就在网上写，随便地发到网上。然后正好携程网有一个免费游美国，叫你发游记，你写一个参加它那个征文，然后就给它参加了。我就发了几篇，然后他们过几天就给我打个电话说，你是不是参加携程加油站的那个什么了？我说是的，他说你得了个大奖，他说8000元给我报一个来回的机票。（玉兰）

图 5 – 3　玉兰和朋友编写的旅行攻略

国内啊，南方，南方挺好的，风景好点。去过地方不少啊，九寨沟、丽江、大理，都去了。去年又去了大三峡、小三峡、神农架，全都去了，有时候自驾游，有的时候报团，省心。一般都报团。平常也没有事情，就去郊区爬爬山啊。……收获挺大的，心情好了，看人家厦门，觉得和我们挺亲的，和台湾，也挺亲的，和一些远距离的人，也似乎有了联系。(牵牛花)

（六）与自我联结

丧失的痛苦，有时候会让人不知道自己是谁，会损伤一个人的自我认同，所以，除了和外界的联结之外，还需要和自己联结。和自己联结的方式有很多，独处、照顾自己、打扮自己、禅修及瑜伽等。独处可能被理解成自我封闭，也可能是积极独处，有时候，在经历了这么重大的丧失之后，作为父母亲，需要一个安全的时间和空间，表达自己对孩子的哀思，哀悼孩子，回忆孩子的生平。

1. 独处

我就一个人在家，他们就都说这样你一个人在家不成。我说我绝对行，我说我不希望有人打扰。谁过来劝都没用，我就一个人在家里头，开始就是把孩子所有东西整理整理，回忆回忆那什么。后来我就不停地干活，反正在家……主要是这一个月是我一直在医院陪着，就是一宿不睡觉，太疲劳了。所以我在家是为了调整我的状态好上班。（海棠）

2. 打扮

我也穿戴穿戴，偶尔也美美容，一个星期也去美容院一趟，办了一张卡，那时候，小孩子打扮也不错。因为什么呢？原来在那个家庭时候，我父亲这辈子就不让我们张扬，就压制我们，穿高跟鞋，烫发，什么都不让，牛仔裤都不让穿；结婚嫁这个家庭也是这样，老公呢，生怕你惹事，不许买新衣服，那时候我穿的都是什么啊，都是在摊子上去做衣服穿，都是对襟的衣服，做的都是中式的衣服；单位上班呢，工作需要，单位都穿西装，回家穿自己的便装，对襟的那种，中式的衣裳。家里面比较呆板，不开化，比较保守，完了，旧观念还挺强的，多年的媳妇熬成婆了，她可算作婆婆了，明白吧，是这样的，她还要训练媳妇，她就是说什么呢，回来晚了不行，回来之后，一切活儿都是你的，休息真是，活都是我的也是应该，休息日一点闲工夫都没有，上午下午洗一天，上午晒下午洗，就这样，穿戴不可能，金戒指耳环连耳朵眼儿都没有，买个项链，高跟皮鞋都是不可能的事情，那时候流行呢子大衣，绝对不允许，挺压抑的，过去的老妇女，就是那样的，所以就是，啊呀，从那里头走出来了，离开这个家庭就轻松了。（映山红）

3. 禅修及瑜伽

现在过年我就是去禅修营。（风信子）

我一直在练瑜伽，这个东西是个好东西。我后来练瑜伽，练瑜伽呢，我也特别认真，不仅仅是身体的，我读《瑜伽经》。《瑜伽经》是真的我读了很多遍。但是《瑜伽经》呢，它是有他们的文字也有解读，非常好，文字也非常好，内容也非常好，特别有智慧。那么我在读《瑜伽经》的时候，我才知道，这个身体的，它有九肢，这个只是它的一部分，它还有其他的一些戒律。所以，你只是通过身体来联结，它就是一个结合。瑜伽就是注重这样的结合，结合身心灵。所以那个时候，我在这上面也下了一些功夫。它又不是宗教，它只是个联结。然后，我那个时候还给人讲瑜伽。（三叶草）

（七） 小结与讨论

失独父母采用各种各样的方法去应对失独后的影响，其中的一些方法，我和他们一起将其建构解释为重新联结，具体包括与逝者联结（看见逝者，整理与保留遗物，祭奠与纪念，梦的联结，内在化联结）；与同命人联结（心灵家园，民间团体与 QQ 群，天堂纪念馆，集中反映问题）；与他人联结（配偶的支持，朋友和同事的支持）；与动物联结；与环境联结；与自我联结（独处，打扮，禅修及瑜伽）。因为失独事件打破了他们原有的联结，他们需要重新建立联结，才能重新找到意义。之前断裂的影响圈，虽然再也不可能完全恢复到事件没有发生时的样子，但是，他们在一点点缝补，这个圈子里面有孩子，有同命人，还有一些其他的重要他人和亲友，最重要的是有自己。

五、创伤后成长

失独父母在不断应对失独事件带来的影响时，一方面，如前面的结果显示，他们会出现一些身心的症状；另一方面，也有许多人表现出了创伤后的成长。我将"开花""长树"隐喻他们的成长，这是对痛苦的一种转化和升华。他们的成长表现在以下几个方面。

（一） 公益利他

许多失独父母在经历这样的人生痛苦之后，变得更加利他，常常帮助别人。有的人，是在生活中的小事上帮助别人。

> 我对周围人很善良，人家有困难，我尽量帮助她。有力所能及的事情，我都愿意帮助别人。（野蔷薇）
>
> 我也说不好，反正不仅仅是在家园，在家园外面，帮助别人，也会感觉不错，不是说送人玫瑰，留有余香嘛。就是这么个意思吧。反正你做好事，总比不做要强一些。（兰花）
>
> 我意识到应该更多积善，还有就是慢慢地看透自己，发现自己很多缺陷。我就觉得，当你少放点"我"，你的心胸就坦荡了。我解脱的途径是什么？解脱途径，我们要做善事，我们心嘛，要发无量心。就

为众生，为别人，别人好了，你就好了，我希望众生都没有痛苦，我不就好了吗，世界没有战乱，我们就没有战乱了；世界没有平静，我本人就没有平静。（向日葵）

有的是热心公益事业，桔梗提到自己认为解脱之道就是做公益。

我资助了好多人，有孤儿，有大学生。

（1）孤儿：有一次发生了海啸，有很多孩子无家可归，很可怜。我和丈夫去就去听那个公益宣传，发现在场的决定要收养的父母都非常有实力，自己的条件在其中可能是最差的。叔叔听不下去了，就离开了，我留了下来，说，我在这里面条件不是最优秀的，但是我会用爱去关照孩子。没想到最终我的申请通过了，我资助了一个泰国孩子，我给他取了一个中国名字叫作"郇丹"，意思为不要孤单。那段时间，我们俩很开心，带着孩子在北京各个地方玩，给孩子买衣服，最后走的时候还给孩子 2000 元钱。

（2）资助大学生：之前我养了一只狗，有几个大学生非常喜欢我家里的狗，每次都开逗狗狗开心，时间长了就熟悉了，有时候她们会把狗抱回去玩儿，我去接狗的时候，看到她们几个小姑娘住在那么小的地方，外地人，在这边上学也不容易，就喊她们来家里吃饭，给她们买买东西。就这样的我资助了好多。这几个小孩到现在还跟我们联系。

（3）给灾区捐款：你说现在社会上哪里有灾难，汶川地震，党员要捐款，我不是为了证书，我给捐了 2000 元钱。地震也好，什么也好，咱们要首当其冲，咱们要回报社会。当时有记者采访我，我说，我当初得到了社会的资助，我说回报社会是我一生的承诺。我可能现在做不到，但是有能力了，我一定会做到的。（桔梗）

三叶草在孩子走了之后，有人通过博客等途径找到她，她也陪伴了很多丧子家庭。

我真的陪伴了很多很多人，有的人不告诉她的姓名，各种各样情况都有。有的孩子死了都不告诉别人，她说我是搬家呢还是怎么呢？她是个会计，我就会说，如果你觉得搬家对你更舒服，你就搬家，如果你觉得这样好，你就这样吧。你就跟着她说，没有多么正确的道理。

没有放之四海而皆准的条条，我实际上做了很多辅导，我还考了心理咨询师。（三叶草）

我觉得要在现实生活中承担责任，我就是越来越多地参与，这种公益的事情啊。最近啊，业主维权啊，特别艰辛。我觉得做好事是一个安慰。因为，我觉得，我觉得确实，真的只有给予，才是最终让人获得满足的，获得平衡的，失丧本身就是好大的缺失，生命的失丧用什么都是弥补不来的，用物质啊，钱啊，都弥补不了，只有是用付出，觉得自己有价值，觉得有意义，觉得被人需要，才能弥补一些缺失。（三叶草）

梅花也是支持希望工程，捐助了物资。

后来，又过了一年了，我就跟我们姑娘同事说，他们单位淘汰下来电脑，我说要不买旧的，给那些孩子（希望工程贫困孩子）送去。我花钱买，给他们送去，后来没有弄成，但是天这么冷，我就想买棉袄去，后来他们说，你能不能歇会啊，你跟抽了风似的。我那时候就是不过了，我就觉得，我只要把这个钱都弄出去，我心里就好受了。我心里就舒坦了。（梅花）

有的干脆就把公益作为余生的事业。在"意义达成"部分提到的，确立了新的目标，大多数也是具有公益性质的。比如，风信子（抑郁症认知宣传）和百合（为沙漠种树）余生的事业就是公益。

（二）优先级改变

在失去孩子之后，失独者的价值观和生活优先级发生了很大的变化，原来的目标是赚钱、养家，现在金钱变得不重要了，他们重视亲情，珍视生命。

1. 看淡物质

真觉得你现在给我撂个 500 万元，我都没兴趣，我觉得没有欲望，我觉得要它都没用。就那种感觉。（海棠）

现在没有那个精神头了，我那口子没了之后，我就想，"神马都是浮云"，什么房子，钱啊，都是次要的，身体是最重要的。你有多少钱，多少多少资产，身体没有，没有用啊。你蹬腿，说实话都不归你。（玫瑰）

2. 重视亲情

失去了最重要的亲情，更加感知到亲情的弥足珍贵。

我感悟到，亲情是多么重要，即使你觉得太累，也还是要一个（孩子）吧。我经常跟我老伴（再婚的配偶）说，你多幸福你啊，你太美了，我羡慕死你啦，我真的羡慕他，我永远没有了孩子，我体会不到这种福分了，其实，不是要多少钱，不是大包小包的，这种亲情在嘛。两人生活挺好，两人世界是不错，年轻是不错，但是当你慢慢步入老年，步履蹒跚，思维反应慢的时候，有一部分人不后悔，有一部分人必后悔的。我觉得对人生的感悟，第一个就是珍惜生命，这是最主要的，是不是？因为什么，原来我没有认识到，甭管金钱啊，地位啊，全是次要的，当你失掉的时候，你是万般痛苦，就像天塌下来一样。（兰花）

当初他们各家（亲人）都帮助我，现在他们各家如果有什么事情，我首当其冲，我就跟他们说，一个人什么都可以没有，但是不能没有良心。我是大家的，谁需要钱，谁需要什么事情，哪怕我的这件衣服，谁说好，穿着挺好看的，喜欢，大家喜欢，我都可以给你。我什么都可以做到，我现在一切一切我都可以做到，因为我觉得跟生命比起来，只要大家都活着，我别无所求。我对你们，对我哪点不好，哪点不敬，小字辈的，哪点你们想得不周到，我不怨你们，只要你们好好的，什么你们不对的地方我全部能包容。（桔梗）

去年吧，姐姐去世了，说把房子给我，把房子给我，说有个落脚的地方，说天津那里我没有家了，我是天津人，但是我出来了40年，说大家都有家了，我没有，我说我不能要，我要是要了这个房子，我是孤家寡人，我把大家都得罪了，但是如果我没有这个房子，谁都是我家，我到谁那里都可以，姐姐说，我给你也不要吗，我说我不要，如果你们有困难，我还可以给你们。最终我也没有要这个房子。等姐姐去世的时候，我就主张把房子卖了吧，大家都分了吧，这个钱，我也不要，大家说，都说给你，你也要吧，最后大家给我10万块钱，我说，10万块我也不要，我存在一个地方，作为固定资金，谁有事谁花。钱对我来讲不是最重要的，亲情比什么都重要。我就觉得，在我们这个家庭，身临其境，你不要想得特别窄，你想得窄了，你永远都给自

已封闭在那一堆里面。（桔梗）

3. 珍惜生命

他是他，你是你，母子缘分，不是永久的，不是永久的，就这一生，你就珍惜吧，朋友什么的，珍惜吧。（向日葵）

我很多事情就是无所谓，对我来说，很多事情，就是无所谓。人家说，你杨坤的歌听多了，很多都是浮云。钱，浮云，房子，浮云，够吃，够花就行了。不是你的，就不是你的。哪些东西是重要的？就是生命。我每天早上，全身运动一遍，每天活好了最重要，我不会说，多么的苦，多么的惨，这就是命，人不能跟命争论。事情都发生了，已经这样了，再想也没有用，我脑子不往那里钻，对你身体也不好。自己活出质量来。目标，现在想有套房子，我妈妈百年之后，我有自己的房子，遛小狗，高高兴兴的。（玫瑰）

（三）直面死亡

经历了孩子去世的失独者，可谓是经历了大生大死，他们大都在这个历程中重新审视死亡，更加能够直视骄阳了。

我对生死已经无惧无畏了，我去云南，踩着一个湿地。我一上去，就敢跑，我妹妹他们都不敢走，因为对于我来说，我走也好，留也好，都行，走了，就早点去看女儿，他们有家有口，我就无惧无畏。我对生死都看得很淡了。我就想了，谁也别拖累谁，我就想，我这里环境好了，我就找个医院，找个中心，把自己全捐了，能用什么用什么，当然岁数大了，能用的东西很少了。（百合）

我们信佛的人就是时刻准备死亡。你随时准备死亡，就不惧怕死了。对，因为就一吸一呼之间，一口气没了就没了嘛，那谁知道你一口气让你喘多少次啊。你说哎呀什么不忌讳、什么晦气什么的。我说不是说晦气，你越准备，八宝山没准还觉得你不怕死，那你先待着吧！哈哈！中国这一块的教育太弱了，只管生，不管死。生个小孩大家那个高兴啊，一说死了，哎哟，嚯嚯，不能说。年轻人多少走的？刚生下来的夭折的！肚子里死的！随时就给你拿走嘛。这不好说。所以这命就是这样，我这命悬在你那里，你随时拿走。但是我活一天，你给我一天，我就感恩你一天，就该干什么干什么。我时刻准备着！哈哈哈哈，我准备好了，你要我就给你，不要我就好好活着。因为你不知道什么时候！生命就这么脆弱，一生中就这么点生命，你想自己活到几岁？那活到 100 岁，这在人类历史上也就是一瞬间。我们那信佛有人叫"微尘"，我就是一个小微尘，呵呵。（向日葵）

（四）积极的自我认同

失独事件极大地损害了失独父母的自我认同，很长一段时间他们觉得自己是失败者，陷入自责、自罪的情绪，觉得自己一无是处，随着时间的推移，他们不断努力，重新找回自己的价值，自我认同得到了提升。

你现在想不到，我的网站你看到了吗，一年的工夫，你看到了吗？一周年，我们做了启动会，我还做了册子，做了一个纪念他的专题片，你想，我还把基金会成立了，你想才一年时间，很多人死去活来，什么事情做不了，我还成立基金。我一年做了这么多事情。你想想，孩子才走一年，他（丧子父母）是要被人呵护的，我居然做了这么多事情，很多人难以置信，我这个人做事情就是这样。我现在，不会依靠社会，我自己靠我自己，顽强而且是高昂地活着，我不趴下。我就是要正常接触。但是我知道，更多的人，他们已经边缘化了，他们孤苦无依。（风信子）

我现在的先生帮助我，让我能够走过来，我的生活完全改变了。他让我改变成，我不是 A（某著名经济学家）的研究助手，B（孩子的名字）的妈妈，我是我自己。（三叶草）

我确实是，我从来都没有放纵自己，从来我都有责任感，我觉得好多人，他们就可以放纵，比如说，离个婚，就可以允许自己胡闹，喝酒，不管孩子啊，什么的。这个对我是绝对不可以，比如这么大的事情，我第一次见我爸爸，是在儿子的告别会上，我爸见到我说第一句话，说，你怎么办啊，我说爸，我没事啊，我觉得，那我就得撑着，对于姥姥姥爷来说，那是伤心得要死啊，姥姥一到医院病房，在医院就立刻躺平了。啪，就倒了，我就赶紧在医院喊，大夫，赶快救救我妈啊。就等于你顷刻之间全家都崩溃了。都散了。但是，那就得我撑着，只有我好，才行啊，等于全家都得给力吗？哭还不容易吗，躺倒还不容易吗，耍赖还不容易吗？好像我有资格痛苦，有资格犯病，我有资格怎么样，你们都来照顾我，但是我觉得真的是坚强地站着，活着才不容易。

所以孩子的告别上，我穿着旗袍，然后什么的，所以有人说，这个妈妈，儿子没了，还化妆还什么什么的。其实当时是朋友在医院帮我化的妆，你想我在医院，多少天没有睡觉，憔悴得不行，旗袍是朋友逼着我去买的，包括剪头发，原来是长头发。然后，人们一般都有约定俗成的看法，实际上是似是而非的。（三叶草）

我做公益之后，我一直是植树能手，我最能干的，我帮着大姐一直在组织这个植树，除了个别的男士，大多男士还没有种过呢，我特别能种树，我特别快乐做这些事情，其实，我还是不能说快乐，其实我还是没有易大姐做得好，她能够开心地笑出来，我仍然无法开心笑出来，有的人，看到我能笑，说，你太坚强，其实那种笑我不是发自内心地笑，但是我也不能整天哭哭啼啼的，我不是那种人啊，我不能做祥林嫂啊。（百合）

等到这个工作结束的时候，告一段落的时候，有领导来接见我们。我被评为北京市的先进，当时他是对我工作的一个认可，我做到了，我做到了。……我没有那么高的境界说我当作一个事业，没有。但是我当作一个事来做。我做工作，我不管在哪个岗位上，是退休以前还是退休以后，我都有一个概念，就是我这个工作要做，就做的无人可替代。即便有人可替代，也没人可超越。我就要做到这种程度。我从始至终，参加工作也好，还是现在也好，我还没觉得我的工作有人有超越。他们把我的事情继续完整地做好，已经很不错了。我倒不是说我现在就特别骄傲，这么讲。我觉得也值得我骄傲。（桔梗）

现在呢，我确实比原来强了，经历了这么多，自己也知道社会怎么回事了，在地方待了一段时间，知道有的黑暗啊，警匪政匪，你不在地方待个一年两年的，你不知道怎么回事，实际上就是这么回事。你说这个，我刚开始，那几年，我可以说五年之内，最起码三年，我不会笑。现在我肯定不会说，颓废，破罐破摔，不可能，要自己有什么作为不可能了，把自己生活尽量地搞得好一些。（映山红）

（五）灵性觉醒

许多父母在经历生死的劫难之后，开始思考生死和存在，有了灵性的觉醒，有的开始信仰某一种宗教。

风信子虽为佛教徒，但是孩子的事情之后，她说自己由信佛变成了学佛。

> 我自己感到，你只要有这个经历，你就会了解。如果，我家里人都好，儿女都健康，我也不会这样。不是亲历者，没有切肤的痛，没有那种切身的感悟。人啊，只有到了死胡同了，你才跨越式的，你才感觉到，灵性的东西就出来了。
>
> 我以前叫作信佛，我从来不在佛面前求，让我们升官发财，我只是求平平安安，儿子顺顺利利。那时候我认为信仰宗教就是觉得人还是要有敬畏之心。而我现在学佛，学佛和信佛不同的。信佛是你要保佑我，学佛是要学佛的慈悲、智慧，佛是给予、付出、发大愿。
>
> 曾有人跟我说，我们都是带着使命的，只是我们还不知道。现在，像有神灵的指引，这使命似乎越来越清晰，要做什么？该怎么做？渐渐地仿佛已了然于心。

蜡梅也正走在学佛的道路上。

> 我就真是说，真是慢慢理解佛法的这个智慧，真是慢慢平复了我很多。现在我真是觉得看开了很多，我看淡了很多，世间的这种东西。就跟佛法讲的"凡所有相，皆是虚妄，一切有为法，如梦幻泡影，如露亦如电，应作如是观"（《金刚经》）。你这些东西世间的爱恨情仇，你执着，你就是痛苦。而实际上，我现在就感觉，我的孩子以一种更高能量，更高层面的生命，存在于宇宙当中，只是我这个肉眼凡胎，世间的凡夫俗子，你看不到，但是我觉得跟他是共存于一个时空当中。好像我能在任何情况下能感受到他，他能在那里安慰我，宽慰我，而且祝福我。我想我好，他也会感到很安慰。我很好，他很高兴。如果我再这么痛苦下去，执着下去，拔不出来，我觉得对他还是伤，他会觉得很不安。

向日葵，更是在儿子走后才皈依佛门。

　　我就从我儿子走之后，认识师父，皈依，这都是一种缘分嘛，走了之后，这是我儿子给我送来的。儿子没法告诉你，他走了，将来我会带什么结果，实际让你去看透，你自己去悟，让你看透，他是怎么走的，走了之后他给我们托梦，他很快乐，他跟他爸爸说，我过得挺好的，叫我们别担心。他给我送来了师父呢。我通过学习交流，对人生很多事情，人生的无常啊，有了更多认识。人生真的是很无常的。

牡丹在儿子走后，信仰基督教。

　　我儿子是 2005 年走的，我 2006 年就接受基督教了。就像一种救命稻草抓住了。我以前是无神论者。当时我们这一代人都没有信仰，没有信仰。所以当时我们这一代人就是在无神论的教育下，唯物主义、马克思主义，没有想这么多这些其他的事。我们认为，灵魂和肉体，一起没的，而且怎么可能会有神呢这个世界上。但是，我当时特别需要精神上的一种东西，一种力量来支撑我，否则我这人就完了。我从那以后吧，我确实相信有神，浩瀚的宇宙那么大，它肯定有造它的东西。

还有许多其他的受访者告诉我，虽然他们并没有信仰某一种宗教，但是他们开始思考是否存在灵魂，开始思考身心灵的关系。

　　在民间信仰始终都在。包括什么"遭报应啊"，大家还是有一种敬畏，有一分顾忌。尤其是在这个死人的事情上，中国民间太多了，比如像鬼节啊，到鬼节各个路口全部都在烧东西。原来我根本不知道这些习俗，但是当我经历这件事后，我也宁愿信其有，不错过可能跟他沟通的机会。孩子走了以后，还在寻找灵魂，一直想着，有，他还在，只是他以另一种形式存在。我觉得我是，就是这样，有限的是我们在那个无限的（时空）里头。那个就是看不见的，就是一个心灵的、精神层面的联结。在我们的生命状态下，自然而然地身心灵的问题是我们每天面对的问题。因为我们面临着死亡，随时都有可能有这样的危险，所以也都想着怎么解救自己，我就想着，死亡要怎么面对，思考如何不被死亡而"死亡"了。所以，我就看了《西藏生死书》，也是孩子让我看的。（三叶草）

　　光有肉体就没有意思，人只要吃饱穿暖就行了，人只要吃饱穿暖的话，人还有痛苦，肉体其实不需要其他东西，那为什么人还要痛苦，还要找东西呢，这个灵魂是存在了，那么灵魂到哪里去了，灭了吗？没有灭的话，到底去了哪里？这个问题是无解了，因为只有走的人才知道，可是，走的人又不可能回来，他没有告诉我灵魂去了哪里？许多人都在追问，哲学家也在追问，我们也在追问。（梧桐）

（六）感恩豁达

经历人生的大风大浪之后，许多失独父母反而更加感恩、珍惜，心胸变得豁达。

真的，我觉得有一颗感恩的心。以前，我觉得我怎么这么倒霉，现在我又觉得，我好幸运啊……我原来性格啊，真的是，针尖对麦芒啊，什么事情，一是一，二是二，现在特别看得淡了，不想那么多了。反正有些事情，我不愿意纠缠，过去就过去，别老是，没完没了的倒腾那些事情。是吧。我是这样的人。对人生的态度，就是知足者常乐吧，过好自己每一天，自己健健康康的。区妇联，上次唱的感恩，感恩每一滴水，我特别感谢她，我感谢我父母，我感恩，我一定要好好回报，我妈妈生病住院，都是我一个人。（桃花）

我对你们，对我哪点不好，哪点不敬，小字辈的，哪点你们想得不周到，我不怨你们，只要你们好好的，什么你们不对的地方我全部能包容。我就觉得，在我们这个家庭，身临其境，你不要想得特别窄，你想得窄了，你永远都给自己封闭在那一堆里面。（桔梗）

（七）小结与讨论

以上结果表明，失独父母在经历失独事件之后，会呈现创伤后的成长，他们的成长表现在公益利他；优先级改变；直面死亡；积极的自我认同；灵性觉醒；感恩豁达。这与以往的研究结果一致。许多研究显示，丧亲及哀伤是个人成长的动力（Edmonds & Hooker, 1992; Kessler, 1987; Schwartzberg & Janoff – Bulman, 1991; Ulmer, Range, & Smith, 1991）。在一些以丧子父母为研究对象的研究中发现，丧子父母会报告经历丧失后的积极变化，一些研究表明，经历丧失后，对他人变得更加有同理心，重新调整了自己生活目标的优先级，感到个人能力有增长（Hogan & Schmidt，2002；Polatinsky & Esprey，2000）。对 6 位失去子女的父母进行了深入访谈，结果表明，失去子女的父母的人生观会因此发生变化，会更加随缘，会更加珍惜生命。他们的生活目标也会发生变化，从以工作赚钱为目的的生活目标转向利他服务，会看淡物质，会更加充实自己（何贤文，许莺珠，2006）。大部分的父母从孩子的死亡学到宝贵的课程，对生命有新的体验、更坚定的宗教信仰及自己从未有过的力量，因此也更加珍惜生命，接受有些无法改变的事实，并借由帮助有相同遭遇的父母，或担任义工来使自己恢复正常的生活（Wheeler，2001）。

第六章

失独经验的影响因素

在第四章和第五章中，我们总结了失独事件对失独父母的影响，以及失独父母的应对策略和应对结果；由于本书主要采用解释现象学的研究取径，不是采用叙事研究和个案研究，所以没能呈现单个个案完整的经验故事。然而，通过前面片段文本的呈现，也不难发现 23 个研究参与者的经验各自也不尽相同（见表 3 - 4）。我在思考：造成他们丧子经验差异的影响因素会有哪些呢？有哪些保护性因素和风险因素呢？

关于这一点，有些研究参与者也表达了自己的看法，这一部分，我想将他们的看法和跨个案比较的结果结合起来进行分析。

他们在经历了这么大的伤痛都坚强地活下来了，这本身就是一件不容易的事情。所以，一定存在许多丧亲后适应的保护性因子；但是我们也可以看到，有些人适应得更好一些，表现出了更好的成长。

在所有的受访者当中，风信子丧亲的时间较短，但是却实现了意义达成；

> 我跟你泛泛地说，我之所以，可以这样，是特例，我，现在这样，能够做这种事情，这是特例。这一切，不是我一个人在做。包括我现在的精神状态，比以前还好。你一定觉得不可思议。（风信子）

风信子这番话背后其实提到的是儿子带给她的力量，以及她所相信的灵性和精神性的力量。

三叶草也是非常好的，她对自己的状况非常清楚，背后有一个很大的原因就是她的儿子，这是非常不一般的孩子。

我：应该说，你是我受访者当中比较特殊的一个。可以说是一个极端案例。

三叶草：对啊，是不是没有代表性？

我：研究追求的倒不是代表性。只是挺想问问你为什么愿意接受我的访谈？

三叶草：对我而言，谈我儿子从来就不是一个障碍。我的儿子，你知道，他是一个非常不一样的人，他是一个非常幽默的人，有意思的人。作为一个丧子妈妈，我有责任，我也很愿意去谈。我觉得这个课题要有人研究，我自己也有兴趣，但是我没有时间，现在有人在做这件事情，我当然要支持。

桔梗适应得也很不错。

我本人不回避这个遭遇，我在 2000 年失去了高大优秀的儿子，变成了失独者——从此我更加珍惜当下的健康，享受每一个有阳光的日子。我可能不是你的研究对象，我一直在工作，不属于那种悲伤走不出来的。我跟同事、家人相处都特别好。

然而，对于杜鹃、梧桐、野蔷薇的访谈十分艰难，杜鹃的丧亲时间比较短，哀痛非常强烈，以至于访谈进程非常艰难；梧桐，反复说男性不喜欢表达，表达会让他更痛苦；野蔷薇的孩子去世的原因特殊，她一直以来就对此回避。

所以，通过反复的分析和跨个案的比较，我总结出影响丧子经验的因素有以下几点（见表6-1）。

表6-1　失独经验之影响因素的高级结构化一览表

类群	主题
文化因素	断子绝孙的观念
	命运与缘分
	风水
	死亡禁忌

类群	主题
人口学因素	性别
	年龄
	社会经济地位
	学识
	工作
	宗教信仰
内在复原力：个人特质	幽默
	善良
	兴趣广泛
	责任感
外在复原力：社会支持	配偶支持
	家人、同事、朋友支持
	街道和社区支持
	政策支持
生者与逝者的关系	亲子依恋类型
	对逝者的认同
丧失相关因素	疾病告知
	被污名化的丧亲

一、文化因素

（一）断子绝孙的观念

失独哀伤之所以与丧子哀伤不同，很大程度上，是跟中国的儒家文化有关，在中国的语言系统里面，如果你要咒骂一个人，最严重的词就是诅咒人家"断子绝孙"。这样的语言和文化，会加重失独者的哀伤。失独者经常用断子绝孙来形容自己的遭遇，尤其是男性，在这个方面显得尤为在意。因为男性承担了延绵子嗣的家族责任。

作为男的，还有这么一个思想，中国养儿防老，传宗接代，男的在这个方面打击很大，自己觉得自己断代了，绝后了，我这一支就完

了，结束了。这一辈子，什么都没有办成。传宗接代，这玩意，没有后了，男的这方面比较郁闷。（松树）

男的没有孩子，就像太监一样。（一次活动中，某位失独父亲的发言）

为什么老咬着字眼哈，你干吗老叫我们是计划生育困难家庭啊，你应该叫我们贡献家庭，从实质上讲我们是贡献家庭，我们为社会贡献了，为国家贡献了我们自己后代，是吧，我们断子绝孙了。（丁香）

（二）命运与缘分

在意义中心应对的部分，我发现，许多人把死亡归因于命运安排。认为这都是"命"，这都是"倒霉"。强调孩子寿命有定数，和缘分命运有关。

这种命理观，能够帮助人们去接纳死亡这一客观现实。这其中也有双重性，一方面命理观能够促进人们接纳死亡的事实，但是接纳之后，能否继续发挥主观能动性，还是从此宿命论，消极被动，是另一方面的问题。

我不信教，但是我信命。（玫瑰）

风信子：我现在叫臣服于命运，这是我的命，每个人都有自己的命运。

我：跟命运和解？

风信子：对对对，这叫臣服，臣服就不光是低头，就跟那个对皇帝一样，我就是臣服，这就是命给我的安排，我臣服，一个臣就是说……皇帝……君臣……君臣里你还是忠实于这个事……你还要把这个事干好……不但我认命，臣服跟认命不同，认命就是说，我就是这样了，我认了。

我：嗯……我混着活？

风信子：对，臣服就像，我领旨……明白吗？

我：很有仪式感？

风信子：就跟皇帝给了我这个指令，我认旨，就是臣服，我是臣。你给了我这个命，你给了我这个使命，我臣服，我接了，我还做好，就够了……不叫认命，认命是消极的……不叫认命……认命就是……我认了，我就这样了……我臣服，臣服带有一种理解，是一种领悟，一种看透，看透以后，你该怎么做，了无牵挂。

事情发生就这么着吧，无可挽回的，走就走吧，让他走吧。他也不留恋社会，他留恋也没有用，他的寿命到了。你和他就这么大的缘分。（向日葵）

（三）风水

风信子提到，在选择墓地的过程中，会咨询风水大师。

第三天的时候，我就去看墓地，我就不想去，看什么，还讲什么风水，你们随便找，我没心情，他们说，你还是看吧，这个东西你不满意，没办法换了。他们这样说，我就去了，你想那个心情，我哪有心情看，看墓地？这个感觉多难受啊。我们对这个也不忌讳，以前他爸爸也看过，给我们自己看。往后面走，那块还不错，那块有两个立着的墓碑，我觉得那块好像已经被买了。后来看了好多，都不太满意。我就没有心情，算了，算了，随便吧，风水大师看了就行，他说怎么样就怎么样。

最后张大师选择的就是我看上的那一块，修了五年没有卖，那个是景观墙。两块墓碑，白的高一些，黑的矮一些。预示着白发人送黑发人。有些事情你想不到的。冥冥之中是注定的（哭泣），你想不到的。买了儿子的墓碑，连同我们自己的也买了。（风信子）

（四）死亡禁忌

文化中的一些惯例和规则，也会对哀悼产生影响。比如玫瑰之所以不去看孩子，是因为迷信里面提到，孩子容易把人拽走，看来孩子夭折似乎是文化中的禁忌，具有不吉利的预兆。

多少年我都不去想了，人家说不要去了，在凤凰山公墓。人家说老是去，不好。凤凰岭，说孩子，你老去不好，怕他把你带走。孩子全是这样，迷信上讲，孩子容易把你拽走。老去，老去，3年头，孩子就会把你带走。老人说，民间的说法。（玫瑰）

在我们的文化中，沉默、秩序、安静的表达和内在的哀伤处理似乎被视为恰当的行为。

> 我当时都不哭，尽量少流泪，流泪对亡灵不好。（风信子）

（五）小结与讨论

上文的研究结果显示，失独者的丧子经验受到了文化因素的影响，这些因素包括，断子绝孙背后所蕴含的祖先崇拜和孝文化的影响，中国人的信仰体系，关于命运、缘分的思想、墓地风水说，这个也和中国人的民间信仰有关，此外就是关于死亡的一些禁忌。这些具有独特性。在不同的文化中，哀伤的表达也各不相同。有的文化鼓励公开表达哀伤，另一些文化则重视死因，哀伤只能幽闭在家中进行。因而，文化影响了人们哀悼的方式，在进行哀伤辅导与咨询的时候，应该增加文化的敏感度。

陈维樑和钟莠菊在《哀伤心理咨询》一书中总结了跟哀伤相关的文化向度。这些向度反映了文化价值观。这些向度可能是一些连续谱，不同文化处于连续谱的某个位置上。比如空间与聚合，有些文化视哀伤为私人的事情，并且需要较多的个人空间；另一些文化则重视共聚一起分担哀悼的声音和情境。就中国而言，葬礼可能给了一个亲友聚合的机会。但是，实际上，内心的哀痛似乎不愿意对亲人表达。还有，外显化与内聚化，在一种文化中，有些人喜欢把他们的情感借喊叫、哭嚎或者嘈杂的哀悼仪式外显；在另一些文化中，沉默、秩序、安静的表达和内在的哀伤处理被视为恰当的行为。在中国的一些农村当中会有哭丧的习俗。第三个，过去与将来向度，现今社会喜欢向前看，人们每一刻都在急着往前赶，这样无疑为人类开创了许多新的领域，但是与此同时没有时间沉浸在旧的记忆和关系中。第四个是，直线与循环生命观，直线生命观视生命为持续进展以达到新的高峰，这一观念与将来导向的文化有点相似；循环生命观则认为逝者会以另一种形式回到其生命的源头，也就是佛教里面的轮回之说。

值得一提的是，我所访问的都是来自北京的失独者，没有涉及其他省市农村。中国农村的、城市的，不同信仰和乡土风俗下的失独者的经验可能都会有不同之处。

二、人口学因素

（一）性别

性别决定的丧子经验存在非常大的差异。

1. 参与研究意愿

联系女性受访者相对容易，她们更愿意参与研究，更加愿意表达；而男性则相对困难。

首先，从本研究参与者的男女比例来看，共23人，男性只有4名，女性19名。可以看出来，男性和女性在参加研究的意愿上就存在很大差异。在整个研究过程中，我不断努力地去寻访男性参与者，但是非常艰难。比如，最初我在家园的时候，我就跟工作人员说，请给我推荐一些男性受访者，然而，最终并没有成功邀请到几个。为什么？首先，男性的退休年龄晚，许多男性可能还没有到退休年龄，正在上班，他们不经常来活动。因此，见不到面，他们不好开口。其次，受到之前失独后失婚现象的影响，失独父亲重新组建家庭后，不再愿意接受访谈，我曾经尝试联系了某位受访者的前夫，但是没有得到回复。

联系到的第一个父亲是松树，我先访谈的是松树的老伴，向日葵，她和工作人员做了好几次工作，他才勉强同意。对比和女性访谈的丰富度来说，也具有很大差异。

桔梗跟我第一次见面之后，她的丈夫得知了，就开始反对，桔梗在我第一次访谈完之后，曾跟我提出要退出研究，说她的家人和同事都不愿意让她参与到研究中；

海棠第一次见面就告诉我："本来想邀请你们去我家里聊天的，但是我先生不太同意，所以就没让你们上家里，我先生不太接受心理咨询。"虽然有些误解我们的研究目的，但是至少可以看出来，她的先生对于谈论这件事情的抗拒。

牡丹第一次跟我见面的时候，访谈间隙，她的丈夫打来电话，她就急忙离开了，我问她，丈夫是否知道她来见我吗，她说，我见这些人，说这些事，丈夫都不太同意，所以，她从来不会说。

之后，我还陆陆续续尝试跟几名失独母亲联系，询问她们丈夫是否愿意加入研究，她们都婉言拒绝了。从话语间，我可以感到，似乎丈夫的适应情况，还不如她们呢，尤其是男性对表达非常抗拒。

我和梧桐见面也特别不容易，第一次给他发短信，他给我回电话，但是拒绝了我的访谈邀请，告诉我他不想谈这件事情；一年之后，一次偶然的领英推送邮件，他给我回复了信息。我借此机会再次与他联系，他表示未来愿意看我的论文；几个月之后，我再次联系他，他告诉我很忙，但是说会抽时间见我，而这个确定时间的过程很艰难，最后一次跟他通电话，他说可以见我，但是不想谈他的事情。终于，我们约在了2012年12月19日，但是他跟我约了10点半，并且告诉我12点他有一个活动，我已经知道，我们不会有非常充分的时间去谈。即便如此，我还是非常珍惜这次见面。

本来我想过是否要放弃对于男性的资料的呈现，但是我最终决定保留，原因是，我认为这些研究者日志也是资料的一部分，本身就能够反映很多问题，虽然不充分，但是至少我们能够感知到不同性别在失独经验上的巨大差异。

2. 表达还是压抑

第一个非常明显的差异就是，说还是不说，表达还是不表达，很明显，在应对哀伤上，女性更倾向于倾诉和表达，而男性倾向于压抑。

> 男同志和女同志的心理很不一样，男同志不愿意说，女同志她喜欢说，女同志最大的特点，就是愿意说，她说的过程得到了释放，男同志恰恰相反，所以，我劝你以后也少跟男同志谈。我劝你，你的论文就改成研究女性的，男性就留给男的博士去做，这个心理非常难以表述，这个事情，只有自己经历才会体会，别人都很难理解，你自己是女性，我就担心你能不能理解男性。所有人都不会理解，除非经历过的人，但是我经历过，我又没有办法去做。这是我瞎说啊。我太太就想说，但是我一说就难受，她一说，我就难受，我难道不能回避吗？她把所有的痛苦就交给我，我无法承受。对女性来说，表述可以有帮助。（梧桐）

> 我当初啊，脑袋也大了，也糊涂了，就不停地说，控制不住，老头就变成不说，不说他倒先没了，得的肺癌。（梅花）

女人除了用说来表达之外，还可以选择哭、书写，然而，男性受到社会文化的限制，"男儿有泪不轻弹"，但是巨大的哀伤该如何处理呢，男性多半采用压抑的方式，或者通过其他方式转移痛苦，比如，酒精、毒品和性。

女儿走后的三四年，我就哭啊，就是哭啊，就是坐在那就是哭。他们都有人帮助，我就是靠自己。就是哭。她父亲也就是这样，他就说你老是这样我受不了，我就说，你受不了，那怎么办，他说，那干脆就分手吧。他就觉得受不了了，就是老哭。他就是没办法，看我整天这么哭。（郁金香）

对孩子呢，都是一样的。他有他的爱的方式，你有你的方式。男的埋在心里，女的挂在嘴上，他就是不一样。入心入肺是很痛苦的，要不然男人不容易走出来呢。他入的是心。女人也入心，但是她通过嘴，可以宣泄。她能说出来。实在不行她哭她闹，她能够表现，男人他有男的爱的方式。再难受，他不可能大哭大闹。他不可能。而且他在女人面前他假装着坚强。他要给你做榜样。（桔梗）

他老说，你做得不错，你比我强。你看你多好啊，老说我多好啊，我说你也可以很好。他不信，真的他不信。反正周围邻居都认为：他走不出来，都觉得我很幸运，我很快乐，我很豁达。其实也不是，我内心也有苦衷，我为什么这14封信，这14年的信，我写了，我都在这里边宣泄。我的序里边不也说了吗，说这是一个"有文化的举动"，说我什么的。其实也不是说有文化的举动，你每年把这些东西写下来就是不一样。（桔梗）

我还告诉你，还有抽粉的，抽得倾家荡产，有离了婚的。我认识一个，也是因为孩子没了的。原来也不嫖，也不赌，说喝酒去了，实际上，不是喝酒，是去逛窑子去了。空虚，喝酒是自然的麻醉，抽粉也是找刺激，也是晕晕乎乎，找幻觉，外面找小姐，终归一个目的，怎么把什么事情转移了。起码，短暂的是可以解脱的，长期这样是不可能的。一个是钱，一个是病态。（樟树）

3. 切断还是保持联结

在切断和保持联结上，男女也存在差异，我们的研究结果显示，女性更加倾向于保持联结，男性更倾向于切断联结。对于男性来说，似乎保持着和孩子的联结，每日面对这件事情，是非常难以承受的，他们往往希望这件事情彻底翻篇，赶紧开始新的生活。

> 我遇到一个丈夫，妻子不在的时候，把孩子所有的东西都清理了。他到了我家里，看到我家里满屋子都是孩子的大照片，他好羡慕。（三叶草）

> 当时，你叔叔让我把所有的东西都扔掉啊，他是不能再见到。我紧紧地抱住，我绝对不能扔掉。女儿的照片我也有，电子版也有。（百合）

> 因为孩子走了以后，我特别伤心，我跟我先生说，我说呀，我跟你咱们俩不要再有夫妻生活，你过你的我过我的，咱俩也别提离婚。你住在那儿我住在这儿，咱俩就分着。他说为什么啊，我说我现在就想活在思念里。那时候我什么心都没有了，就想活在思念里。（郁金香）

4. 哀伤经验的阶段性差异

一般情况下，丧失发生的最初，男性往往会扛起家庭的重担，处理逝者的各种事务，他们往往压抑所有的情绪，随着时间的推移，许多男性表现出情绪，甚至，表现出各种心理障碍，延迟性的哀伤。而女性情绪调节的方法更多，可以哭，可以表现脆弱；男性受到的社会期待就是表现坚强，不能流泪，海棠和桔梗的丈夫在孩子离世多年后都患了抑郁症。从这个意义上说，男性在哀悼历程中是更加需要关怀的，他们往往是沉默的声音。

> 男人是家里的顶梁柱，妻子可以去哭，所有的事情都要男人来承担，谁来理解男性，这个东西，所有的事情都得去处理，包括葬礼，这个过程，男性非常不容易。（梧桐）

> 最初，一切的事都是他撑着，我弟弟都心疼他。他就跟麻木似的。有时候他自己在那儿，一看就是克制。他好像真是表现出他要撑起来，我弟单独把他给叫出去了。单独把他，意思就是拍着他，你要是想，你就……（可以哭了）我儿子突然就走了，他当时真是懵了，不知道怎么办。要不说他那时候他还弄各种事情，我也知道他不容易，他做到这点很不容易。男的确实许多到后期不行的，现在我们群里有一个，

她爱人就是现在都抑郁，严重的抑郁，根本就不接触外人。因为女人，她到了她就说出来了。男的就压着，他不敢……你说男的和男的之间他能够嗷嗷就哭吗？他也不会。男的表面上看似冷漠，实际上内心他也是煎熬。但是女的就觉得男的你没什么表现，好像你没心没肺。他虽说不是那种想事特别细的那种，他什么事都听我的那种，一直都是这样。但是这事吧，我就觉得他真是挺男人的那种。尤其是最初表现的那种。后来我是慢慢慢慢恢复了，最初我已经一塌糊涂了。但是他那时候表现出那种，行，要撑起来，什么都我撑，哎，真不简单，真不容易，他就觉得我能走到这一步，他也是没想到。就觉得他以后他要把我撑起来了。因为，当初我已经一蹶不振了。现在，他还行，不过现在，我倒是经常劝他，给他讲讲佛经。（腊梅）

5. 孩子承载的意义

孩子是父母的心头肉，而对于孩子承载的意义来说，男性不仅有情感的失落，还涉及文化上"断子绝孙"的压力，而女性一般来自情感的失落。因此，唯一孩子走了之后，女性往往陷入情绪的痛苦之中，而这个时候，男性已经思考如何解决问题，比如考虑再生育等问题。

其实吧，都痛，可能是痛的方式不一样。男的其实也有情感，但男的吧，他可能就觉得文化这种，断了香火啊，这种文化的压力很大。而且男的爱就是比较深沉，在心里。（腊梅）

我觉得可能女人经历的多，她付出的也多，她可能从某一角度，比如我嘛，我付出得比较多，我有点寒心了，我不去想，孩子怎么那样了，但是可能男同志他想法不一样。你像我爱人经常感觉就是孩子是他生命的延续，他认为这生命延续没有了，就觉得没有希望了。我爱人抑郁症，已经两年了，也不至于这样。他是因为这么多年吧，因为他的岁数大，比我大八岁呢。当时我们孩子没有的时候，那会还可以要孩子。他一直想要，但是我是属于比较痛苦，因为带孩子付出这么多年，确实挺寒心的。我是不打算再要了，但是他是非常想那什么。这么多年我也一直坚持不要，可能也是对他心理上有点什么。再一个就是他本身不爱交流，属于闷那种，平常也没什么嗜好，赶上那个岁数。去年还特别厉害，但是今年好多了，就是人耗得特别瘦，精瘦精瘦的。女同志们稍微好一点，因为她有些家务啊，有些工作啊，它可以分散一下。但是男同志不一样，他回来除了上班没有别的事情，所以他心里肯定比较压抑。这每个人也不一样，有的人性格比较那什么。（海棠）

6. 心理韧性

许多失独母亲认为，男人比女人更加脆弱，而桔梗对于男性女性的隐喻表达了其对于男女不同的理解，男人是树，坚强但没有柔韧性，女人是草，脆弱但是韧性十足。男女两性由于生理结构不同，心理和社会属性也有着天然的差异。

我有时候一想哭我就自己上街上去哭。我是怕他，他比我还脆弱呢，他要看我这样，他肯定比我更难受。（海棠）

其实，我这个看法啊，是这样啊，男人更脆弱，其实，母亲就因为这份母爱，真的太博大了，真的太伟大了，可以包容一切，承受一切。我们是七年不见面了，干脆走掉了。我现在也想离婚。可是，他不跟我见面，其实我觉得他也肯定抑郁了。我觉得男人，中国的传统看来，男人太自我，女人更博大。男人做不到，多数做不到牺牲。刚开始，有时候，自己苦痛的时候，我说中国的男人怎么了，好的时候，对吧，他们愿意一起享乐，名誉地位金钱声望，他们在争取这些的时候，他们很强烈，但是一旦这些没有的时候，他比我的失落更强，他们更强烈，所以落差更大。我爱人对于孩子绝对是上心的，特别爱孩子。对孩子的安全，把握得非常严格的。对孩子爱得不行。当然，孩子也很好。为这个孩子感到内心的骄傲和满足，所以孩子不在了，打击太大了，女人就算痛苦，还能想到其他人，我丈夫，孩子走了，他连母亲都不去看，他有心理问题，不愿意见人。现在也不愿意，现在情况是反正不好。（百合）

我这么跟你说吧，男的好比是大树，可以依靠，可以挡风遮雨，他没有柔韧性。女人就像小草，她不经风雨，但是她柔韧性很强，她弯了可以起来，倒了也可以起来。男的他易折，不易弯，知道吗？他折可以，但是他弯就弯不下来。女人柔弱性比较强，她易弯不易折。她遇到多少的困难坎坷！每次倒下都死去活来，但是她又可以慢慢地起来。她可以起来，这就是女人。女人跟男人不一样，就在这里。这就是说男人可以依靠，可以挡风遮雨。其实呢，他已经坍塌了，他只要是一倒下，他根本起不来。你就是小草，她就是折了，她就是连根儿拔了，你再栽上她照样活。他就是不一样，他是一个方式不一样。（桔梗）

（二）年龄

许多失独者认为随着年龄的增长，身心的负担会加大，但是他们告诉我，这个不是线性的，而是反复波动的。

我当然不是最坏的，当然也不是最好的，就是不是排解得最好的，我觉得我是靠中间那段的。反正有时候自己是能排解，但是有时候一阵阵也挺想不开的。都不一样。没有办法固定一个分数。这个状态是变化的。也根据你这个情境，比如说我这个年龄段吧，也属于更年期的年龄段，难受。我觉得像我们，越年龄大，心理压力越大。现在毕竟还上着班，还比较忙，不闲。好多60岁以上的失独父母，相当痛苦，说实在的。他们越觉得生活没有希望了，一点盼头都没有了。我觉得到了那个年龄是最痛苦的。（海棠）

（三）社会经济地位

虽然哀伤无关金钱，但是社会经济地位确实是哀伤应对的一个保护性资源。风信子能够在孩子走了之后马上成立基金会，必须有雄厚的经济实力作为基础，郁金香也正在筹划给女儿成立基金会。社会经济地位高，可以利用的资源相对更多。

冥冥之中有天意。而且，把任务交给我了，有的人就是说了，换了一个人吧，你能马上悟到，有的人悟不到，孩子再美好，你悟不到，有的人悟到了，他没有能力去做，做不到。你是能悟到，又有能力去做，而且做起来还那么顺。（风信子）

我一直也想做一个基金会。但是我做的这个基金会和别人做的不一样。我想做的这个基金会必须得有机构监督，别回头我死了没人管了。所以我也曾经想找孩子的学校。但是又怕我以后不在了没人管。

我老说，等我不在了，谁去看我闺女？人家的墓都干干净净的，有时候一束鲜花，我闺女的墓什么都没有。所以我就特别想建立一个基金会，我们的生日、忌日、清明，能去献上一束花，擦一擦墓。我就想把钱放在银行里面做理财然后每年它都在不停地生利息。所以我就特别想做这么一个基金会，但是我现在就不敢去做。因为我怕得不到保证，钱打了水漂。（郁金香）

（四）学识

学识高是应对哀伤中的一个保护性因素。三叶草之所以那么特殊，跟她的学识和境界是分不开的。三叶草，53 岁，研究生学历，目前是一名自由撰稿人。2003 年，她与丈夫离婚，独自带着儿子生活。2004 年，儿子查出肿瘤住院，2006 年 10 月，儿子离世，离世的时候仅仅 16 岁。在我的受访者当中，三叶草是比较特殊的一位，说她特殊在于，她的儿子是一名少年诗人，小小年纪已经留下了很多作品，拥有许多忠实的读者；而她本人也是一名典型的知识女性，既是学者也是作家，活跃于自己的研究和工作领域。可以说，不管是她，还是她的孩子，都有一定的知名度，而他们的故事也被许多人知道，甚至被一些媒体报道过，我到她的家中访谈，观察了她的书房，我知道这绝对是一个学识丰富的学者之家，我经过她的允许，拍下来家中书房的照片，四面的书柜都是书，她平时就在这里写作（见图6 - 1）。

图 6 - 1　三叶草的书房

（五）工作

在岗工作，有一份固定的工作是应对哀伤中的保护性因素，如果没有工作，更加容易感到空虚、孤寂，和外界失联。而有了一份工作，能够填补时间的空白，在工作中取得成就，还可以增加自我认同感，同时也可以和外界建立联系。工作在整个应对哀伤过程中起着很大的作用，在丧子初期，许多父母借助投身工作来转移自己的注意力，同时，在工作的过程中，可以与他人发生联结，可以恢复个人的意义感。

> 我现在工会工作，我的生活还行，就是比较孤单，孤独，其实我不孤独，我有工作了，但是回到家，还是孤独。避免孤独才去工作。孩子走了之后，我把所有的力气都用在工作上面。我希望我的工作能够做到，等我离开了这个岗位，其他人无法超越了。（桔梗）
>
> 说实话我就是因为工作忙，好多东西我能够淡忘。除了这份工作我还兼着一个兼职会计，我就是为了把我的时间安排得满一点。没有时间去想这些，上一天班，再干点别的，就比较累了。可能就睡了，别的都不想了。（海棠）

（六）宗教信仰

从宗教应对的角度来看，宗教是丧亲应对的一个资源，是一个非常好的保护性因素。宗教教义能够提供死亡归因和解释的框架，能够提供很多宗教智慧，宗教仪式能够实现父母和孩子的持续性联结，让父母建构孩子的死后世界。因此，从我的资料看来，宗教是一个保护性资源。在我的研究参与者中，有 5 位有宗教信仰，他们的经验和没有宗教信仰的有很大差异：具有宗教信仰的，往往能够借助宗教教义来解释死亡事件。

（七）小结与讨论

以上结果显示，失独经验与失独者的一些人口学特征有关，不同性别、年龄、社会经济地位、学识、工作状况和宗教信仰的失独者，他们的丧亲经验可能存在差异。但是本书采用质性研究，不是基于大样本的一个统计检验，所以只能提供现象学的依据，不能够得出统计上显著性差异的证据。

性别的差异，尤其是男性的哀悼方式近年来备受关注，在进行哀伤辅导的时候，我们应该留意性别差异。年龄大、社会经济地位低、学识低、退休在家、没有宗教信仰，可能是风险性因素；反过来，如果年龄相对年轻、社会经济地位较高、学识高、有工作、有宗教信仰，这些则是非常好的保护性因素。

三、内在复原力：个人特质

我的研究参与者之所以能够适应到目前的状态，和他们的个人特质是分不开的，有一些个人特质是内在的复原力因子，具有保护作用，比如幽默、善良、豁达、感恩、兴趣广泛、有责任感等。

（一）幽默

幽默是高级的心理防御机制，幽默特质能够帮助人们建立愉快的人际关系，良好的人际关系又能够提供正向的反馈，幽默特质是非常重要的个人特质，在我的受访者中，不乏幽默者，比如，向日葵，我被她们的幽默所感染。经历了这么痛苦的生活事件之后，她们依然保持着幽默的特质。

> 都知道我啊，特直啊，想说什么，说什么，说完我就忘了。小刘（家园工作人员）老踢我，我说我脑袋怎么啦。你说我嘴上要装一个小拉锁，布布，拉上。（哈哈，乐不可支。）我单位人喜欢我，我老逗他们开心。上周二，炖了一大锅汤，下午写大字，我说，下午拿这些汤蘸墨水吧。（哈哈哈哈）（向日葵）

（二）善良

曾经在没有进入研究现场时，我看到许多新闻报道，我觉得采访对象是愤怒的，是情绪失控的，他们在媒体的报道和大众的议论中被边缘化，以至于我在接触他们时战战兢兢，后来我才发现，他们大多数是非常善良的，正是因为这种善良，让他们在经历这么大的事情之后，仍然心怀感恩，仍然做出很多利他的行为。善良的个人特质，让他们更加具有同理心，能够帮助他们与人建立联结，因而也是一个很好的保护性因子。他们的善良尤其表现在和我的关系上，本来我以为建立关系的过程非常困难，但是许多人都非常配合我的研究，愿意相信我不是恶意，同时还鼓励我放下顾虑，这一点让我很感动。

> 怎么说呢，在残联做几年，帮我挺多。我们家的孩子，不属于智力残疾嘛，我们那个孩子，小时候，溶血，就是说，我是 O 型血，他是 B 型，溶血之后，脑壳染黄了，20 多岁，还跟小孩子似的，不会坐，不会说，从小，都是我嚼了喂他，他不是正常孩子，是智力残疾的孩子。残联从我们这些家属里面选了一个代表。我就是一个孩子，就没有别的负担。后来我就家访，跟你们一样，过年的时候，送米，送油，去慰问去残疾人家庭，一看人家活着还不如我呢，一张床，两个残疾男孩子，一床被子，哎哟，惨不忍睹。惨极了。我呢，心直口快，看到不公道，我就想说。（玫瑰）

> 你想问什么问什么，谈嘛，聊天嘛，没有什么忌讳了，我要说这个问题，我不想回答，过去了，就过去了。你大老远过来，哪里是来伤害我来的？你又没有毛病，大老远来伤害我啊，在学校待得好好的，孩子嘛，学习，帮助帮助吧。你有你的任务，我们的事情，能够帮助你挺好的。你也是为了把你的事情做好，你也许通过我的事情，帮助更多人。（向日葵）

（三）兴趣广泛

广泛的兴趣也是一个重要的保护性因子，失独之后，许多失独者面对意义的陷落，他们不知道要干什么，觉得人生没有意义，生活很空虚，拥有许多兴趣爱好的人就能够找到营生的方法，而且，沉浸在兴趣活动中，会重新体验到生活的快乐。

比如，玫瑰很喜欢唱歌，唱歌的时候让她感到快乐。

> 我特别喜欢唱歌，我从小就喜欢，学校也在文艺队，农场也在学生队，我们那时候就唱，农业工业队，我感觉，爱唱歌的想事情会想得开的。如果这个人，特别爱唱歌吧，她就特别阳光啊。我要是有什么事情，我就唱歌，唱戏，过去就过去了，想不开又怎么的。（玫瑰）

兰花退休之前是一名小学语文老师。当我还不知道她是我的访谈对象时，我已经留意到了她，家园的多数活动都有她的身影，她给我的第一印象是安安静静，斯斯文文的。工作人员给我介绍说，她因为曾经是老师，文化素质蛮高的。家园活动的时候，有一些文案的工作，经常是邀请她，她写的串场词啊、小文章，都非常有文采。在一次家园的活动中，出了一个游戏，叫作《猜一猜，想一想，她们是家园哪块宝？》。这篇稿子就是兰花写的。

猜一猜，想一想，她们是家园哪块宝？

（兰花）

我们六个走上台，锣鼓大镲敲起来。

今天不说三句半，专请您来猜一猜，家园宝贝就出来。

第一宝

窈窕身材一淑女，翩翩舞姿数第一。

球儿随着身体转，让你眼花又缭乱。

您猜对了有掌声，您猜错了鞠一躬。

第二宝

老骥伏枥在家园，谦恭和蔼惹人爱。

精神面貌步步高，歌儿唱得格外好。

您猜对了有糖吃，您猜错了唱支歌。

第三宝

体态玲珑轻盈盈，煮饭烙饼手不停。

穿针引线手儿巧，红花朵朵小妹笑。

您猜对了有贺卡，您猜错了鬼脸做。

第四宝

朗诵主持唱首歌，电脑桌前是常客。

人们称他为大哥，鹤立鸡群挺随和。

您猜对了有奖品，您猜错了是八戒。

第六宝

面阔马尾蓬松刷，嬉戏调侃蛮幽默。

厨房面点拿手活，直言快语就属她。

您猜对了有美味，您猜错了是傻瓜。

第七宝

文质彬彬一老妪，面含微笑露真诚。

半世沧桑随梦尽，奉献文化为家园。

您猜对了把扇摇，您猜错了穿棉袄。

第八宝

秋日清风三载整，深情倩影忙不停。

热情服务心灵美，丹心竭诚为大家。

您猜对了顶聪明，您猜错了学鸟鸣。

家园里边宝贝多，好人好事也不缺。

相识相知猜得准，拾柴添火靠大家。

今天我们谢谢啦，明天宝贝翻番多。

在这篇文章当中，第七宝描述的就是兰花本人。的确她是那种文质彬彬、默默奉献的人。好几次活动结束后，她总是率先帮着工作人员一起收拾打扫。

新希望家园有个惯例，每个月会给成员们过生日，写生日祝福，下面这一段就是2013年家园给兰花写的生日祝福。谦逊、奉献是她给大家留下的印象。

感谢您的付出，为家园默默垂下您谦逊的绿荫！祝您今后的岁月幸福、安康，也祝愿我们的家园永远拥有您无私的爱，真情永存！在这春暖花开之际，迎来了您的生日，献上我们对您最真挚的祝福！祝生日快乐！

（四）责任感

许多失独者在孩子离世之后觉得生活没有意义，甚至产生过轻生的念头，但是他们没有真去行动，大多数是因为责任感，不能只为自己活着，家里有亲人，可能父母健在，自己已经失去孩子，不能让他们再经历这样的痛苦。

只能往前走，不能老是活在回忆里面，回忆也解决不了什么，不往前走怎么办，否则只能往自杀那条路上走，那条路已经走过了，你不能只是为自己活着，家里还有兄弟姐妹啊，你走了，他们也难受啊，人一生下来，不能为自己活着，为了周围一切人啊。（野蔷薇）

怎么说呢，其实一阵阵，有时候也想过不想活了。但是毕竟家里还有很多责任呢。母亲还在，需要你照顾呢。不能光为我一个人想，当时就想孩子的病不治了，把房子一卖，跟着孩子到处玩玩，走到哪儿算哪儿。我当时是那种想法。后来大家都劝，说不行，你还有母亲呢，别的你都不管，你还得管你妈呢。这么着，反倒这么多年吧，唯一的就是觉得还有一个老妈放不下，还得支撑着，还得活着。（海棠）

我可以这么说，我那时候我妈还活着，如果我妈没活着，我可能真的就跟我们家孩子走了。（郁金香）

四、外在复原力：社会支持

许多失独父母都跟我提到了社会支持对于他们哀伤平复的作用，这些支持有的是来自同命人，有的来自配偶、同事、朋友，还有的提到了社区服务人员，或者街道。

（一）配偶支持

我和这个老头刚结婚，我的孩子就走了。他两个孩子，他现在一男一女，他老伴走了，咱实话实说，他儿女对我是不错的。……我怎么走出来的跟我现在这个老头有很大的关系，我儿子走了之后，这老头天天领我去北海去，带我去遛弯去，相当长一段时间。开始就老领我出去。开始是礼拜六礼拜天。我现在这个老头对我没有话说。他不是很能讲话的，反正他就知道，你不好受，我就领你出去遛弯去，他有时候给我买一些书，你不用说，他就给你提溜来了，他就给你买来了。另外呢，有的时候吧，你提出什么要求，他的关心到了，主要是，他不太爱说。陪着你，就这样。（兰花）

我现在的先生，就是帮助我，能够走过来，他使得我的生活完全改变了，他让我从 A（一个著名学者）的研究助手，孩子的妈妈，变成我是我自己××（她的名字）。以往这些年，确实是这样，这跟他对我的激励有关系。（三叶草）

（二）家人、同事、朋友支持

我说有很多事，也都是好心，都是好心，让我没有办法驳人家的面子，练瑜伽也是，好心，拒绝也不是个事情。舍命陪君子地去了，办了一个月的卡，还给我一个瑜伽垫，后来我就自己练起来了。挺好的。都是这些朋友帮助。（三叶草）

奥运会结束以后，我就觉得，我快崩溃了，我觉得，我没有意义活下去了，女儿心愿也完成了，我也不知道怎么办，我给我两个同事打电话，我说，我不知道我有没有动力活下去，我不知道我活着干什么呢，我同事就说，你这样不对，不对。后来，有一个年轻的同事过来了，他说阿姨，你怎么能这么想呢，你不能这么想。孩子刚走的时候，我的同事特别好，如果没有这些同事啊，特别撑不住的时候，他们来帮一把。我最难受的那段岁月，好在我有一个年轻的同事，一个男孩，他知道我这个情况之后，他老是来主动来安慰我，一个大男孩，我内心的苦楚也向他诉说过不少，如果真的不说的话，我肯定也要崩溃的。（百合）

（三）街道和社区支持

幸亏这里（街道）有个家园啊，还能散散心啊，有这个家园一天日子过得挺快的，要是没有这个家园都不知道该怎么办呢？还真是幸亏有这个家园啊，看着不起眼啊，给我们的日子，打发过了，生活稍微有点乐趣，有点事情干。……家园对我们特重要，你比如说啊，我不在乎钱多钱少，我们钱够花，每次过年过节，单位发点东西啊，一到过年过节，楼里面的，大家都往家里提溜点东西。我们这啥也没有，诶，我们家园也给我们发点东西，我们也有人管，并且过年过节也给我发些补助。我们心理也舒服了。我们街道这些啊，工作人员啊，做了不少事情，把这些人弄到一块儿，不容易。（松树）

感到虽然是孤独，但是有时候也这么想，上级重视，对人比较关心，开始，我真觉得，我们被人遗忘了，现在我感觉还没有完全被遗忘，因为什么呢，甭管怎么样，有这个家园，这些人在一起，说一说聊一聊，也给我心理辅导，各个方面，挺好的。（兰花）

这些工作人员啊，年轻人，真是好啊，他们对自己的老爸老妈都没有这么上心呢，对我们真的是没有话说，这对我们是一个抚慰啊，

我们真的特别感激。（向日葵）

家园就特别好，我愿意去，心情开朗点。不是说非得别人帮助，就像一个大家庭一样。虽然是都是五湖四海，都互相不了解，但都是同样命运。都是失独嘛，他们带我们春游啊，玩玩啊，开开心，你看看P（工作人员）多好啊。虽然她年轻，心细，也有父母，对我们都特别关心。（玫瑰）

（四）政策支持

今年补助涨了，涨到了340。这个不是钱的事情，心里觉得国家想着我们，管我们。稍微好点吧。你说，我们基本算是第一波计划生育家庭，其实那会儿我们可以要二胎，后来有这个号召了，我们就响应了，谁想到会出这样的事情呢。所以说，这个实际上啊，也属于计划生育政策这方面留下的毛病吧。造成了没有办法弥补的事情。对的，国家想到我们这些人了，我们有地方可以去。不知道国家还支持不支持家园，要支持的话，好好弄弄，挺好的，能把这些人心情给弄好点。也就是说有个活动地方，有个说话的地方，个人痛苦还得痛苦。那个别人管不了啊。（松树）

像我们这些人，说起来是很幸运的，有政府管，说起来还是很幸运的，做这项工作的人，尽职尽责。（映山红）

五、生者与逝者的关系

（一）亲子依恋类型

从访谈的资料上，能够看到失独者和孩子之间的关系。与逝者关系能够反映亲子依恋类型，绝大部分受访者的依恋类型是安全型，他们既能保持和逝者的联结，又可以在某些方面松开联结。

郁金香和玉兰的依恋类型很可能是占有型，她们还是每天保持着去天堂纪念馆看孩子的习惯。郁金香到现在保留着女儿的房间，每天都会请阿姨打扫，柜子里挂着女儿的衣物，每天上天堂纪念馆去给女儿送祝福，每天给女儿做图片，她说，我就要守着思念活着。

> 孩子走了以后，我特别伤心，我跟我先生说，我跟你说吧，我说呀，我跟你咱们俩不要再有夫妻生活，你过你的我过我的，咱俩也别提离婚。你住在那儿我住在这儿，咱俩就分着。我说为什么啊，我说我现在就想活在思念里。那时候我什么心都没有了，就想活在思念里。（郁金香）

> 我说我活不了多少年，超不过三年，肯定得死。结果三年以后我没死，所以又开始买衣服又那什么了。我说，哦，那我不死。后来我也想开了，我说我不能死，谁去给我闺女扫墓啊，谁去看我闺女啊。所以我说我不能死，我为了给我闺女多扫几年墓，多给她擦擦墓，多送几次鲜花，我也不能去死，我得好好活着。从那时候我开始明白，后来我认识别的妈妈之后我就开始劝她们好好地活着，为了你的孩子，为了能多去墓地几次。一直到现在我也是，还在想，我就愿活在思念里。（郁金香）

百合也是如此，虽然百合找到了植树作为意义达成，但是，她对女儿还是抓得很紧，保留女儿的房间。房间里什么都有。

海棠到现在都没有安葬孩子的骨灰。

> 到现在我孩子的骨灰我都没有勇气去给它安葬。还在我家放着呢。不是瞒你们，确实是没有那个什么。我老说等孩子大点，让他跟我一块。过年的时候，因为孩子的骨灰不在家么，陪他坐一会。（哭泣）我老是觉得给他搁到荒郊野外去我有点受不了，这他起码在家里陪着我，我老是这种感觉，偶尔就感觉，今天那个，就比如阴天下雨打雷都那什么，突然就想起来，噢，孩子在家里，那种感觉，你要是在墓地。我肯定放心不下，我肯定要去。（海棠）

野蔷薇可能是回避型，孩子和父亲走了之后，她没有上过一次坟，连坟地在哪里都不知道。

> 我爸爸和我儿子一个月走的，我从来都不扫墓，我忌讳啊。我爸爸得病了，他走的时候不知道我儿子这个事情，我爸爸不知道。那时候我根本忙不过来，没心思啊，一个月，前后脚两三天。确实很艰难

的。那时候挺困难的，我爸爸叫我，问我为什么不去，我在家躺着，根本起不来床。我爸爸死的时候根本没有叫我，后面才告诉我，我没有给任何人上过坟。（野蔷薇）

我：我听到了你很多的不原谅，但是如果一直这样似乎也有很多遗憾。是不是？

野蔷薇：你说得对啊。确实不能原谅，我实话跟你说，坟地从来都没有去过，地址我都不知道在哪里，

我：可能你还没有准备好，等到你准备好的时候，也许就好一点，我知道跨出这一步挺难的，

野蔷薇：一说坟地，我脑袋都大了，触动伤感的神经，脑袋受不了。这个特别艰难。

（二）对逝者的认同

对逝者的认同是一个重要的因素，这可能是一把双刃剑，在丧亲初期，对逝者越认同，与逝者的关系越密切，可能心就越痛，但是从长远来看，对逝者的认同是一个保护性因素。因为，父母能够受到逝者道德的指引，逝者能够给生者力量，与此同时，能够促进生者建构意义，看到逝者生命的宽度，而不是广度。

在我访谈的对象中，很多孩子都特别优秀。风信子的孩子是一个名优秀的演员；三叶草的孩子是一个少年诗人，才气让人惊叹；百合的女儿特别善良，学业和品格都很优秀；桔梗的儿子也是高中校园中的标杆。

我儿子啊，你不知道，他是非常乐观的人。他不是一个心胸狭窄的人，不但不狭窄，而且，我儿子是把任何事情看得很穿的人。他是很灵性的人，他是佛教徒，他在初中的时候，就把南怀瑾的书全部看了，他把人生看得很开，他是经常开导我的人。他走了之后，我为什么能过来，实际上是他的一些话，一直在引领着我。他生前就跟我说过很多很有哲理的话，原来我没有感触，当他走了之后，他的这些话，我就一直在想，他在引领着我。（风信子）

我的儿子，你知道，他是一个非常不一样的人，他是一个非常幽默的人，有意思的人。但是总的来说，我觉得他这个生命，他得到了

很多人的爱，这个爱，不是说不仅仅因为他是癌症患者去世了，因为早逝的人很多，也不仅仅他是一个会写作的孩子，其实也有孩子会写作的，就是因为他这个人，真的，只要走近他，他这个人，就是特别奇妙，特别美好，而且他特别仁慈，就是一个不同凡响的人，我觉得，其实，真的，只要接触过他的人，就有这种感觉，不知道用什么语言能够形容，不是说他有才，可惜，根本不是这样的，在我看来，他这个人太独特了。从这个意义上，我真的觉得，上帝给了我够多了，给我这样一个人，我因为是她的妈妈，才能近距离地感知这些东西，并不是因为我是她的妈妈，我就夸他。而是因为我看到了，这些美好。他曾经说，我注定是天崩地裂的人。我觉得他的话，让你鸡皮疙瘩掉一地。不过事实上，他真的是。他的语言，他的思想，他真的是超越生死。他不认为别人能够了解他，能够写他，所以他自己写了自己。（三叶草）

我们孩子上学的时候可优秀了，所以什么都不用我操心。就他休学这么一年，还考一重点中学。就小升初的时候，他是四年级得的病。休学了那么两年，接着上，又多上了一次六年级嘛。然后考中学，考了十四中，当时就考到重点班去了。（海棠）

我还可以，因为我的孩子特别优秀。我认识很多孩子，都特别优秀，不优秀的孩子，我不愿意见，因为我的孩子就特别优秀。他高三的时候走的，当时如果没有生病的话，肯定是非清华北大不上的。当时孩子在学校差不多就是标杆性的人物，出了这样的事情，学校老师、校长都特别惋惜。（桔梗）

六、丧亲相关因素

（一）疾病告知

对于患病离世的父母而言，他们的哀伤和失落实际上是从诊断重大疾病那一刻就开始了，那时候已经有了预期性哀伤。当得知孩子患上了重大疾病，有生命危机的时候，有的父母是选择告知孩子，比如桔梗。

那天晚上，我跟儿子进行了一生中最沉重的一次谈话。我跟他说，我说你得的是最难治的疾病——M1型白血病，而且现在肺部完全感染。你要活下来，我们必须做到四点：一是面对现实，二是配合治疗，三是准备吃苦，四是拿出信心。否则的话很残酷，结果不堪设想。（桔梗）

三叶草也是，尽最大的努力，但是也做好了最坏的打算。陪伴在孩子身边，珍惜每一天相处的日子。

曾经在他生病的时候，他跟我说，妈妈，我要90岁你才能死。（哭泣）我说，你90岁了，我都120岁了，那不成了老妖精了吗。他对我的寿命，和我要干的事情，都做了安排，他说妈妈，你必须写什么什么，他就是嫌我慢，我跟他说，我以后会写，他说，不行，你马上就得写。等他走的时候，我就觉得，我们都没有机会分别，因为我不知道他那天会死。但是我又在想，他哪一点没有说到呢？我们有什么没有说到呢？该说的都说到了。他都说到了。（三叶草）

当然也有的选择隐瞒孩子，害怕孩子承受不起。

我一直没有告诉她，后来我知道，其实，她不是不知道，我隐瞒得太彻底了，所有能够看出来的病历上，我都写的C，就说是肺结核。她一看都写的是这个，她就不怀疑。而她也看到，肺结核也有化疗这种治疗方式。所以，我一直认为，她是不知道的，其实，后来她知道了，她的痛苦比我大得多了，她承受的压力，比我大得多了，其实我后来知道了之后，我就觉得，我太自私了，这样给她的压力真的很大。（大哭）她太懂事了。有一次，我自己忍不了，孩子越病越重，我太忍不了，我过去让阿姨帮我两天忙，我就跑在旁边哭，我当时选的地方正好是女儿病房外面的窗子。女儿听到了，阿姨跟我说，你在下面哭，她听到了，我真不知道。我真的不如我女儿啊，她哭了几声就停了，她说妈妈，没有没有，我住了这么久的医院，我就是发泄一下。（百合）

女儿曾经说过，得了癌症就别想活，后来等她得了癌症之后，就不敢告诉她。后来人家就说用什么方法告诉她去做化疗啊，我给她说做化疗，她肯定得想。那时候刚好报纸上就是出来了一篇文章就说，我们当时不是怀疑她是覆膜结核吗，那篇文章就是用化疗可以治疗结核。而且效果特别好，你说就这么巧，报纸上就有这么个文章，我就赶快把那篇文章给他看。我就说，我们做化疗吧，不打针了也不吃药了，就赶紧把病治好。事情就是这么巧，事情就这么一步步地，直到后来，就是她都消瘦了，都变形了，她就说妈你是个大骗子，我是小骗子。我说我怎么是大骗子了？她就说你是大骗子，我是小骗子，你一直不告诉我，我也不告诉你。（郁金香）

告知自己的孩子得了重大疾病，随时有生命危机，这对于父母来说无疑是极大的挑战。所以，选择告知和不告知，都是可以理解的。然而，我们也从他们的故事当中观察到，当父母选择不告知孩子的时候，父母要不断撒谎，没有机会在临终时公开地道爱，道谢，道歉，道别；另一方面，孩子出于敏感，也要配合父母，其实彼此都增加更多心理负担。这种没有告别的分离会增加未来哀悼历程的难度。

（二）被污名化的丧亲

因为自杀或者死刑等原因的死亡，时常被认为是污名化的死亡。当污名化的死亡存在的时候，社会对哀悼者的支持是不够的。污名化死亡的失落经验会使得丧亲者在社交上说不出口，这样的失落经验容易被否定，从而产生"被剥夺的哀伤"。

向日葵一直不敢告诉外界孩子是自杀离世的，野蔷薇决口不提孩子是死刑去世的。

我：我听到了你很多的不原谅，但是如果一直这样似乎也有很多的遗憾。是不是？

野蔷薇：你说得对啊。确实不能原谅，我实话跟你说，坟地从来都没有去过，地址我都不知道在哪里，

我：可能你还没有准备好，等到你准备好的时候，也许就好一点，我知道跨出这一步挺难的，

野蔷薇：一说坟地，我脑袋都大了，触动伤感的神经，脑袋受不了。这个特别艰难。

我：你是不是有很多顾虑？

野蔷薇：社会的人肯定接受不了，肯定鄙视你，我担心别人会对我有想法。社会上什么事情不会发生呢？

我：有没有可能原谅他？

野蔷薇：我没法原谅他啊，我怎么原谅他，他把人家家庭毁了，也破坏了自己的家庭，我不敢去问人家家庭，怎么问啊，我只知道大概的情况。我一点不知道，他叔处理的，他什么都没有跟我说。为这个事情，我搬家了，我没有住在原来的地方，有人知道，问我，我不承认，我没有必要说这个事情。

风信子非常了不起，为了替孩子正名，设立了抑郁症认知宣传的基金会。

孩子走了之后，你知道我最强烈的愿望是什么吗？他这样走，儿子啊，妈妈发誓，不让别人曲解你，更不让人玷污你。因为别人会说，为情啊，为钱啊，不火啊，不红啊，着急啊。我说，儿子，妈妈发誓，一定不允许这样的事情。他走了之后，我马上想到抑郁症，我好奇怪啊，我自己头脑里蹦出来，抑郁症。我知道我儿子不会为情为啥的，我儿子是非常有灵性的，他很通灵的。肯定是因为这个病。（风信子）

第七章

结论与讨论

一、结论

本书采用解释现象学的质性研究取径，在 2013 年 6 月至 2014 年 12 月间，主要对北京市 23 名失独父母进行半结构式深度访谈，并收集实物资料，通过不断对资料进行分析，尝试走进失独父母的生活和内心世界，从而理解他们丧失独子的经验（见图 7 – 1）。

失独事件对失独父母的影响表现在三个方面。第一，失独事件引发了失独父母个人的哀伤：情绪痛苦、认知紊乱、行为反常、身体受损、灵性困扰。第二，失独事件导致失独父母所处系统的震荡：夫妻系统、家族系统、家外系统及社会历史系统。第三，失独事件还衍生了一系列逝者的生前身后事务：殡葬事宜、户籍与财产、经济债务和法律纠纷；失独所带来的各个影响之间具有交互作用。可见失独事件不是一个单一的失落事件，而是一个多重多系统的失落事件。

失独父母采用以下方式来应对失独事件所带来的影响：情绪中心应对（压抑与回避、抒发和排解、分散及转移）；意义中心应对（生命追问，益处找寻，积极重评，意义达成）；宗教应对（死亡归因、来世探索、智慧领悟、仪式运用）和重新联结（与逝者联结、与同命人联结、与他人联结、与动物联结、与环境联结、与自己联结）；不同的应对方式之间有一些重叠的成分。失独父母面对失独的巨大影响时，不是被动的，而是积极主动的，并且有部分失独者会在经历失独事件后发生积极的个人成长。

通过单个案例的分析及跨案例的比较发现：失独者的丧子经验具有差异性，他们的经验会受到以下因素的影响：文化因素（"断子绝孙"思想、命理观、民间文化）、人口学因素（性别、年龄、社会经济地位、学识、工作、宗教信仰）、个人特质（幽默、善良、兴趣、责任感）、社会支持（夫妻、家人同事支持、街道及社区支持、政策支持）、生者与逝者的关系（亲子依恋关系、对逝者的认同）、丧子相关因素（患病期间的沟通、死亡原因的污名化）的影响。

失独者的丧子经验是失独影响和失独应对两者相互博弈的过程，我将其命名成"双轨博弈模型"。一般来说，在丧子的早期，影响的力量胜过应对；随着时间的推移，应对力量逐渐增强，然而，两者始终并存，处于博弈的状态。这并不是线性的过程，而是动态的、波动的，甚至会反复。

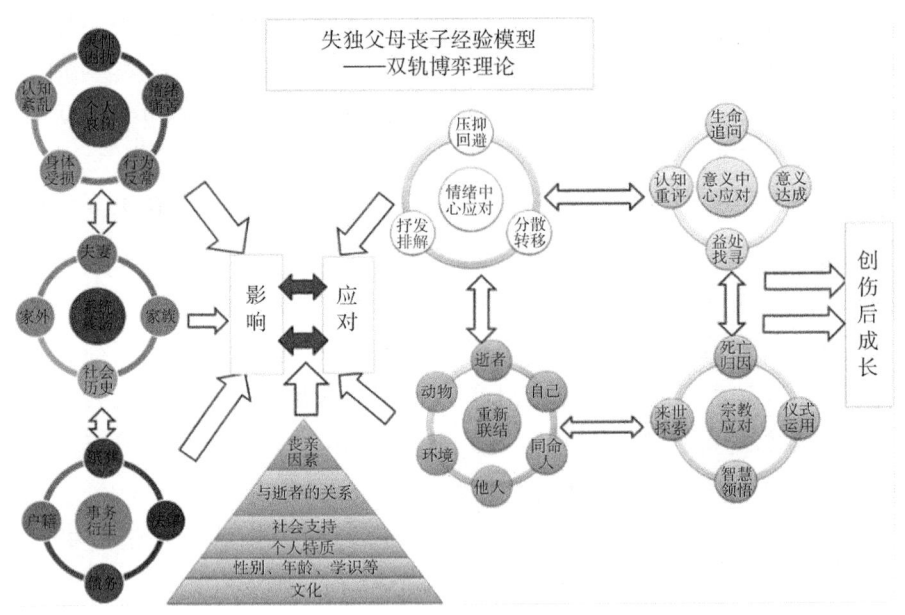

图 7-1　失独父母丧子经验模型

二、讨论

（一）失独之痛：多重多系统的殇痛

研究结果显示，在中国社会和文化背景下，失独之痛，不是单一的痛苦，而是多重多系统的觞痛。失独之痛，既是丧子之痛，又是文化之殇。

1. 身心灵的哀伤反应

丧亲会引发情绪、认知、身体和行为各个方面的反应（Chow，2006；陈维樑，钟莠菊，2006），从失独者的哀伤反应来看，和以往对于丧亲哀伤反应的研究结果总体是一致的；然而，失独相对于一般丧亲而言，反应更加强烈。虽然说丧亲可能会摧毁一个人原有的信念系统，但是，一般来说，对于自然死亡的丧亲者，他们不会经历灵性如此大的困扰（He，et al.，2014）；而对于失独者，大多数都会出现灵性的困扰，意义的陷落（何贤文，许莺珠，2006）；一般的丧亲，可能也会出现节日或者特殊日子的悲伤（Kubler－Ross，Kessler，& 张美惠，2007），但是，一般来说，持续的时间更短，并且随着时间的推移也能慢慢缓解（Bonanno，2004）；然而，我们的研究结果显示，失独者的过节婚礼综合征特别严重，持续的时间特别长，造成的后果也更加严重，每逢过年的时候，失独者就像逃难一样，成群结队地选择去一个远离市区的农家乐，或者躲到没有人认识的地方旅游。过年的时候，很多人收拾行李往家里走，失独者却是收拾行李向外逃。失独哀伤，是一个漫长而又痛苦的幽谷之路。

大部分的研究结果都显示，丧子哀伤是最痛苦的（Bellali & Papadatou，2006；Braun & Berg，1994；Kreicbergs，et al.，2007；何贤文，许莺珠，2006），而失独之痛在丧子之痛的基础上又增加了一层文化之殇。失独者因为失去了唯一的孩子，被贴上"断子绝孙"的标签。断子绝孙这个语言，最长期建构成对人最恶毒的诅咒，是最悲惨的一种境遇。这种建构与中国儒家传统文化有关。在儒家看来，子孙后代是自我生命的继续，也是祖先生命的延续，无后就是断子绝孙，也就是真正的死亡。让祖宗断了香火，是最大逆不道的行为（何兆雄，2009；郑利霞，2010）。

在以往的研究中，关于病理性哀伤的名称上，诊断标准上，尤其是病程上都存在争议，目前病程上存在着 6 个月（Prigerson，et al.，2009）和 1 年（Boelen & Prigerson，2012）之争。过去关于诊断标准的研究大多是基于丧偶者的研究（Prigerson，et al.，2009），我们的结果显示，在失独 6 个月至 1 年之间，大部分失独者还处在急性哀伤期，哀伤反应强烈，社会功能受损。但是，失独父母是否也应该按照目前的诊断标准诊断为持续性复杂哀伤障碍（persistent complex bereavement – related disorder）呢？2018 年世界卫生组织发布了《国际疾病分类 – 第 11 版》（*International Classification of Diseases*，*ICD* – 11），它将延长哀伤障碍正式收录，但是时间还是确定为 6 个月。研究指出，目前的诊断标准对于丧子父母及其他创伤性丧亲者而言太过宽松，造成许多假阳性（false positive）的结果（Thieleman & Cacciatore，2013）。这样容易将正常的哀伤反应识别为异常，盲目的哀伤干预和介入可能会干扰人们正常的哀悼历程（W. Stroebe，H. Schut，& M. S. Stroebe，2005）。

此外，DSM – 5 当中，抑郁症的诊断标准中删掉了丧亲排除标准（bereavement exclusion，简称 BE 标准），这一举动引起了争议，支持者认为 BE 标准缺乏效度，因为丧亲相关抑郁和非丧亲相关抑郁类似，它们都对抗抑郁的药物有反应。反对者认为，这样一来，许多正常的哀伤变成了抑郁症，有研究表明，如果按照目前的结果，58% 的父母在孩子走后平均 4.36 年都满足抑郁症的诊断标准。然而，哀伤与抑郁不同，哀伤是对于一个外部应激的反应，比如失去所爱，抑郁是个体内部功能不良。BE 标准是临床医生区分正常哀伤和抑郁的一个路标。过去开发这个标准的时候，大部分的研究都是基于白种人，老年人，丧偶者，这个标准需要在更多的人群当中去验证（Boelen & Prigerson，2012）。在本书中，我们可以看到，如果按照现有的诊断标准，失独父母中的大多数在失独两周后可以诊断抑郁症。这样容易将失独者正常的哀悼历程病理化。

2. 多系统的震荡

失独事件使得失独父母所处的关系系统和生态发生了震荡：从夫妻关系到家族关系，再到家外系统，甚至是社会历史系统都发生了改变。以往的研究也显示，独生子女死亡家庭具有社会脆弱性和家庭脆弱性。社会脆弱性分为父母身份认同的危机、家庭遭受社会排斥及自我排斥、组织诉求；家庭脆弱性体现在夫妻冲突、经济压力以及养老压力上（孙静，2012）。丧子之后，夫妻关系变得紧张了，夫妻之间的交流减少，许多夫妻离婚（Arnold & Gemma，2008）。失独后家庭生活受到严重影响，其中一半左右的失独者在失独后经历过自杀和迁居（梁明辉，张黎，巩新鹏，张梦，2013）；半数夫妻失独后家庭关系不和，不再共同生活在一起，一些人选择独居，一定比例的人失独后选择离异（梁明辉，张黎，巩新鹏，张梦，2013）；很多人几乎不主动进行任何社交和娱乐活动，这反映出失独者的自我包裹与封闭（梁明辉，张黎，巩新鹏，张梦，2013）。

3. 系列身后事的衍生

　　丧亲除了会引发内在世界的失落之外，还会衍生许多外在世界的改变，衍生出许多事务（Kubler - Ross，et al.，2007）。失独之后，父母面对的是一系列的事务：比如孩子的殡葬事宜，孩子生前的财产料理，孩子生病期间的经济债务，孩子死亡涉及的官司纠纷，等等，通常父母对此是没有准备的，也是没有经验的，而这些事情之所以让人痛苦，就是它会不断提醒死亡的真实性和不可逆转性，击碎人们脆弱的防御机制。此外，我们的研究发现，这些事务绝大部分是男士在处理。Doka 提出被剥夺的哀伤（disen-franchised grief）的概念，用来说明，在各种文化中有些人因为不具有被社会认可的角色权利和能力，所以即使有失落及悲伤，也无法公开地表达出来。但是表达悲伤及认识生命真谛的机会其实是人人平等的（Doka，2002）。这样的研究结果给了专业工作者三点启发：第一，在丧失刚刚发生时，不仅要关注丧亲者的内在世界，也要协助处理一些事务，因为事务的处理本身能够减轻丧亲者的心理负荷；第二，提醒我们关注失独父亲"被剥夺的哀伤"；第三，应该对社区工作人员进行心理教育和同理心训练，增加对类似人员服务的人性化程度。

4. 哀悼有无终点

　　不管是哀悼者还是研究者，都会思考一个问题，就是关于哀悼何时结束，哀悼有无终点，而这个问题就像问"天有多高"一样，难以回答，没有现成的答案。Worden 认为，哀悼任务完成之时，哀悼就结束了，然后这并没有办法设定明确的时间表，比如说，半年，一年，两年，或者不结束。Worden（2009）认为，当想起逝者时，没有生理的表征，如恸哭或者胸口发紧的感觉，并且能够重新将情感投注在生活和生命中时，哀悼就已经结束了。然而，有些人似乎永远不能够完全脱离哀伤。Bowbly（1980）曾经引用一个60多岁的丧父者的话，她说，哀悼永远不会结束，只是随着逝去的岁月减少爆发而已。对于孩子的离世，也许是更加困难的。关于对孩子的哀悼是否有终点，许多受访者表达了自己的感受。

有一年，在孩子刚去世的一年，中央台做了一个《我们的2006》的节目。当时的节目主持人问我，你打算用多长时间走出来啊？观众也哗然，怎么这么问问题，没有绝对的走出来这个概念的。……（哭泣）对我来说，这些就是太具体了，对每个妈妈，之所以不堪回首，就是太具体了，我们想到的就是他的脸，他的，他是，活在我的心里，但是你就是不能抱他，不能touch他，这种失去是那个什么。……其实是这样的，那个时候的痛苦，是相对浅的，是在上层，（用手比画着脖子以上的部分）现在就更往下走。那时候，随时随地都在哭，每分每秒，但是越来越往下走，哀伤一直都在。现在，特别深，对我来说，依然是每时每刻，每分每秒，（哭泣）。（三叶草）……

心理学有一个假高兴。我们唱歌也嘻嘻哈哈，有具体事情的时候，这个伤疤永远留在你身上。你到闭眼哪一天，才彻底，那是不知道了，没感觉了。这是我们真实的心理。有时候很激烈，有时候隐隐作痛。（兰花）

不可能完全走出来，那是没有什么思想，没什么感觉，思想都麻痹了。痛肯定在，时间很重要，时间会让痛冲淡一些。（野蔷薇）

我们这些群体吧，包括我在内吧，像我们这种痛苦要完完全全走出来是不可能的，只能说是每个人的恢复期不一样，每个人的各种伤痛，他所经历的，包括他的出生环境，他所受的教育文化背景，每个人不一样，所以他走出这个伤痛的时间不一样。（牡丹）

这种哀伤是走不出来的，但是你可以把自己的情绪改善一下。（玉兰）

后来我也想开了，我说我不能死，我死了，谁去给我闺女扫墓啊，谁去看我闺女啊。所以我说我不能死，我为了给我闺女多扫几年墓，多给她擦擦墓，多送几次鲜花，我也不能去死，我得好好活着。从那时候我开始明白，后来我认识别的妈妈之后我就开始劝她们好好地活着，为了你的孩子，为了能多去墓地几次。

玉兰那时候跟我一样，我都是跟她们这么说的。我也不想生活，我跟她们说，就想活在思念里，一直到现在我也是，还在想，我就愿活在思念里。我说真的，你们谁都不用管我。我说我就这样了。我就愿意生活在回忆里，我就这样了。就愿意守着孩子，就愿意思念。所以每天我必须得要上网，必须得要看一下孩子。（郁金香）

从上面这些文本，我们可以看到，哀悼是一个非常非常漫长的过程，尤其是对孩子的哀悼，而哀悼的最高点绝不可能是丧失前的状态；哀悼即便有所进展，也不可能是沿着直线进行的，可能会出现反复波动；哀伤辅导或许能够修通创伤痛苦，处理一些不合理的认知和信念，但是分离的痛苦，那种不舍，那种和孩子之间的依恋，应该很难割断，只能够通过持续性联结来转化分离的痛苦。因此，从这个意义上说，哀悼是有目标的，但是可能没有固定的终点。哀伤辅导的目标不是规定一个必须到达的终点，而是非常个体化的协助，当人能够重拾生活的兴趣，感受更多的希望，再次经验生活中的喜乐，且重新适应新的角色时，哀悼也许可能结束；然而，有时候又觉得哀悼永不止息。用弗洛伊德曾经给丧子友人写的一封信，也许能够概括这样的感受："我们终将找到一个地方安置失落，尽管我们知道失落后的强烈哀悼终将沉息，但是也知道这种痛苦是无可安慰，也无可替代的，不管如何填补这个裂口，就算能够完满地填补，它也不会是原来的模样了（Freud，1992）。"

（二）失独的应对与成长：开花与长树

从失独者对于失独事件的应对来看，再次说明，人们在痛苦和创伤面前，不是被动无能的，而是积极应对的。失独者采用多种应对方式：情绪中心应对，意义中心应对，宗教应对和重新联结。并且经历了失独之痛，许多人也在转化痛苦过程中，获得了很多成长。

1. 情绪中心应对

在最初研究中，常常希望找出哪些应对是属于积极应对，哪些属于消极应对。什么应对方式对身心健康有利？以往的研究往往认为，问题导向应对多数情况下比较有效，而情绪导向的应对与心理适应呈负相关。然而，有些研究得出了于此相反的结论（张怡玲，甘怡群，2004；宗纪刚等，2010）。本书的结果显示，在丧亲初期乃至更长的时间，失独者会采用压抑与回避（回避社交，回避提醒物），分散及转移（工作、旅游，性，酒精），抒发和排解（哭，多话，过度活动）的情绪中心应对方式。一般来说，回避和压抑被看成是消极的应对方式（Boelen，2006），然而，在丧子初期，情绪如排山倒海，失独父母可能根本就招架不住。这时候，使用压抑和回避的方式，未必不是适应的。Bonanno 也提出了"coping ugly"，是指一些常规的研究认为的不健康的行为在压力情境下也许是有效的应对方式，比如自我服务偏差（Bonanno，2006）。当然，丧亲初期采用各种情绪中心应对活动是否能够帮助丧亲后的适应，还需要更多的研究来验证。

本书认为，情绪中心的应对，在丧子初期是需要的，但是具体采用什么活动和行为进行情绪中心应对又不能一概而论，要因人因情境而定。Cheng 提出应对灵活性理论，应对的灵活性（coping flexibility）指人们根据情境需求，灵活选择与之相适应的应对策略的能力。相对于无论情境如何其应对方式都缺乏变化的应对，灵活性应对是在不同情境下会采用不同应对，以与情境需求相适应（Cheng，2001）。失独情境是极其复杂的情境，而且不同的失独者所面对的情境各不相同，我们不能简单判断他们的应对是积极的还是消极的，是有效的还是无效的。

2. 意义中心应对

创伤会挑战一个人的基本信念，比如，我们是有价值的，世界是良善的，发生在我们身边的一切都是有意义的（Janoff – Bulman，1992）。至爱的离世常常剥夺了丧亲者投注在他与已故者关系上的核心意义，使得他与之前有意义的角色失去了联结（Neimeyer，2000），失独事件对失独者最大的影响，在于让失独者的灵性受到了冲击，他们赖以生存的意义和目标瞬间崩溃；所以，失独者的哀悼历程中最核心的一个议题就是重建生命的意义，意义是支撑失独者走下去的动力，这是一些关于存在的议题。

维克多·弗兰克尔描述了他在纳粹集中营时的经历，由于这段经历，他撰写出《活出生命的意义》（*Man's Search for Meaning*），并发展出了自己的意义疗法（logo therapy）（维克多·弗兰克尔，2010）。关于"人们如何才能超越痛苦"，弗兰克尔常常引用哲学大师尼采的话，"参透为何，定能接受任何"。每个人都有自己的意义来源，弗兰克尔将人的意义来源分为三类：（1）通过创立某项工作或者从事某种事业；（2）通过体验生活或者与某些人相遇；（3）在遭遇某些不可避免的苦难时采取某种态度（维克多·弗兰克尔，2010）。本书中的结果也显示，失独者尝试各种方法重建生命的意义：不断追问逝者离世的原因，领悟死亡的意义，尝试将死亡事件整合到完整的自我叙事中；努力去接纳和面对死亡的事实，感悟人生无常；投身新工作和事业，如公益事业，重新找到人生的意义，恢复自我认同。因此，本书认为，应对失独之痛的关键在于意义的重建。

3. 宗教应对

在本书中，有 1 名研究参与者失独之后皈依佛教，有 2 名开始信仰基督，另有 2 名佛教徒加深了对佛教教义的理解。当个体生命、健康遭受威胁或者损害时，例如疾病、战争、家人死亡等重大压力情境下，宗教是一个重要的应对资源。尤其是当个体生存受到不可控的外力的威胁时，人们往往转向宗教以寻求更高力量的帮助（陈绿平，刘学兰，2009；郑晓江，2006）。

宗教应对可以分为积极宗教应对和消极宗教应对，宗教应对总体上具有积极意义（Pargament & Brant，1998），丧子父母认为教会是他们生活的中心，是他们最重要的社会支持。有些丧子父母提到灵性提供给他们承受丧子之痛的力量。信仰能够给他们支持，让他们相信孩子没有在受苦，他们将会重聚，死去的孩子还会保护其他的孩子（Arnold & Gemma，2008）。但是有的宗教应对对于心理健康是不利的，比如，感到被上帝抛弃，认为消极的事情是上帝的惩罚等（Pargament & Brant，1998）。本书的结果支持宗教在失独父母丧亲应对中是一个积极的保护性因素。宗教教义帮助失独父母对死亡事件进行归因和解释，帮助失独父母构建孩子的死后世界；宗教智慧能够启迪失独父母以更好的态度面对生活；同时，宗教仪式能够帮助失独父母和孩子建立联结，让父母可以为孩子的"好死"助力，让孩子"死后进入天堂，到达净土"。宗教为失独者的意义中心应对提供了资源。

4. 重新联结

本书结果显示，失独事件会影响失独者关系系统和生态的变化，失独者会出现与逝者分离的痛苦，失独者与原来的身份失去了联结，与此同时，他们会出现社交回避和退缩，切断许多旧的联系。然而，人只有处于联结中才会有意义感（Neimeyer，2000），失独者又采用重新联结的应对方式，从失联走向重新联结。

重新联结包括和逝者联结，这个部分在过去的研究中有专门的术语称作持续性联结（Field, et al., 2005；Field, et al., 1999；S. M. Ho, et al.,

2013；Klass，et al.，1996）。本书研究发现，失独父母会采用很多方式与逝者保持联结：如，保留和珍藏逝者的遗物，给逝者写信，同逝者对话，完成逝者的遗愿，梦见逝者，回忆逝者，把逝者作为自己的道德引导，做逝者生前感兴趣的事情，按照逝者的期望去生活等，这与过去的研究结果一致（Ronen et al.，2009）。

失独父母中很典型的一个特点就是抱团取暖，他们通过各种形式抱团：社区心灵家园、民间组织，失独QQ群。这些不仅起到一个类似于信息池的作用，而且随着时间的推移，大家在互动中又交流了感情，形成"我们感"（刘中一，2014）。

除此之外，他们也慢慢尝试与他人交流，如部分失独者重新组建了家庭，得到了再婚配偶的支持，或者得到新认识的朋友和同事的支持。他们通过旅游与自然环境和社会环境建立联结。还通过关心自己，或者瑜伽禅修等方式与自我联结。其中有些人通过饲养宠物，和动物之间建立情感联结。

（三）文化与性别的考虑

1. 文化因素

失独父母的丧子经验受到了中国特定文化的影响。中国是一个重生轻死的文化，死亡是文化中的禁忌（郭于华，1992）。

本书的结果显示，许多失独者感到痛苦，是因为"断子绝孙"。因为在中国传统文化中占有正宗地位的儒家文化认为，子孙后代是自我生命的继续，也是祖先生命的延续，无后就是断子绝孙，也就是真正的死亡。让祖宗断了香火，是最大逆不道的行为（路晓军等，2004）。

失独者大多认为失独事件是自己倒霉，是命，这受到了中国传统的命理观的影响。可见，文化是一把"双刃剑"，虽然祖先崇拜和中国传统的孝道观念加重了失独者的哀伤，但是传统的命理观也帮助他们接纳死亡的事实。此外，失独经验还受到了一些民间的文化的影响，如民间文化认为，夭折的孩子是不吉利的，因此失独者不敢经常去墓地看望孩子，不应该表达哀伤和流泪，父母不能给孩子送葬等，这表现出许多丧葬仪式中的禁忌。

"生死有命，富贵在天。"中国人信命、爱算命，不论生意、婚姻、风水还是姓名皆要询问命理人士，命运连着当代中国人的心。除了看风水、算命以外，中国的年轻人还喜欢星座、血型、九宫格、玄空飞星等算命方法。中国人关于命运、缘分和报应的观念是紧密相关的。缘分无论大小都会影响个人的命运。在善恶体系的宗教哲学核心中，存在着对超自然报应的信仰，这种信仰从中国有文字记载的历史开始，就一直是中国宗教的基本信仰。

2. 性别

近年来，学者们已经渐渐觉察到了丧亲经验的性别差异（Stroebe，2001）。本书的结果显示，男女性别在失独经验上存在很大的差异，首先，从参与研究的意愿和动机来看，女性更加主动积极，男性意愿不高。在丧偶者的研究中，可能会是由于女性普遍比男性长寿，大部分哀伤的有关研究多研究的是寡妇，对于鳏夫研究很少，其中一个很重要的原因就是，男性参与研究的动机不及女性（Stroebe，2001）。

对于哀伤的情绪，男性失独者倾向于压抑，或者寻找其他方式转移哀伤；而女性失独者倾向于情绪表达。在一项讨论哀伤干预起效的性别差异研究中显示，寡妇倾向于从情绪中心干预中获益，而鳏夫倾向于从问题中心干预中获益（Schut, Stroebe, Bout, & Keijser, 1997）。尽管对于男性丧亲者的研究不多，仍然发现男性丧亲时倾向于压抑情绪，对自己的情绪不敏感。因为，在男人的社会化过程中，需要社会支持常常被视为软弱，他们倾向于私密地表达哀伤，不会将自己的情绪与他人分享。性别角色的期望与常模基本上是一个社会的建构与文化遗传（陈维樑，钟莠筠，2006）。"男儿流血不流泪""男儿有泪不轻弹""男人不能是弱者，男人要担当"等话语仍然不时挂着人们嘴边。文化的制约也自然影响着男女的早期教养和社会化。性别分工和性别角色形成了鲜明的不同（陈维樑，钟莠筠，2006）。

对于是否保持和逝者的联系上，本书显示，男性失独者倾向于切断联系，女性失独者倾向于保持联系，关于他们的适应情况，我们可以看到，大多数男性失独者在丧子初期，承担了家庭中大部分事务，然而，之后却出现了很多适应不良的表现，比如抑郁等，或者选择离异，再婚；而女性失独者在丧亲初期表现出极大的情绪痛苦，然而，慢慢会积极借助宗教，重新联结，以意义应对的方式适应丧亲后的生活。这与过去的许多研究结果是一致的，鳏夫更倾向于否认痛苦的情绪，难以在丧亲中复原（Schut， et al.，1997）。创伤后成长问卷 PTGI 的数据显示女性比男性更容易从危机中收获成长，女性的创伤后成长的感知是男性的 2 倍（Tedeschi & Calhoun，1996）。另外还有一些关于创伤后成长的性别差异研究得出了类似的结论（Lehman et al.，1993；Park，Cohen，& Murch，1996）。

陈维樑和钟莠筠（2006）认为男女皆有哀伤的反应和表达哀伤的需要，但是两性在处理上，有着明显的不同，这种不同往往具有跨文化的普遍性。他们根据一些学者的研究及观察所得，总结了男女两性在表达哀伤时的性别差异（见表 7-1）。

表 7-1 男女两性在表达哀伤时的性别差异

男性倾向……	女性倾向……
压抑情感或不敏感于自己的感受，因而较沉默	可以公开表达感受和流泪
只是在私底下或者丧礼中表达强烈的哀伤，而不愿意与人倾诉	通过社交获取情感上的支持和了解
公开表达的情感往往牵涉愤怒或内疚	难以表达愤怒
思想先于并主宰感受	感受先于并操纵思想
思想聚焦在问题解决和控制上，对无法挽回所失感到无能	花费较多的精力在感受层面，丧失导向，被动，容易有内疚感
较容易开始新的恋情或者再婚	对开始新的恋情或者再婚报较多的保留
因不擅长料理家务而感到气馁或者自尊受损	因不擅于处理维修、法律、财务等事宜感到无助，受挫
以幽默化解悲伤	较多愁善感容易忧郁
视失去所爱为一个挑战而非威胁	视失去所爱为威胁，且仿佛是失去了自己生命中很重要的一部分
崇尚独立、自助，将表达需要视为弱者的表现，而暴露怯懦在充满竞争性的男人世界里更加是危险的行为	崇尚互相依赖，较易寻求和接受帮助，表现怯懦也可以带来别人的援助与安慰
难以得到同性朋友的谅解和慰问，因为男性之间建立的多围绕外在事物的讨论，很少涉及情感的分享	容易与同性或者异性谈心，通过倾吐去处理，过滤以及整合经验
比女性报告较少的压力，但是紧张的感觉持续时间较长	报称较多的压力，焦虑，恐惧和生理病症

除此之外，我们可以用哀伤双程理论来解释男女的性别差异，男性常

常更多地聚焦于恢复导向；而女性比较多聚焦于丧失导向，但是丧亲后积极的适应应该是在丧失导向和恢复导向之间摆动。过分沉溺于哪一部分都可能引发病理性哀伤。

因此我们在对男性失独者进行哀伤咨询要注意以下几点。

第一，不要忽略了男性的哀伤。从某种意义上说，男性哀伤时，可调动的资源更少，因为他们倾向于问题解决式的应对，而丧亲作为不可逆的生活事件根本无法解决，由于他们的社会化期待和性别角色，导致他们又缺乏更多的情绪应对的资源，他们更容易被剥夺哀伤的权利，所以男性应该得到关注。

第二，传统的感受分享式的个体咨询或者团体对于男性来说，可能更加困难，可以考虑给男性更多时间来学习这个部分，或者设计一些行动型、问题解决式的活动，帮助他们。

第三，正如有些女性的哀伤来得男性化，男性的哀伤也可能表现得不典型，所以，我们要因人而异，具体评估他们的情况，灵活处理。

（四）复原力

本书研究结果显示，失独父母的丧子经验受到了个人特质和社会支持的影响，个人特质，如幽默、善良，兴趣广泛，责任感是个人失独适应过程中的保护性因子，良好的社会支持也能够促进失独后的适应，这些社会支持包括夫妻的支持、朋友和同命人的支持，还包括社区街道和政策的支持，尤其是失独和社会政策有极大的关系。这一结果和以往的研究基本一致，过去的许多研究表明，积极的个人特质是面对创伤事件的内在复原力因子，而良好的社会支持能够起到缓解应激事件的冲击力和适应压力中的复原力的作用（Engelkemeyer & Marwit，2008；Hogan & Schmidt，2002；Riley，et al.，2007；Tedeschi & Calhoun，1996）。对 35 名丧子妈妈的研究结果发现，乐观特质高的妈妈报告较少的强烈哀伤反应和心理痛苦；采取积极应对方式的妈妈报告较少的强烈哀伤和复杂哀伤症状，丧子妈妈的个人成长与积极应对、寻求支持及积极再定义都有存在正相关（Riley，et al.，2007）。

（五）生者与逝者的关系

本书研究结果显示，对逝者的认同对于失独经验有很大的影响，对逝者认同程度越高，在丧失初期哀痛情绪越高，但是对逝者的认同对于某些失独者又具有积极的意义，因为我们可以看到很多失独者利用对逝者的积极心理表征，与逝者进行重新联结。鲍尔比的依恋理论认为，拥有对逝者积极的记忆对哀伤的解决具有重要的作用（Bowlby，1971，1984）。除此之外，当失独者对逝者很认同时，会认为逝者的生命是具有意义的，虽然生命的长度不够，但是生命的很有宽度。然而，这一点似乎受到了依恋类型的影响，安全型依恋类型的人能够运用对逝者的积极心理表征建构意义，而占有型的人，主要是在保持着和逝者外在的联结上。鲍尔比认为，早期的依恋关系对个体的影响会持续一生（Bowlby，1971，1984）。但是关于对逝者的认同，依恋类型，持续性联结和丧亲后适应的关系，还需要更多研究的验证。

（六）疾病告知与安宁疗护

本书发现，对于因重大疾病丧子的父母当中，治疗过程、患病期间的沟通，是否告知孩子病情等因素影响了失独者事后的哀伤经验。告知孩子病情的，在孩子患病期间给予孩子更全面照顾的，有更多沟通和表达的丧亲者，适应得更好。比如，三叶草就是一个正面的例子，然而，百合和郁金香就没有将病情告知女儿，但是当孩子去世之后，她们陷入了深深的后悔和自责当中。对于那些孩子已经诊断为重大疾病的父母而言，从确认诊断那一刻就开始了，他们已经有了预期性哀伤（anticipatory grief）。然而，由于现行大部分医院并没有安宁疗护的资源和团队，大众对此的认知度也比较低，许多父母一直隐瞒着孩子的病情，留下了很多遗憾。

当亲人的生命进入倒计时，"是否要把病情的真相告诉患者本人"，这是很多家人面临的两难的选择。其实从临床的对比来看，回避并不能真正地帮助患者，以至于患者每天生活在对自己病情的猜疑中，反而不利于治疗。合理地将病情告知患者，不仅可以使患者与家人共同选择治疗方案，更重要的是，患者能够理智表达出自己真实的意愿，规划自己最后的时间，以坦然的心态面对死亡，一些患者因为不知道自己的生命状态，把本该去道谢、道歉、道爱、道别的宝贵时间，用在了痛苦的治疗上。本书的研究结果给我们的启示：要推荐安宁疗护的理念。

安宁疗护（Palliative Care）也叫舒缓治疗、缓和医疗、宁养照顾、姑息治疗。根据世界卫生组织对它的定义是：安宁疗护是一种提供给患有危及生命疾病的患者和家庭的、旨在提高他们的生活质量及面对危机能力的系统方法。通过对痛苦和疼痛的早期识别，以严谨的评估和有效管理，满足患者及家庭的所有需求，包括心理需求和精神需求（张斌，2005a；赵可式，2005）。它遵从以下原则：提供缓解一切疼痛和痛苦的办法；将死亡视为生命的自然过程；既不加速也不延缓死亡；综合照顾患者的心理和精神需求；用系统的方法帮助患者过尽量优质的生活，直至去世；用系统方法帮助家庭应对面临死亡的危机；以专家协作的团队满足患者及家属的需求，包括丧亲辅导；提升存活质量，积极影响疾病过程；有时候也适用于疾病早期，与其他疗法，如化疗、放射共同使用，以达到延长生命的目的，从而更好地管理并发症多带来的痛苦（Nelson et al.，2000）。安宁疗护和临终关怀（hospice）不同，一般认为，安宁疗护可以用于疾病早期，以治愈疾病及延长生命为目的的治疗可以同时进行使用；而临终关怀，则只针对不会超过 6 个月生命的末期病人（张斌，2005a；赵可式，2005）。

世界卫生组织 2002 年扩充了安宁疗护的内涵，考虑了躯体、精神、心理、社会和灵魂的全面需求。在亚洲各国和地区，日本率先将缓和治疗纳入医保，99% 的日本人选择通过缓和治疗步入死亡；而中国台湾的缓和治疗水平在亚洲排名第一（施永兴，朱汉民，2002；张斌，2005b）。由于各种限制，中国大陆的舒缓治疗发展很慢。据统计，我国每年新增恶性肿瘤患儿 3 万~4 万人，其中白血病占 1/3。中国处于舒缓治疗极为初级的阶段，只有星星点点的临终关怀，事实上，舒缓治疗应贯穿于患病始终，从入院即开始介入，全面的儿童舒缓治疗至少应包括疼痛及症状管理、心理支持、社会支持和临终关怀四个方面，向患者及家属提供生理、心理、社会等全方位的支持和照料，帮助患者对抗痛苦，提高生活质量（《21 世纪经济报道》，2015）。

（七）对话已有的丧亲理论

我基于 23 名失独者的资料建构的失独者的丧子经验模型（见图 7 - 1），被命名为"双轨博弈模型"，这是一个整合的丧亲模型。该模型具有以下特点：（1）这是一个基于失独父母的理论建构；（2）该模型识别和细分了各种丧子的应激源，阐释了失独带来的内在和外在世界的变化；（3）该模型识别并细分了各种应对策略，但是并未明确提出哪些是积极应对，哪些是消极应对，而是提倡应对的灵活性，选择与情境相适应的应对策略；（4）所谓的"双轨"，指的就是失独之影响与失独之应对；（5）揭示了双轨之间的关系是动态博弈过程，因而，丧子经验具有动态性、非线性和反复波动的特点，（6）揭示了不同个体具有差异性。哀伤辅导的目的是缓冲破坏性影响，修通负面影响；助力应对，促进灵活性应对。

失独者的丧子经验是一个始终伴随的两股力量的博弈过程，失独带来的影响和失独者的应对。这两股力量始终并存，在哀伤初期，我们往往称为急性的哀伤期，失独带来的影响非常大，失独者会产生强烈的哀伤反应。然而，即便在这个时候，失独者依然在努力应对；随着时间推移，我们看到很多失独者经过自己努力，找到了新的生活目标，在工作，在做事，我们以为他们"走出来了"，其实哀伤和失落还在。

1. 精神分析的哀伤工作理论

精神分析的哀伤工作理论主张切断联系（Davies，2004），后来这一工作假设受到了质疑（Davies，2004）。本书的研究结果再一次证明了，该理论假设存在问题，失独父母根本不可能彻底切断与逝者的所有联系。即便过了很多年，他们还保持着和逝者的联结。本书的结果认同鲍尔比的依恋理论，哀伤可以理解成分离焦虑（Bowlby，1984），因此，可以将失独者的哀伤反应正常化对待，放下对他们的"应该、必须"，去病理性标签。

2. 持续性联结的理论

本书的研究结果显示，失独者在失独多年之后仍然会与孩子保持持续性联结，联结的方式多种多样，有回忆孩子生平，祭奠孩子，按照孩子的期望生活，完成孩子的遗愿，梦的联结等，这一结果和其他对于持续性联结的结果一致（Field & Filanosky，2009）。然而，持续性联结对于丧亲后适应的作用，过去的研究一直存在争议（Stroebe & Schut，2005）。持续性联结对丧亲是否有适应作用，不是一个可以简单回答的问题，需要进一步研究，什么人、在什么阶段采用什么联结方式可能是适应的（Worden，2009）。本书也认同这一观点。从本书的研究结果来看，丧子初期，更多出现外在化联结（Field & Filanosky，2009）；随着时间推移，更多出现内在化联结（Field & Filanosky，2009）。男性更加倾向于切断联结，女性更加倾向于保持联结。本书赞同持续性联结的适应性应该放在依恋的框架下看

（Field，et al.，2005），比如，对于占有型的百合、郁金香、玉兰，可以适当建议其松开一些联结；对于回避型的野蔷薇，可以协助其处理和逝者的关系，保持一些联结。

3. Kübler–Ross 的哀伤阶段论

Kübler–Ross 提出了哀伤阶段论：否认，愤怒，讨价还价，沮丧，接受（Kubler–Ross & Kessler，2005），这一理论毁誉参半。赞誉者认为，如此清晰的分类和阶段论，很符合科学原则；诋毁者则认为，太过清晰，将复杂的情绪简单化，不符合临床的事实或者现象，真正接触病人者，随即就会发现，几乎没有一位病人是按照五阶段论发展的，如此简单的阶段论反而造成了人们误判病人的情绪，并加以标签化，使得病人更感到不被了解与孤独（陈维樑，钟莠菡，2006）。Ross 自己也说，五阶段论被广泛地运用和误用，我的人生目的绝不只是度过这些阶段，我的生命也绝不是五个阶段便能一语道尽的（Kübler–Ross，et al.，2007）。从本书的研究结果可以看到，虽然同样是失独，但是每个人的经验都不相同，他们的经验也很难囊括在这五个阶段当中，第一，他们有的经历了这些情绪，有的可能没有经历其中的一些情绪，有的可能经历远比这些更加复杂；第二，每个人所经验的情绪并非按照这样的特定顺序，有时候这些情绪是同时发生的；第三，每种情绪修通所需要的时间也各不相同，从最初的震惊迷惑到最后的接受，每个人花费的时间差异很大。尽管如此，我还是非常认同和赞同 Ross 提出的理论，该理论对于我们理解哀伤经验很有价值。

4. Worden 的任务模型

Worden 认为成功地解决哀伤需要完成以下四个任务：（1）接纳死亡的现实；（2）体验丧亲带来的哀伤；（3）适应逝者已经离开了的世界；（4）开始新生活的同时能找到和逝者保持持久联结的方式（Worden，2009）。Worden 的任务理论给哀伤辅导提供了指导，但是他的用语我并不赞同，他把哀伤作为一件需要被解决的事情，哀伤当中的某些部分，如创伤痛苦，也许可以经过时间的累计去缓解和稀释；但是分离的痛苦，可能是很难解决，也许是伴随终生的。也许我们要做的不是解决哀伤，而是如何修通哀伤，和哀伤相处。所谓的任务，听起来也是有一种命令感和压力感。好像是"必须"。

然而，从本书的研究结果来看，没有什么是"必须的"，哀伤的平复没有固定的模板。比如，接纳死亡的现实，当然是重要的，但是除了接纳死亡事实之外，还需要接纳变化的世界，比如说失独带来的一系列影响；体验丧亲的痛苦，人们需要允许自己体验哀痛，同时也要允许自己偶然回避哀痛，把哀痛搁置；适应逝者已经离开的世界，这个我认同。最后，开始新的生活，同时能找到和逝者保持持久联结的方式。虽然，我们不主张必须切断与逝者的联系，但是我们也不应该规定必须找到保持联结的方式。我更加倾向于尊重哀悼者自身的经验，无论她选择切断还是保有联系，都是应该被允许和接纳的，作为专业工作者，应该做个体化的评估和协助。此外，我也同意有的研究者的观点：并不是所有的哀悼者都会必须完成这些任务，而且也不一定按照这个顺利来完成。

5. 双轨模型

本书提出的双轨博弈模型，借鉴了双轨模型的思想，在丧亲的双轨模型（Two – Track Model of Bereavement）中，Rubin 将哀伤过程分为两个不同，但是又相互联系的过程。过程 I 是处理丧亲导致的一系列个体功能的问题，如情感、人际、身体上的问题。过程 II 是转变对逝者的依恋，形成一种新的联结（Rubin，1999）。Rubin 对丧亲理论的巨大贡献就是提出了生者和逝者的联结。在本书中，也证明了这一点，失独者与孩子之间保持着很多形式的联结。本书建构的丧子经验模型也强调了两股力量，但是内容不太相同，双轨理论中提到的两个过程不足以概括丧子经验的全部，丧亲者除了要转变对逝者的依恋，形成一种新的联结之外，还需要意义建构。

6. 哀伤双程模型

Stroebe 和 Schut 提出了较有影响力的哀伤的双程模型（Dual Process Model，DPM）（Stroebe & Schut，1999）。该模型区分了两种和丧亲有关的应激源，一种是丧失指向（loss – orientation）的，另一种是恢复指向（restoration – orientation）的（Stroebe & Schut，1999）。他们认为良好的适应不应该固着于其中一个指向，而应该是在两种应激源之间有动态的摆动（oscillation）（Stroebe & Schut，1999；唐信峰，贾晓明，侯力琪，2013b）。该理论对于哀伤干预有着非常重要的启示意义。

然而，双程模型是建立在对丧偶者的研究基础上，双轨博弈理论是建立在对失独者的研究基础上，因此两者可以做结合和对话。双程模型当中所使用的丧失导向和恢复导向在实际工作当中并不好区分，按照哀伤双程模型的说法，保有和切断联系是属于丧失导向的，然而，在本书当中，许多失独父母以孩子的名义成立抑郁症基金会，因为孩子的愿望开始了种树行动，他们正是通过保有和孩子的联结来开始新的生活。所以，如果这样一来，这既是丧失导向的，也是恢复导向的。我曾经因为这个问题和 Stroebe 沟通，她回复我，对于很多现象，我们需要做进一步更加精细的分析，比如最初因为孩子的愿望种树，可能是丧失导向的更多，要保持和孩子的联结；慢慢地，她在种树过程中找到自己的意义，确立了自己生活的新目标，更多具有恢复导向。所以，理论的简化会给理解造成一些困难，有时候同一个行为可能具有双重导向，所以在实际运用中，要看看具体个案背后的动机，甚至同一个应对方式在不同时间点的导向性。

（八）失独者的哀伤辅导：3L4R 框架

基于对失独父母丧子经验的研究结果，对于失独者的哀伤辅导具有极大的启示意义，借助研究结果，我尝试性提出失独者哀伤辅导的框架：3L4R 框架。

1. 工作的 3 层次（3L）

3L 中的 L 指 Level，是指失独哀伤服务的三个层次，服务工作可以结合具体的情况来实施，从 Level 1 到 Level 3，都能够对失独者有一定的帮助，但是深度越来越深，专业性越来越强。

从本书的研究结果可以看出，失独者并不是被动的，不是每个人都有哀伤干预的需求，大部分人能够依靠自己的努力应对哀伤。因此，我们的哀伤辅导工作应该是分为几个不同层次的。

Level 1：提供手册式的信息。针对失独者编撰科普小册子，介绍失独者的哀伤经验模型。对失独者进行心理教育，他们了解自己可能出现的状态，以便自己的哀伤反应正常化，同时能够利用自己的资源。

Level 2：自助，同命人的互助，社区街道工作者的协助，从本书的研究结果可以看出，有许多失独者依靠自己的力量，慢慢实现了意义重建，更重要的是，大部分失独者非常需要抱团取暖，听听同命人和过来人的经验能够帮助他们，社区和街道的关心和协助也是很重要的因素。专业工作者可以给社区工作人员介绍失独者丧子经验模型，培训一些最基本的知识。

Level 3：专业的哀伤辅导，在提出这个框架之前，我必须强调，失独者的丧子经验具有个体性，并不存在一个模板。专业工作的前提是专业的评估工作。我们的评估可以利用双轨博弈模型，评估失独事件对失独者的影响，目前他们采取了什么应对方式。识别该失独的保护性因素和风险因素。

2. 4R 框架

在专业评估基础上，我们可以借助 4R 框架协助失独者，而不同的人使用 4R 框架和针对不同的对象使用时都需要灵活的变通（图 7 - 2）。

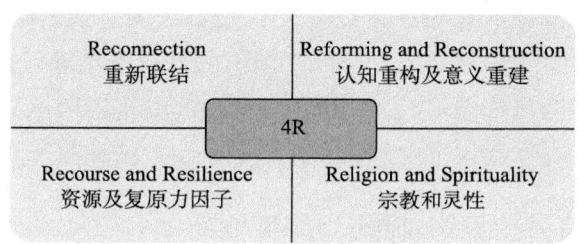

图 7 - 2 失独者哀伤辅导的 4R 框架

这 4 个 R 是四个英文单词的首字母，分别代表的是 Reforming and Reconstruction，即认知重构及意义重建；Resource and Resilience，即资源及复原力因子；Reconnection，即重新联结；Religion and Spirituality，即宗教和灵性。但是建议在丧子发生的第一年，主要是协助处理生前身后事，给予倾听和陪伴，给予社会支持。不要轻易下诊断。

（1）Reforming and Reconstruction：认知重构及意义重建

如果用认知行为治疗的模型概念化失独者的哀伤反应，我们就会发现失独者会存在许多不合理认知（Boelen，2006；Boelen，de Keijser，van den Hout，& van den Bout，2007；Boelen，DEN BOUT，De Keijser，& Hoijtink，2003；尉玮，et al.，2014），在哀伤辅导的过程中，我们可以协助他们看到自己不合理的认知，促进其认知重构。在哀伤平复过程中，存在很多合理的信念和不合理的信念。我对此进行了总结（见表 7 - 2），许多失独者能够逐渐用合理的信念替代不合理信念，专业人员在工作时也可以让失独者看到他们背后的信念，一起来对这些信念进行讨论，协助其再定义和认知重构。

表7-2 研究参与者常见的不合理信念及可替换的合理信念

常见的不合理信念	可替换的合理信念
年轻人应该比老年人走得晚	一般情况下，老年人先于年轻人离世，但是人生无常，任何人都无法预期自己的生命终点
好人不应该遭遇困难和厄运	任何人都可能遭遇厄运，这跟人是好人还是坏人无关，但是我们还是努力成为好人，这是我们自己的信仰
孩子走了，我没有资格快乐了	孩子走了，的确是一件非常悲伤的事情，但是，我也是一个生命，我还是有资格好好活着
如果我快乐，就是对孩子的背叛，就是不爱孩子了	我好好活着是对孩子最好的告慰，因为孩子一定希望我过得好
孩子走了，都是我的错	我多么希望保护好孩子，但是每个人都无法决定他人的生命的去留，即便他是我最爱的孩子。我尽力去保护他了，他走了，我很遗憾，但这并不是我的错
没有了孩子，我就是一个失败者	孩子走了，我很难过，很心痛，但这并不是我人生的失败，这也许是我人生的不幸。我曾经是那么好的父亲和母亲，我将继续在心中怀念孩子，爱孩子。除了是一个父亲/母亲之外，我还有好多角色，其他角色我完成得不差，不能因为父母的角色，而否定我的全部
医学为什么没有救活我的孩子，医生为什么那么无能	医学本就不是万能的，医生更不是万能的。死亡也是人生一个自然的过程
我人生已经毫无意义了，还不如死了算了	过去的意义崩塌了，前面可能还有意义和希望等着我去寻找
我的人生已经没有什么意义可言了，就如同行尸走肉，我也没有价值了，就这样往前混吧	是的，寻找意义和自我的价值，是不太容易，但是，也许前方就有新的希望。即便我老了，但是我还是有很多价值。既然选择活下来，我就尽力活得更好。但是，我也接纳自己每时每刻的状态，也许我已经尽了最大的努力

与此同时，可以协助失独者进行意义重建，如，将死亡归因为外界，不可控的因素；接纳和面对死亡；找到死亡的益处，比如逝者生命的价值，逝者死亡带来的益处；恢复失独者的自我认同，协助其确立新的人生目标，在准备好的情况下，鼓励其做一些利他行为。可以参考弗兰克尔意义的三个来源。社区服务人员和民间公益机构也可以参考找到意义感的途径，来设计活动和服务框架，协助失独者重新找到生命的希望和意义。

（2）Resource and Resilience：寻找资源及复原力因子

哀伤辅导时，不要忽略了失独者的资源和其本身的复原因子。本书采访的失独者在哀伤平复的过程中，并没有得到心理学专业人士的协助，大多数时候他们是依靠自己的力量，调动自己的资源，这足以证明，他们身上有许多资源，这些资源包括积极的个性特质、社会支持资源、家族的智慧和资源，此外，个人的学识，社会经济地位都可以作为资源和保护性因子。

作为专业工作者，可以协助失独者看到自身所拥有的资源，利用自己的资源。与此同时，国家、街道、社区的社会支持是其应对失独之痛的非常有益的保护性因子。

（3）Reconnection：重新联结

失独导致了失独者许多关系的断裂，他们感受到和世界、和他人失去了联结感，恢复联结感是恢复其意义感的重要一环。鼓励其与人建立联结，创造机会让他们恢复联结感。鼓励其与孩子建立积极的内在化的联结，比如把孩子作为内心的道德指引，按照孩子美好的心愿生活等。

心灵家园的设置在失独者的精神慰藉上具有积极意义，让失独群体和外界重新建立联结。

（4）Religion and spirituality：宗教和灵性

目前不论在心理治疗还是社会工作领域，人们都提出了身心灵的全人的关怀，失独事件引发了失独者身心灵的多系统失落，我们提供的关怀也应该包括身心灵的全人的关怀。过去，我们比较重视的是心理层面，但是忽视了身体层面和灵性层面。我们不鼓励人人信仰宗教，但是每个人都有追求灵性健康的权利。很多失独父母告诉我，在孩子离世之后，他们开始思考"人是否有灵魂，人的灵魂去了哪里？"作为一个有心有脑、有血有肉的心理学，不应该回避这些议题，反而可以加以运用，让人心得到安顿。

三、研究局限与展望

从 2013 年 6 月进入研究现场，历时一年半的时间，我辗转于研究现场和文字资料之间，这一年半时间，我觉得好像过了好久好久。这几年，我的关键词就是失独，死亡，丧亲，哀伤。这是一场改变我生命经验的研究。

这项研究到今天，这句话最适合概括我的心情"Qualitative studies do not have ending, only questions"（Wolcott，1994b）。尽管这项研究做得很辛苦，但是研究中还存在许多局限性，很多内容还有待深入。

（一）研究局限

1. 研究资料的局限

寻访本书的参与者难度较大，对于有些研究问题的回答上，研究资料非常饱和，但是也有一些问题的支撑资料不足够，比如对于丧子经验的性别差异问题，不同宗教信仰者的丧子经验和宗教应对问题，特殊丧子背景的污名化问题，这几个点的回答还不充分。因为，男性参与者只有5名。基督徒也只有2名，而且涉及宗教应对部分阐述的也不够深入。另外，受到时间和精力的限制，本书中有部分访谈对象只访谈了一次，可能存在不够深入的问题。

此外，本书采用的是回溯性的访谈，邀请失独者对过去经历的心路历程进行回顾，那么回顾的内容也必定是失独者当下心境下对过去经历事件的重新建构和诠释。

2. 研究者的局限

这是我第一次尝试做质性研究，虽然研究之前做了许多准备，但是毕竟作为质性研究的新手，还存在许多经验不足和能力的局限。

比如，访谈技术，事后听访谈录音的时候，会发现自己有时候没有能够深入澄清一些本土概念；努力想营造一个轻松的谈话氛围，这个动机虽好，但是有时候，太过随意放掉了一些重要的点，或者想当然地理解了对方的意思，甚至偶然会出现将自己的"先见"说出来，这样可能存在暗示的嫌疑。所以，从研究现场出来，再次听录音的时候，常常会有"打自己"的冲动。在研究访谈中，有时候，我可能应该更多地运用非言语的技术，倾听的技术，更多的在场和陪伴，而不是忙着回应。这是我的反思。此外，由于我是心理学背景，对身体方面的哀伤表现敏感度不够，追问的也不多，这可能是导致生理表现较少的原因。

再比如，资料的分析与解释，在没有开始做质性研究的时候，我想当然地以为，寻访研究参与者，收集资料是最难的部分，然而，实际上，我发现，质性研究的挑战是一个接着一个，只有更难，没有最难。如果收集资料考验的是你需要做有心人，需要勤快，需要真诚努力；那么分析和解释资料，考察的就是一个研究者的实力和训练。建构理论就像是生育和培养一个孩子。这个部分绝非一日之功。我已经记不清有多少个晚上，我在梦中筹划这些抽取出来的概念，思考概念之间的关系。即便如此，目前我所构建出来的理论，还是显得有些稚嫩。

3. 质性研究的适用范围

在学术界，一直存在者质性研究和量化研究之争，我不认为这是一个局限，只是每个研究的设计都有自己的适用范围。现在也有越来越多的研究采用多元混合设计，将质性研究和量化研究结合使用。

质性研究擅长挖掘研究对象的主观感觉及动态的心理过程，尤其适用于尚未研究过的领域。由于研究对象少，而且是目的取样，所以它所得到的结论并不敢说能够代表所有失独者的经验。本书尝试探索失独者的丧子经验，提取丧子经验的本质，或者尝试分析影响因素，但是，是否真的存在相关关系，需要更多的研究验证，更不能因此推断出变量之间的因果关系。

（二）研究展望

1. 研究对象的细分与丰富

在质性研究中，应该平衡好最大差异抽样和同质性抽样。最大差异抽样指的是被抽取的样本所产生的研究结果能最大限度覆盖研究现象中各种不同的情况。重点在于了解研究现象不同情况下某一个特点所呈现的相同或不同点。同质性抽样指的是选择一组内部成分较为相似的案例进行研究，可以集中对其内部的某些现象进行深入的分析。

比如，未来可以研究失独母亲的丧子经验；失独父亲的丧子经验，并将两者进行对比；或者研究佛教失独者的宗教应对，基督教失独者的宗教应对，并对其进行对比；自杀失独者的丧子经验，死刑失独者的丧子经验等。这样可以在某一个更小的议题上深入。

2. 增加量化研究及纵向研究

采取量化研究，可以得到更多关于各个变量之间更为丰富的关系，例如，持续性联结对失独父母丧亲后适应的影响。研究者可以更多地采用纵向研究，揭示联结与哀伤适应的因果关系；比如考察病理性哀伤的病程标准。还可以将本书提出的影响因素模型进行验证，考察这些因素是否真的影响丧亲后适应，以及具体的预测力有多大。

3. 其他方面

研究过程中，我发现了一些非常有兴趣的、值得深入了解的问题，比如，失独者的梦境的功能，失独者的灵异体验，仪式在失独应对中的作用。这些都是未来值得进一步深入探讨的。由于精力和时间的限制，未能做更加深入的讨论。

参 考 文 献

Arnold, J. , & Gemma, P. B. (2008). The continuing process of parental grief. *Death Studies*, 32 (7), 658 –673.

Arnold, J. , Gemma, P. B. , & Cushman, L. F. (2005). Exploring parental grief: Combining quantitative and qualitative measures. *Archives of psychiatric nursing*, 19 (6), 245 –255.

Asai, M. , Fujimori, M. , Akizuki, N. , Inagaki, M. , Matsui, Y. , & Uchitomi, Y. (2010). Psychological states and coping strategies after bereavement among the spouses of cancer patients: a qualitative study. *Psycho – Oncology*, 19 (1), 38 –45.

Baethge, C. (2001). Grief hallucinations: true or pseudo? Serious or not? An inquiry into psychopathological and clinical features of a common phenomenon. *Psychopathology*, 35 (5), 296 – 302.

Bellali, T. , & Papadatou, D. (2006). Parental grief following the brain death of a child: does consent or refusal to organ donation affect their grief? *Death Studies*, 30 (10), 883 –917.

Beyer, P. (2003). Conceptions of religion: On distinguishing scientific, theological, and "official" meanings. *Social Compass*, 50 (2), 141 – 160.

Boelen, P. A. (2006). Cognitive – behavioral therapy for complicated grief: Theoretical underpinnings and case descriptions. *Journal of Loss and Trauma*, 11 (1), 1 – 30.

Boelen, P. A. , de Keijser, J. , van den Hout, M. A. , & van den Bout, J. (2007). Treatment of complicated grief: a comparison between cognitive – behavioral therapy and supportive counseling. *Journal of Consulting and Clinical Psychology*, 75 (2), 277 – 284.

Boelen, P. A. , DEN BOUT, J. V. , De Keijser, J. , & Hoijtink, H. (2003). Reliability and validity of the Dutch version of the Inventory of Traumatic Grief (ITG). *Death Studies*, 27 (3), 227 –247.

Boelen, P. A. , & Prigerson, H. G. (2012). Commentary on the inclusion of persistent complex bereavement – related disorder in DSM – 5. *Death Studies*, 36 (9), 771 – 794.

Boelen, P. A., Stroebe, M. S., Schut, H. A., & Zijerveld, A. M. (2006). Continuing bonds and grief: A prospective analysis. *Death Studies*, 30 (8), 767 – 776.

Boerner, K., & Heckhausen, J. (2003). To have and have not: Adaptive bereavement by transforming mental ties to the deceased. *Death Studies*, 27 (3), 199 – 226.

Bogdan, R. C., & Biklen, S. K. (1998). *Qualitative research in education. An introduction to theory and methods*: ERIC.

Bonanno, G. A. (2004). Loss, trauma, and human resilience: Have we underestimated the human capacity to thrive after extremely aversive events? *American psychologist*, 59 (1), 20 – 28.

Bonanno, G. A. (2005). Resilience in the face of potential trauma. *Current directions in psychological science*, 14 (3), 135 – 138.

Bonanno, G. A. (2006). Grief, trauma, and resilience. *Violent death: Resilience and intervention beyond the crisis*, 31 – 46.

Bonanno, G. A., & Kaltman, S. (1999). Toward an integrative perspective on bereavement. *Psychological bulletin*, 125 (6), 760.

Bonanno, G. A., & Kaltman, S. (2001). The varieties of grief experience. *Clinical psychology review*, 21 (5), 705 – 734.

Bonanno, G. A., Keltner, D., Holen, A., & Horowitz, M. J. (1995). When avoiding unpleasant emotions might not be such a bad thing: verbal – autonomic response dissociation and midlife conjugal bereavement. *Journal of personality and social psychology*, 69 (5), 975.

Bonanno, G. A., Papa, A., & O'Neill, K. (2001). Loss and human resilience. *Applied and Preventive Psychology*, 10 (3), 193 – 206.

Bonanno, G. A., Wortman, C. B., Lehman, D. R., Tweed, R. G., Haring, M., Sonnega, J., ···Nesse, R. M. (2002). Resilience to loss and chronic grief: a prospective study from preloss to 18 – months postloss. *Journal of personality and social psychology*, 83 (5), 1150 – 1164.

Bowlby, J. (1971). *Attachment and loss*: Harmondsworth: Penguin Books.

Bowlby, J. (1984). *Attachment and loss* (New ed.): Harmondsworth: Penguin Books.

Bradshaw, M., Ellison, C. G., & Marcum, J. P. (2010). Attachment to God, images of God, and psychological distress in a nationwide sample of Presbyterians. *The International journal for the psychology of religion*, 20 (2), 130 – 147.

Braun, M. J., & Berg, D. H. (1994). Meaning reconstruction in the experience of parental bereavement. *Death Studies*, 18 (2), 105 – 129.

Briere, J. , & Scott, C. (2009). *Principles of Tranma Therapy*: Sage Publications, Inc, 2014.

Brown, B. H. , Richards, H. C. , & Wilson, C. A. (1996). Pet bonding and pet bereavement among adolescents. *Journal of Counseling & Development*, 74 (5), 505 – 509.

Carlson, T. D. , Kirkpatrick, D. , Hecker, L. , & Killmer, M. (2002). Religion, spirituality, and marriage and family therapy: A study of family therapists' beliefs about the appropriateness of addressing religious and spiritual issues in therapy. *American Journal of Family Therapy*, 30 (2), 157 – 171.

Carroll, M. M. (1998). Social work's conceptualization of spirituality. *Social Thought*, 18 (2), 1 – 13.

Chan, C. L. , Chow, A. Y. , Ho, S. M. , Tsui, Y. K. , Tin, A. F. , Koo, B. W. , & Koo, E. W. (2005). The experience of Chinese bereaved persons: A preliminary study of meaning making and continuing bonds. *Death Studies*, 29 (10), 923 – 947.

Cheng, C. (2001). Assessing coping flexibility in real – life and laboratory settings: a multimethod approach. *Journal of personality and social psychology*, 80 (5), 814 – 833.

Cheng, C. (2003). Cognitive and motivational processes underlying coping flexibility: A dual – process model. *Journal of personality and social psychology*, 84 (2), 425 – 438.

Cheng, C. , & Cheung, M. W. (2005). Cognitive processes underlying coping flexibility: Differentiation and integration. *Journal of personality*, 73 (4), 859 – 886.

Chow, A. Y. (2006). *The bereavement experience of Chinese persons in Hong Kong.* Phd. , Hong Kong Univeisity, Hong Kong.

Clayton, R. R. , & Gladden, J. W. (1974). The five dimensions of religiosity: Toward demythologizing a sacred artifact. *Journal for the Scientific Study of Religion*, 135 – 143.

Cohen – Mansfield, J. , Shmotkin, D. , Malkinson, R. , Bartur, L. , & Hazan, H. (2013). Parental bereavement increases mortality in older persons. *Psychological trauma: theory, research, practice, and policy*, 5 (1), 84 – 92.

Corveleyn, J. , Luyten, P. , & Dezutter, J. (2013). Psychodynamic psychology and religion. *Handbook of the Psychology of Religion and Spirituality*, 94.

Creswell, J. W. (2012). *Qualitative inquiry and research design: Choosing among five approaches.* London: Sage publications.

Davies, R. (2004). New understandings of parental grief: Literature review. *Journal of advanced nursing*, 46 (5), 506 – 513.

Davis, C. G. , Nolen – Hoeksema, S. , & Larson, J. (1998). Making sense of loss and benefiting from the experience: two construals of meaning. *Journal of personality and social psychology*, 75 (2), 561 – 574.

Dein, S. , Lewis, C. A. , & Loewenthal, K. M. (2011). Psychiatrists views on the place of religion in psychiatry: An introduction to this special issue of Mental Health, Religion & Culture. *Mental Health, Religion & Culture*, 14 (1), 1 – 8.

Doka, K. J. (2002). *Disenfranchised grief: New directions, challenges, and strategies for practice*: Research PressPub.

Edmonds, S. , & Hooker, K. (1992). Perceived changes in life meaning following bereavement. *OMEGA——Journal of Death and Dying*, 25 (4), 307 – 318.

Eisma, M. C. , Stroebe, M. S. , Schut, H. A. , Van Den Bout, J. , Boelen, P. A. , & Stroebe, W. (2014). Development and psychometric evaluation of the Utrecht Grief Rumination Scale. *Journal of Psychopathology and Behavioral Assessment*, 36 (1), 165 – 176.

Engelkemeyer, S. M. , & Marwit, S. J. (2008). Posttraumatic growth in bereaved parents. *Journal of traumatic stress*, 21 (3), 344 – 346.

Espinosa, J. , & Evans, W. N. (2013). Maternal bereavement: The heightened mortality of mothers after the death of a child. *Economics & Human Biology*, 11 (3), 371 – 381.

Field, N. P. , & Filanosky, C. (2009). Continuing bonds, risk factors for complicated grief, and adjustment to bereavement. *Death Studies*, 34 (1), 1 – 29.

Field, N. P. , & Friedrichs, M. (2004). Continuing bonds in coping with the death of a husband. *Death Studies*, 28 (7), 597 – 620.

Field, N. P. , Gal – Oz, E. , & Bonanno, G. A. (2003). Continuing bonds and adjustment at 5 years after the death of a spouse. *Journal of Consulting and Clinical Psychology*, 71 (1), 110 – 117.

Field, N. P. , Gao, B. , & Paderna, L. (2005). Continuing bonds in bereavement: An attachment theory based perspective. *Death Studies*, 29 (4), 277 – 299.

Field, N. P. , Nichols, C. , Holen, A. , & Horowitz, M. J. (1999). The relation of continuing attachment to adjustment in conjugal bereavement. *Journal of Consulting and Clinical Psychology*, 67 (2), 212 – 218.

Folkman, S. , Lazarus, R. , & Gruen, R. (1986). Appraisal, coping, health status, and psychological symptoms. *Journal of personality and social psychology*, 50 (3), 571 – 579.

Foster, T. L. , Gilmer, M. J. , Davies, B. , Dietrich, M. S. , Barrera, M. , Fairclough, D. L. , ···Gerhardt, C. A. (2011). Comparison of continuing bonds reported by parents and siblings after a child's death from cancer. *Death Studies*, 35 (5), 420 – 440.

Freud, S. (1917). Mourning and Melancholia. The Standard Edition of theComplete Psychological Works of Sigmund Freud, Volume XIV (1914 – 1916): On the History of the Psycho –

Analytic Movement, Papers on Metapsychology and Other Works, 237 – 258.

Freud, S. (1992). Letters of Sigmund Freud: Courier Corporation.

Fujisawa, D., Miyashita, M., Nakajima, S., Ito, M., Kato, M., & Kim, Y. (2010). Prevalence and determinants of complicated grief in general population. *Journal of affective disorders*, 127 (1), 352 – 358.

Gan, Y., Guo, M., & Tong, J. (2013). Scale development of meaning – focused coping. Journal of Loss and Trauma, 18 (1), 10 – 26.

Gebauer, J. E., Sedikides, C., & Neberich, W. (2012). Religiosity, social self – esteem, and psychological adjustment on the cross – cultural specificity of the psychological benefits of religiosity. *Psychological Science*, 23 (2), 158 – 160.

Gillies, J., & Neimeyer, R. A. (2006). Loss, grief, and the search for significance: Toward a model of meaning reconstruction in bereavement. *Journal of Constructivist Psychology*, 19 (1), 31 – 65.

Guba, E. G., & Lincoln, Y. S. (1994). Competing paradigms in qualitative research. *Handbook of qualitative research*, 2, (2) 163 – 194.

Guo, M., Gan, Y., & Tong, J. (2013). The role of meaning – focused coping in significant loss. *Anxiety, Stress & Coping*, 26 (1), 87 – 102.

Hawkley, L. C., & Cacioppo, J. T. (2010). Loneliness matters: a theoretical and empirical review of consequences and mechanisms. *Annals of Behavioral Medicine*, 40 (2), 218 – 227.

He, L., Tang, S., Yu, W., Xu, W., Xie, Q., & Wang, J. (2014). The prevalence, comorbidity and risks of prolonged grief disorder among bereaved Chinese adults. *Psychiatry research*, 219 (2), 347 – 352.

Hill, P. C., Pargament, K. I., Hood, R. W., McCullough Jr, M. E., Swyers, J. P., Larson, D. B., & Zinnbauer, B. J. (2000). Conceptualizing religion and spirituality: Points of commonality, points of departure. *Journal for the theory of social behaviour*, 30 (1), 51 – 77.

Ho, D. Y., & Ho, R. T. (2007). Measuring spirituality and spiritual emptiness: Toward ecumenicity and transcultural applicability. *Review of general psychology*, 11 (1), 62 – 74.

Ho, S. M., Chan, I. S., Ma, E. P., & Field, N. P. (2013). Continuing bonds, attachment style, and adjustment in the conjugal bereavement among Hong Kong Chinese. *Death Studies*, 37 (3), 248 – 268.

Hogan, N. S., & Schmidt, L. A. (2002). Testing the grief to personal growth model using structural equation modeling. *Death Studies*, 26 (8), 615 – 634.

Holland, J. M., & Neimeyer, R. A. (2010). An examination of stage theory of grief among individuals bereaved by natural and violent causes: A meaning – oriented contribution. *OMEGA——Journal of Death and Dying*, 61 (2), 103 – 120.

Hussein, H. , & Oyebode, J. R. (2009). Influences of religion and culture on continuing bonds in a sample of British Muslims of Pakistani origin. *Death Studies*, 33 (10), 890 – 912.

Janoff – Bulman, R. (1992). *Shattered assumptions: towards a new psychology of trauma*: Free Press, New York.

Jawaid, H. (2014). Impact of Religion/Spirituality on Health: What are the Evidences. J Psychiatry, 17 (1000164), 2.

Kübler – Ross, E. , & Kessler, D. A. (2005). *On grief and grieving: Finding the meaning of grief through the five stages of loss*: Simon and Schuster.

Keesee, N. J. , Currier, J. M. , & Neimeyer, R. A. (2008). Predictors of grief following the death of one's child: The contribution of finding meaning. *Journal of Clinical Psychology*, 64 (10), 1145 – 1163.

Kessler, B. G. (1987). Bereavement and personal growth. *Journal of Humanistic Psychology*, 27 (2), 228 – 247.

Klass, D. , Silverman, P. R. , & Nickman, S. L. (1996). *Continuing bonds: New understandings of grief*: Taylor & Francis.

Kreicbergs, U. C. , Lannen, P. , Onelov, E. , & Wolfe, J. (2007). Parental grief after losing a child to cancer: impact of professional and social support on long – term outcomes. *Journal of clinical oncology*, 25 (22), 3307 – 3312.

Kubler – Ross, E. , & Kessler, D. (2005). *On grief and grieving: Finding the meaning of grief through the five stages of loss*: SimonandSchuster. com.

Leary, M. R. , & Tangney, J. P. (2003). The self as an organizing construct in the behavioral and social sciences. *Handbook of self and identity*, 3 – 14.

Lehman, D. R. , Davis, C. G. , DeLongis, A. , Wortman, C. B. , Bluck, S. , Mandel, D. R. , & Ellard, J. H. (1993). Positive and negative life changes following bereavement and their relations to adjustment. *Journal of Social and Clinical Psychology*, 12 (1), 90 – 112.

Lepore, S. J. , Silver, R. C. , Wortman, C. B. , & Wayment, H. A. (1996). Social constraints, intrusive thoughts, and depressive symptoms among bereaved mothers. *Journal of personality and social psychology*, 70 (2), 271 – 282.

Li, J. , Johansen, C. , Brønnum – Hansen, H. , Stenager, E. , Koch – Henriksen, N. , & Olsen, J. (2004). The risk of multiple sclerosis in bereaved parents A nationwide cohort study in Denmark. *Neurology*, 62 (5), 726 – 729.

Li, J. , Precht, D. H. , Mortensen, P. B. , & Olsen, J. (2003). Mortality in parents after death of a child in Denmark: a nationwide follow – up study. *The Lancet*, 361 (9355), 363 – 367.

Lichtenthal, W. G. , Currier, J. M. , Neimeyer, R. A. , & Keesee, N. J. (2010). Sense and significance: a mixed methods examination of meaning making after the loss of one's child. *Journal of clinical psychology*, 66 (7), 791 – 812.

Lindemann, E. (1944). The symptomatology and management of acute grief. *American Journal of Psychiatry*, 101, 141 – 148.

Loewenthal, K. M. , MacLeod, A. K. , Goldblatt IV, V. , Lubitsh, G. , & Valentine, J. D. (2000). Comfort and joy? Religion, cognition, and mood in Protestants and Jews under stress. *Cognition & Emotion*, 14 (3), 355 – 374.

Maercker, A. , Brewin, C. R. , Bryant, R. A. , Cloitre, M. , Reed, G. M. , van Ommeren, M. , ···Llosa, A. E. (2013). Proposals for mental disorders specifically associated with stress in the International Classification of Diseases – 11. *The Lancet*, 381 (9878), 1683 – 1685.

Maciejewski, P. K. , Zhang, B. , Block, S. D. , & Prigerson, H. G. (2007). An empirical examination of the stage theory of grief. *JAMA*, 297 (7), 716 – 723.

Michael, T. , Halligan, S. L. , Clark, D. M. , & Ehlers, A. (2007). Rumination in posttraumatic stress disorder. *Depression and anxiety*, 24 (5), 307 – 317.

Milo, E. M. (2001). The death of a childwith a developmental disability. *Meaning reconstruction & the experience of loss*, 113 – 134.

Montagu, A. (1959). Natural selection and the origin and evolution of weeping in man. *Science*, 130 (3388), 1572 – 1573.

Moustakas, C. (1994). *Phenomenological research methods*: Sage Publications.

Murphy, S. A. , Clark Johnson, L. , & Lohan, J. (2003). Finding meaning in a child's death: a five – year prospective analysis of parents' personal narratives and empirical data. *Death Studies*, 27 (5), 381 – 404.

Neimeyer, R. A. (2000). Searching for the meaning of meaning: Grief therapy and the process of reconstruction. *Death Studies*, 24 (6), 541 – 558.

Nelson, R. M. , Botkin, J. , Kodish, E. D. , Levetown, M. , Truman, J. T. , Wilfond, B. S. , ···Neff, J. M. (2000). Palliative care for children. *Pediatrics*, 106 (2), 351 – 357.

Nolen – Hoeksema, S. (2000). The role of rumination in depressive disorders and mixed anxiety/depressive symptoms. *Journal of Abnormal Psychology*, 109 (3), 504 – 511.

Pargament, K. I. , & Brant, C. R. (1998). Religion and coping. *Handbook of religion and mental health*, 111 – 128.

Park, C. L. (2010). Making sense of the meaning literature: an integrative review of meaning making and its effects on adjustment to stressful life events. *Psychological bulletin*, 136 (2), 257 – 301.

Park, C. L. , Cohen, L. H. , & Murch, R. L. (1996). Assessment and prediction of stress-related growth. *Journal of personality*, 64 (1), 71 – 105.

Park, C. L. , & Folkman, S. (1997). Meaning in the context of stress and coping. *Review of general psychology*, 1 (2), 115 – 144.

Polatinsky, S. , & Esprey, Y. (2000). An assessment of gender differences in the perception of benefit resulting from the loss of a child. *Journal of traumatic stress*, 13 (4), 709 – 718.

Prigerson, H. G. , Horowitz, M. J. , Jacobs, S. C. , Parkes, C. M. , Aslan, M. , Goodkin, K. , ···Neimeyer, R. A. (2009). Prolonged grief disorder: Psychometric validation of criteria proposed for DSM – V and ICD – 11. *PLoS Medicine*, 6 (8), 1 – 12.

Rando, T. A. (1985). Bereaved parents: Particular difficulties, unique factors, and treatment issues. *Social Work*, 30 (1), 19 – 23.

Riley, L. P. , LaMontagne, L. L. , Hepworth, J. T. , & Murphy, B. A. (2007). Parental grief responses and personals growth following the death of a child. *Death Studies*, 31 (4), 277 – 299.

Ronen, R. , Packman, W. , Field, N. P. , Davies, B. , Kramer, R. , & Long, J. K. (2009). The relationship between grief adjustment and continuing bonds for parents who have lost a child. *OMEGA——Journal of Death and Dying*, 60 (1), 1 – 31.

Root, B. L. , & Exline, J. J. (2014). The role of continuing bonds in coping with grief: Overview and future directions. *Death Studies*, 38 (1), 1 – 8.

Rubin, S. S. (1999). The two – track model of bereavement: Overview, retrospect, and prospect. *Death studies*, 23 (8), 681 – 671.

Schut, H. A. , Stroebe, M. S. , Bout, J. v. d. , & Keijser, J. (1997). Intervention for the bereaved: Gender differences in the efficacy of two counselling programmes. *British Journal of Clinical Psychology*, 36 (1), 63 – 72.

Schwartzberg, S. S. , & Janoff – Bulman, R. (1991). Grief and the search for meaning: Exploring the assumptive worlds of bereaved college students. *Journal of Social and Clinical Psychology*, 10 (3), 270 – 288.

Shuchter, S. R. , & Zisook, S. (1988). Widowhood: The continuing relationship with the dead spouse. *Bulletin of the Menninger Clinic*.

Shuchter, S. , & Zisook, S. (1993). The course of normal grief. In M. Stroebe, W. Stroebe & R. O. Hansson (Eds.), *Handbook of bereavement: Theory, research, and intervention* (pp. 23 – 43). New York: Cambridge University Press.

Sibley, C. G., & Bulbulia, J. (2012). Faith after an earthquake: A longitudinal study of religion and perceived health before and after the 2011 Christchurch New Zealand earthquake. *PLoS one*, 7 (12), e49648.

Smith, J. A. (1996). Beyond the divide between cognition and discourse: Using interpretative phenomenological analysis in health psychology. *Psychology and health*, 11 (2), 261 – 271.

Smith, J. A. (2007). *Qualitative psychology: A practical guide to research methods*. London: Sage.

Smith, J. A., Flowers, P., & Larkin, M. (2009). *Interpretative phenomenological analysis: Theory, method and research*: Sage.

Stroebe, M. (2001). Gender differences in adjustment to bereavement: An empirical and theoretical review. *Review of general psychology*, 5 (1), 62 – 83.

Stroebe, M., & Schut, H. (1999). The dual process model of coping with bereavement: rationale and description. Death studies, (23), 197 – 224.

Stroebe, M., Stroebe, W., Schut, H., Zech, E., & van den Bout, J. (2002). Does disclosure of emotions facilitate recovery from bereavement? Evidence from two prospective studies. *Journal of Consulting and Clinical Psychology*, 70 (1), 169.

Stroebe, M., & Schut, H. (2005). To continue or relinquish bonds: A review of consequences for the bereaved. *Death Studies*, 29 (6), 477 – 494.

Stroebe, M., Schut, H., & Boerner, K. (2010). Continuing bonds in adaptation to bereavement: Toward theoretical integration. *Clinical Psychology Review*, 30 (20), 259 – 268.

Stroebe, M., Schut, H., & Stroebe, W. (2001). *Introduction: Concepts and issue in contemporary research in bereavement. In Handbook of bereavement research*. Washington, DC: American Psychological Association.

Stroebe, M., Schut, H., & Stroebe, W. (2001b). *consequences, coping, and care. In Handbook of bereavement research*. Washington, DC: American Psychological Association.

Stroebe, M., Schut, H., & Stroebe, W. (2001c). *Models of coping with bereavement: A review. In Handbook of bereavement research*: Consequences, coping, and care. Washington, DC: American Psychological Association, 375 – 403.

Stroebe, M., Schut, H., & Stroebe, W. (2005). Attachment in Coping With Bereavement: A Theoretical Integration. *Review of general psychology*, 9 (1), 48.

Stroebe, M., Schut, H., & Stroebe, W. (2007). Health outcomes of bereavement. *The Lancet*, 370 (9603), 1960 – 1973.

Stroebe, W., Schut, H., & Stroebe, M. S. (2005). Grief work, disclosure and counseling: Do they help the bereaved? *Clinical psychology review*, 25 (4), 395 – 414.

Suhail, K. , Jamil, N. , Oyebode, J. , & Ajmal, M. A. (2011). Continuing bonds in bereaved Pakistani Muslims: Effects of culture and religion. *Death Studies*, 35 (1), 22 – 41.

Tedeschi, R. G. , & Calhoun, L. G. (1996). The Posttraumatic Growth Inventory: Measuring the positive legacy of trauma. *Journal of traumatic stress*, 9 (3), 455 – 471.

Thieleman, K. , & Cacciatore, J. (2014). When a Child Dies A Critical Analysis of Grief – Related Controversies in DSM – 5. Research on Social Work Practice, 24 (1), 114 – 122.

Thuné – Boyle, I. C. , Stygall, J. , Keshtgar, M. R. , Davidson, T. I. , & Newman, S. P. (2013). Religious/spiritual coping resources and their relationship with adjustment in patients newly diagnosed with breast cancer in the UK. *Psycho – Oncology*, 22 (3), 646 – 658.

Thune – Boyle, I. C. , Stygall, J. A. , Keshtgar, M. R. , & Newman, S. P. (2006). Do religious/spiritual coping strategies affect illness adjustment in patients with cancer? A systematic review of the literature. *Social science & medicine*, 63 (1), 151 – 164.

Tix, A. P. , & Frazier, P. A. (1998). The use of religious coping during stressful life events: main effects, moderation, and mediation. *Journal of Consulting and Clinical Psychology*, 66 (2), 411 – 422.

Ulmer, A. , Range, L. M. , & Smith, P. C. (1991). Purpose in life: A moderator of recovery from bereavement. *OMEGA——Journal of Death and Dying*, 23 (4), 279 – 289.

Wheeler, I. (2001). parental bereavement: the crisis of meaning. *Death Studies*, 25 (1), 51 – 56.

Wolcott, H. F. (1992). Posturing in qualitative inquiry. *The handbook of qualitative research in education*, 3 – 52.

Wolfelt, A. D. (1989). Dispelling five common myths about grief. *Thantos*, 25 – 28.

Worden, W. (2009). *Grief counseling and grief therapy: A handbook for the mental health practitioner*: springer publishing Company.

Wulff, D. M. (1997). A century of psychology of religion: Where does it leave us today. *Taking a step back: Assessments of the psychology of religion*, 183 – 197.

Wulff, D. M. (2010). Psychology of religion. In*Encyclopedia of psychology and religion* (pp. 732 – 735). Springer US.

Worden, W. (2011). *Grief counseling and grief therapy: A handbook for the mental health practitioner*. Springer Publishing Company, 2018.

21 世纪经济报道. (2015). 儿童肿瘤医疗资源匮乏 舒缓治疗存中国式空白, Retrieved 3 – 13, 2015, http://finance. ifeng. com/a/20150108/13414042_ 0. shtml.

安民兵. (2014). 马斯洛需要理论视阈下的失独中老年人个案调查分析. 中国老年学杂

志，34（2），469 – 477.

鲍震培．（2012）．"不孝有三，无后为大"的三不孝．文史博览，（5），30 – 30.

北京市老龄工作委员会办公室．（2012）．北京市 2011 年老年人口信息和老龄事业发展
　状况报告．北京.

北京日报．（2013）．北京将在 16 个区县建失独老人心灵家园基地，Retrieved 3 – 13,
　2015，http：//bj. bendibao. com/news/2013329/99401. shtm.

蔡方华．（2012）．"失独家庭"应得到社会双重关怀．浙江经济，（10），4 – 4.

陈必昌．（2006）．佛教核心教义对中国民间信仰的影响．民俗研究（3），255 – 260.

陈兵．（1984）．生与死的超越——佛教对生死轮回的诠释：圆明出版社.

陈建强，陆林森．（2006）．独生父母：中国第一代独生父母调查．上海：上海辞书出
　版社.

陈绿平，刘学兰．（2009）．西方关于宗教与心理健康研究的现状及趋势．华南师范大学
　学报：社会科学版（2），126 – 129.

陈维樑，钟莠菊．（2006）．哀伤心理咨询：理论与实务．北京：中国轻工业出版社.

陈雯．（2012）．从"制度"到"能动性"：对死亡独生子女家庭扶助机制的思考．中共
　福建省委党校学报（2），114 – 119.

陈向明．（2000）．质的研究方法与社会科学研究．北京：教育科学出版社.

崔俊．（2007）．长生不死，羽化登仙——道教生死观涵蕴之初探．世界宗教文化（2），
　35 – 38.

邓津，林肯．（2007）．定性研究（第一卷）：方法论基础（风笑天等译．）．重庆：重庆
　大学出版社.

范宇君．（2013）．浅析失独家庭困境与解决对策．学理论（18），80 – 81.

方曙光．（2013）．社会支持理论视域下失独老人的社会生活重建．国家行政学院学报
　（4），104 – 108.

高敬文．（1988）．"质的研究派典"之理论分析与实际应用．台北：东益出版社.

葛兆光．（1987）．道教与中国文化．上海：上海人民出版社.

广州日报．（2012）．全国失去独生子女家庭超百万 失独群体日益庞大 Retrieved 3 – 12,
　2015，http：//news. qq. com/a/20120509/000144. htm 2015/0303.

郭金山．（2003）．西方心理学自我同一性概念的解析．心理科学进展，11（2），227 – 234.

郭于华．（1992）．死的困扰与生的执著：中国民间丧葬仪礼与传统生死观．北京：中国
　人民大学出版社.

国家卫生和计划生育委员会．（2014）．中国家庭发展报告 2014．北京：中国人口出
　版社.

高淑清．（2003）．教育研究（二）质性研究教育，载于杨国枢主编，新世纪的教育学

概论：科技整合导向，517－575．台北：学富文化．

何丽，王建平，唐苏勤，尉玮，谢秋媛．（2013a）．复杂哀伤问卷修订版的信效度．中国心理卫生杂志，27（12），937－943．

何丽，王建平，尉玮，谢秋媛，唐苏勤．（2013b）．301名丧亲者哀伤反应及其影响因素．中国临床心理学杂志，21（6），932－936．

何丽，尉玮，胡泊，徐慰，王建平．（2014a）．负性认知对丧亲者不良情绪的预测作用．中国临床心理学杂志，22（4），605－608．

何丽，唐信峰，朱志勇，王建平．（2014b）．殇痛：失独父母哀伤反应的质性研究．中国临床心理学杂志，22（5），792－798．

何贤文，许莺珠．（2006）．生命意义的再建构——以丧子父母为例．生死学研究（6），126－186．

侯秀丽，王保庆．（2014）．我国失独现状的分析与思考．湖南师范大学社会科学学报，43（3），92－102．

黄玉纤．（2014）．汶川地震丧子者的注意偏向研究．西南大学硕士论文．

何兆雄．（2009）．试论未来主义孝道——"不孝有三无后为大"新说．学术论坛，32（4），32－36．

卡拉·威利格．（2013）．心理学质性研究导论（郭本禹，王申连，赵玉晶译．第2版）．北京：人民邮电出版社．

梁明辉，张黎，巩新鹏，张梦．（2013）．失独者心理健康状况初探——以50例失独父母SSRS与K10的网络调查为例．中国农村卫生事业管理，33（12），1393－1395．

廖妮娜，马丽．（2014）．失独家庭困境及扶助研究．黑河学刊（1），175－176．

刘建鸿，李晓文．（2007）．哀伤研究：新的视角与理论整合．心理科学进展，15（3），470－475．

刘青，李延龄．（2012）．和谐社会构建中失独家庭利益实现研究．时代报告：学术版，（09X），377－377．

刘中一．（2014）．失独QQ群及失独者网络聚集现象研究．国家行政学院学报（1），98－102．

柳志艳．（2012）．勇敢地生活下去——呼唤社会关注失独者群体．学理论，（20），57－58．

路晓军，路小燕，田根胜．（2004）．中国传统文化的生死观．求索（6），171－173．

马克斯韦尔，朱光明译．（2007）．质的研究设计：一种互动的取向．重庆：重庆大学出版社．

马宁．（2009）．《庄子》生死观及其启示．湖南医科大学学报：社会科学版，11（2），17－19．

穆光宗．（2004）．独生子女家庭本质上是风险家庭．人口研究，28（1），33　37．

潘朝东．(2007)．心理治疗与咨询中的灵性干预．中国心理卫生杂志，21（7），505－509.

彭善民．(2013)．失独社会工作的意义与可能．中国社会工作，(4)，1－1.

彭彦琴，江波，杨宪敏．(2011)．无我：佛教中自我观的心理学分析．心理学报，43（2），213－220.

施永兴，朱汉民．(2002)．安宁护理与缓和医疗．上海：上海科学普及出版社.

石彩红．(2013)．北京市昌平区计生特殊家庭现状分析及对策建议．人口与计划生育，(11)，26－28.

孙静．(2012)．独生子女死亡家庭困境及适应研究．华中师范大学．硕士论文.

苏完女，林秀珍．(2012)．丧子女父母的意义建构与持续性连结．Paper presented at the 第二届心理学与社会和谐学术会议，上海，中国.

谈海峰．(2012)．独生子女伤亡家庭社会支持研究．华东理工大学．硕士论文.

唐苏勤，何丽，刘博，王建平．(2014)．延长哀伤障碍的概念，流行病学和病理机制．心理科学进展，22（6），1－11.

唐信峰，贾晓明．(2013a)．农村丧亲个体哀伤反应的质性研究．中国临床心理学杂志，21（4），690－695.

唐信峰，贾晓明，侯力琪．(2013b)．农村丧亲个体应对策略的定性研究：以江西省上饶县某农村为例．中国心理卫生杂志，27（10），785－790.

王夫子．(1998)．殡葬文化学：死亡文化的全方位解读．北京：中国社会出版社.

王广州．(2013a)．独生子女死亡总量及变化趋势研究．中国人口科学（1），57－65.

王广州．(2013b)．放开二胎不会造成生育失控 Retrieved 3－12，2015，http：//opinion. caixin. com/2013－03－04/100496604. html.

王广州，郭志刚，郭震威．(2008)．对伤残死亡独生子女母亲人数的初步测算．中国人口科学，(1)，37－42.

王轲．(2013)．失独者现状问题及解决途径研究．吉林广播电视大学学报，(1)，130－131.

王璐．(2010)．自我与我执——浅谈佛教之无我．淮北煤炭师范学院学报：哲学社会科学版，31（2），38－40.

维克多·弗兰克尔．(2010)．活出生命的意义（吕娜译．）．北京：华夏出版社.

魏凌波．(2013)．浅析城镇地区失独老人的精神困境和精神自养．神州（6），257－258.

魏银．(2013)．坍塌与抗争："失独者"真实生活图景透视——基于三个报道案例的内容分析．南京航空航天大学学报：社会科学版（1），66－71.

吴玉韶．(2013)．中国老龄事业发展报告：2013. 2013：社会科学文献出版社.

席居哲，桑标．(2002)．心理弹性（resilience）研究综述．健康心理学杂志，10（4），314－316.

徐洁，张日昇．（2011a）．丧亲对青少年心理影响的质性研究．教育学术月刊（10），18 – 21.

徐洁，陈顺森，张日昇，张雯．（2011b）．丧亲青少年哀伤过程的定性研究．中国心理卫生杂志，25（9），650 – 654.

向燕辉，沃建中．（2013）．北京市计划生育困难人群不良情绪状况及相关因素．中国公共卫生，29（012），1849 – 1852.

谢秋媛，王建平，何丽，尉玮，唐苏勤，徐慰，2014．延长哀伤障碍是独立的诊断吗？——和创伤后应激障碍、抑郁、焦虑的关系．中国临床心理学杂志，22（3）：442 – 445.

谢雯婵．（2008）．佛教助念于丧亲者走过悲伤之探讨．佛法与临终关怀研讨会（第七届）：214 – 244.

新京报．（2013）．北京失独父母近8000人，政府每年出资为其购保险 Retrieved 3 – 12, 2015，http：//money. 163. com/13/0302/03/8OUBS1D600253B0H. html.

徐慊，郑日昌．（2007）．国外复原力研究进展．中国心理卫生杂志，21（6），424 – 427.

颜能，牟艳娟．（2013）．我国失独家庭心理问题分析及对策研究．潍坊工程职业学院学报，26（4），63 – 65.

杨深坑（1998）．理论诠释与实践：教育学方法论文集．台北：师大书苑.

易富贤．（2007）．大国空巢——走入歧途的中国计划生育．北京：大风出版社.

于肖楠，张建新．（2005）．韧性（resilience）——在压力下复原和成长的心理机制．心理科学进展，13（5），658 – 665.

尉玮，王建平，何丽，谢秋媛，唐苏勤．（2014）．哀伤认知问卷在中国丧亲者样本中的修订．中国临床心理学杂志，22（2），246 – 255.

张斌．（2005a）．安宁疗护的概念，对象与要求——台湾的安宁疗护介绍之一．医学与哲学，25（11），79 – 80.

张斌．（2005b）．台湾《安宁缓和医疗条例》的通过及随想——台湾的安宁疗护介绍之二．医学与哲学，25（12），75 – 75.

张淑芬．（1996）．丧子悲伤反应及意义治疗的应用．咨商与辅导，127，24 – 27.

张怡玲，甘怡群．（2004）．国外应对研究的不同理论视角．中国临床心理学杂志，12（3），321 – 323.

张英．（2009）．儒家生死观的现代解读．学术交流（12），29 – 32.

赵可式．（2005）．安宁疗护临床决策的伦理与困境：台湾：行政院卫生署，台湾安宁疗护教育资讯服务中心.

曾祥龙，刘双阳，刘翔平．（2013）．慈心禅在心理学视角下的应用．心理科学进展，21（008），1466 – 1472.

郑利霞．（2010）．孟子孝道思想分析——基于"不孝有三，无后为大"的思考．现代商贸工业，22（7），150－151．

郑晓江．（1992）．论佛家的死亡智慧——兼及佛，儒，道死亡观之区别．青海社会科学（2），83－90．

郑晓江．（2006）．宗教之生死智慧与人类的灵性关怀．南京师范大学文学院学报 12（4），1－8．

中研网．（2014）．北京"失独"特扶金提至每人每月 500 元 Retrieved 3－12，2015，http：//www．chinairn．com/news/20141118/081917808．shtml．

中国社会科学院语言研究所词典编辑室．（2012）．现代汉语词典第六版 上海：商务印书馆．

周美林，张玉枝．（2011）．计划生育家庭特别扶助制度若干问题研究．人口研究，35（3），106－112．

宗纪刚，陈楚侨，曹筱燕，甘怡群．（2010）．应对灵活性的研究进展与展望（综述）．中国心理卫生杂志，24（10），747－751．